사주명리학에서의 십신과 용신

사주명리학에서의
십신과 용신

김준호

역락

머리말

　이 책은 필자의 박사학위 논문 「日干중심의 用神과 『子平眞詮』의 格局用神에 관한 研究」에 제3장 十神 부분을 좀 더 보완하여 저술한 것이다.

　동양과 서양을 막론하고 옛날부터 많은 인간들은 자신과 관련된 일들이 향후 어떻게 전개될 것인가에 대해 불안해하여 늘 근심하고 걱정하는 삶을 살아 왔다. 이에 따라 그들은 앞일에 대해 미리 알아보고 대비하여 그로부터 벗어나고자 하는 노력을 하였다. "미래를 아는 것이 중요한 까닭은 그것을 바탕으로 오늘의 삶이 이루어지기 때문이다. 그것은 미래에 대한 앎이 현재에서 구체화되지 않는다면 의미를 가질 수 없음을 뜻하기"[1] 때문이다. 특히 동양인들은 미래에 대한 앎을 현재에 구체화시키기 위하여 일정하게 변화하는 대자연의 이치를 깊이 연구함으로서 미래예측학을 발전시켰다.

　『周易』 「繫辭上傳」에서는 "易에 聖人의 道가 네 가지 있으니, <易으로써> 말하는 자는 그 말[辭]을 숭상하고, 動하는 자는 그 變을 숭상하고, 器物을 만드는 자는 그 象을 숭상하고, 卜筮하는 자는 그 占을 숭상한다. 그러므로 君子가 장차 일을 함이 있거나, 장차 행함이 있어 물어서 말하려 하면 그 명령을 받음이 메아리와 같아 遠近과 幽深이 없이 마침내 미래의 일을 알게 되니, 天下의 지극히 精한 자가 아니면 그

---

[1]　이현중, 「占의 易哲學的 意義」, 『인문학연구』 제31집, 충남대 인문과학연구소, 2004, 111쪽.

누가 이에 참여 하겠는가"[2]라고 말하면서 미래를 예측하는 작업은 天命을 받는 것임을 암시하고 있다.

하늘로부터 命을 받는다는 것은 내가 수동적으로 운명을 받았다는 것이다. 요절할 命이든, 장수할 命이든, 재수가 있는 命이든, 재수가 없는 命이든, 나쁜 命이든, 좋은 命이든 뭔가 내게 닥쳐오는 것이다.[3] 그래서 인간들은 자신에게 닥쳐 올 자신의 命에 대해 미리 알아보고 避凶趨吉하고자 미래예측학의 한 분야인 干支체계의 사주명리학[4]을 연구하기 시작하였다.

그리고 중국 宋代 전후로 오늘날과 같은 사주명리학의 이론을 체계화 시켰다. 사주명리학의 주요 이론은 五行·十神·用神·格局 등으로 요약된다. 사주 통변을 위해 日干과의 가족관계 및 사회관계를 인식하기 위한 十神과, 日干이 필요로 하는 五行[5]과

---

2   『周易』,「繫辭上傳」: "易有聖人之道四焉, 以言者尚其辭, 以動者尚其變, 以制器者尚其象, 以卜筮者尚其占. 是以君子將有爲也, 將有行也, 問焉而以言, 其受命也如嚮, 无有遠近幽深, 遂知來物, 非天下之至精, 其孰能與於此."

3   金碩鎭, 『대산주역강의 (3)』, 한길사, 1999, 126쪽 참조.

4   우주 자연계에는 천지만물을 생성하고 變易시키는 一定不變의 원리와 자연의 법칙이 존재하고 있는데, 이를 '易'이라 한다. 이 '易'을 그대로 '卦'와 '爻'로써 상징하고, 그 뜻을 문자로 옮긴 것이 『周易』이다. 이를 또 다시 天地를 상징하는 十天干과 十二地支의 문자로 나타내고, 이 干支를 순서에 의해 체계적으로 배합한 六十甲子를 기본 바탕으로 하여 사람의 출생 年·月·日·時의 干支에 적용하여 看命하는 사주명리학으로 변용하기 시작하였다.(김영희, 「서자평 명리학의 특성과 내용」, 『四柱命理學 總論』, 공주대 정신과학연구소 편저, 명문당, 2011, 142쪽 참조.) 필자는 "사주명리학이란 사람의 출생 年·月·日·時를 기준으로 발생하는 四柱에 陰陽五行의 生剋制化의 원리를 적용해서 한 인간의 命[四柱]의 理致를 궁구함으로써 吉·凶·禍·福과 富·貴·貧·賤을 논하는 학문이다"라고 본다.

5   "사주명리학에 쓰이는 기본개념인 五行은 一氣, 陰陽, 四象과의 관계를 통해 설명될 수 있다. 그런데 四象과 五行의 관계는 그 숫자상 분화의 관계로 설명할 수 없었고, 따라서 五行을 四象에 갖추어지는 작용의 측면으로 그 관계를 설명했다고도 할 수 있다. 이렇게 본다면 四象은 體로서의 氣가 되고, 五行은 작용으로서의 氣가 되어 실제의 만물 생성 작용을 五行만으로 설명이 가능하게 된다. 그런데 四象과 五行을 동일한 氣로 간주하려고 할 때, 숫자 四와 五를 어떻게 설명해야 하는가의 문제가 생긴다. 四와 五는 같을 수 없기 때문이다. 沈孝瞻은 이 문제를 해결하기 위하여, 土를 木火金水의 沖氣로 설명하고 있다. 五行의 氣는 본래 木火金水라는 四行의 氣를 그 구성요소로 하고 있다. 이러한 설명에서 본다면, 土는 五行 내부에서의 문제가 되고 四象과는 직접적

十神[6]인 用神, 그리고 사주의 '짜임새와 격식'을 의미하는 格局[格局用神][7]이 사주 看命의 근간이며 핵심 이론이다.

그 중에서 이 책에서는 '十神'과 '用神'에 주안점을 두고 저술한다. 왜냐하면 사주명리학에서 日干이 필요로 하는 五行과 十神이 用神 역할을 하는데, 이 十神과 用神은 인간의 命과 運을 읽어 낼 때에 주요하게 사용되는 이론적 도구이기 때문이다. 따라서 사주에 있어 用神의 위치와 강약 및 어느 十神이 用神에 해당하느냐를 명확하게 구별해 내는 것이 그 무엇보다도 우선적이기 때문이다.

이처럼 十神과 用神은 사주에 있어 한 개인의 吉·凶·禍·福을 읽어 낼 수 있는 열쇠인 것이다. 한 개인이 어느 시점에서 避凶趨吉을 위해 자신의 사주팔자와 運에서 오는 陰陽五行의 生剋制化에 따른 조화와 균형[中和]의 이치를 알아내어 자신에게 필요한 十神과 用神이 무엇인지 잘 알 수 있다면 자신의 운명을 더 나은 방향으로 개척해 나갈 수 있는 것이다.

일반적으로 사주 간명에 用神을 적용함에 있어서는 두 가지 관점이 상존하고 있다. 그것들은 크게 日干 중심의 用神과 『子平眞詮』의 格局用神의 양자구도로 대별된다. 日干 중심의 用神은 사주 命式에서 陰陽五行의 旺衰強弱과 寒暖燥濕의 상태를 조화롭게 하기 위해 日干에게 필요로 하는 五行과 十神을 말한다. 이에 반해, 『子平眞詮』의 格局用神은 日干과 月支의 관계에서 결정되고, 格局用神이 정해지고 난 뒤에 格局用神

인 관계가 없는 것이 되어, '四象=五行'의 관계가 성립하고 숫자 四와 五의 문제가 해결된다."(李康大·林正基·金哲完, 『알기 쉬운 자평진전 上』, 동창, 2016, 4쪽.)

6　十神은 사주팔자 분석에 있어서 핵심인데, 日干과 十天干의 관계를 나타낸 것이다. 이를 '六親, 六神, 十星, 通變星'이라고도 하는데, 十神의 명칭은 '比肩, 劫財, 食神, 傷官, 偏財, 正財, 偏官, 正官, 偏印, 正印'으로 나누어진다.

7　格局은 格과 局을 합칭한 용어이다. 局은 格을 이루는 또 하나의 요인이므로, 편의상 格局으로 통칭된다. 『子平眞詮』에서는 格局을 日干의 用으로 해석한다. 즉 用神이 곧 格局인 것이다. 그러므로 格局과 用神을 아울러 格局用神이라 흔히 칭한다. 이 부분에 대해서는 '제5장'에서 구체적으로 설명한다.

의 用神인 相神을 다시 정해서 看命하는 구조이다.

이렇게 명확하게 구분하여 각자의 관점을 발전시켜왔음에도 불구하고 오늘날 사회에서는 이 두 가지 관점의 차이를 잘 몰라서 종종 혼용하기도 한다. 물론 잘 알기 때문에 각 관점이 가진 미비점을 보완하기 위해 혼용하는 사람도 있다. 많은 명리학자들이 用神의 중요성에 대해 강조를 하고 있는 것은 사실인 반면에, 이 두 관점에 대한 명확한 개념 정리가 되어 있지 않은 것 또한 현실이다.

그래서 필자는 日干 중심의 用神과 『子平眞詮』의 格局用神에 대해서 명리원전에 입각해서 구체적으로 고찰하고, 더불어 日干 중심의 用神과 『子平眞詮』의 格局用神의 차이점을 비교하여 사주명리학에서 用神의 개념과 日干에 대한 用神의 작용을 명확하게 이해함으로써, 사주에서 用神을 어떠한 방식으로 이해하면서 사주를 看命해야 하는가에 대한 견해를 제시하고자 한다.

필자는 사주 看命에 있어 日干 중심의 用神과 『子平眞詮』의 格局用神의 두 가지 看法에 대하여 서로의 장점을 취하는 시각을 가져야 함을 언급하고, 필자가 생각하는 사주를 看命하는 순서를 제시하고, 사주명리학에서의 十神과 用神은 한 개인이 선천적으로 받은 運命的 요건에 대하여 避凶趨吉을 위해 작용하는 것이고, 또한 日干을 위해 善한 방향으로 작용하는 사주명리학의 중요한 도구의 의미를 내포하고 있다는 점을 강조한다.

끝으로 필자의 졸저가 사주명리학을 공부하는 학도들에게 작은 도움이나마 되기를 바란다. 그리고 이 책의 내용에 대해 지도와 격려를 해 주신 대구한의대 여러 교수님들께 감사드리며, 또한 이 책의 출판을 위해 힘써주신 역락출판사 관계자분들께도 감사드린다.

2022년 12월

현강 김준호

차례

표 차례

제1장 사주명리학에서의 神의 의미와 사상적 근거

1. 사주명리학에 적용된 神의 의미

고대 중국인들은 우주만물과 인간사와는 상호 영향관계에 있다는 인식 아래에서 각종 술법으로써 天地와 萬物 중에 사람의 주의를 끌만한 현상들을 관찰하여 인간의 禍·福을 예측하여 왔기 때문에,[1] 이러한 맥락의 연장선상에서 보면 사주명리학도 또한 우주만물의 자연변화 현상과 인간사에 상호 영향관계에 있다는 인식을 전제로 한 학문이라고 말할 수 있다.

사주명리학에서 十神과 用神은 인간의 命과 運을 읽어 낼 때에 주요하게 사용되는 이론적 도구이다. 이렇게 말하는 이유는 '神'자와 연용 되어 사용되는 '十神, 用神, 相神' 같은 용어들이 사주명리학의 이론체계를 구축하는 데 있어 핵심 역할을 담당하고 있는데 기인한다. 사주명리학에서 日干이 필요로 하는 五行과 十神이 用神 역할을 하는데, 명리학자들은 사주에 있어 用神의 위치와 강약 및 어느 十神에 해당하느냐를 명확하게 구별해 낼 경우에만이 정확한 看命이 가능하다는 입장을 취하고 있다.

이제 이러한 입장의 연장선상에서 필자는 자연의 변화를 신묘한 작용으로 인식하면

---

[1] 馮友蘭(박성규 옮김), 『중국철학사 (상)』, 까치글방, 1999, 53쪽 참조.

서 神의 작용으로 단정하는 과정을 파악하기 위해 神과 인간과의 상호 연관성을 규명해 보고자 한다. 사주명리학에 적용된 '神'[2]자의 어원과 그 의미를 파악하기 위해서는, 먼저 고대 중국인들이 지닌 神 관념에 대해 이해해 볼 필요가 있다. 그리고 『周易』, 『滴天髓』, 『子平眞詮』 등에 담긴 神에 대한 내용을 고찰해 본다. 뿐만 아니라, 그 결과물로 나타나게 된 사주명리학의 十神에 관해서도 언급해 보고자 한다.

1) 神에 대한 기원

고대 중국인들은 자연을 경외의 대상으로 보았고, 그리고 인간의 한계를 초월한 인간세계를 주재하는 神이 있음을 인식하고 있었다. 그 이후부터 현대에 이르기 까지 동양인들은 이러한 神 관념을 줄곧 가져왔다. 甲骨文에 나타나 있는 神은 크게 세 종류로 나눌 수 있다.

첫째, 인간 만사와 자연현상을 총괄하고 주재하는 最高神[至上神]으로 여긴 帝[上帝]·天이 있다. 둘째, 인간에게도 靈이 있다고 믿었기 때문에 죽은 祖上들을 神으로 여긴 祖上神이 있다. 셋째, 자연에도 靈이 있다고 믿어 여러 자연을 神으로 여긴 '河, 嶽, 土, 方, 風, 日, 月, 山, 東母, 西母,[3] 雲, 雪' 등과 같은 自然神들이 있다.[4]

앞의 내용에 따라 세 종류의 神에 대해서 고찰해보고자 한다. 고대 중국에서는

---

2   김준호·이강대, 「地藏干의 四柱看命的 活用에 관하여」, 『디지털문화콘텐츠』 제27집, 대구한의대 디지털문화콘텐츠개발연구소, 2017, 30쪽에 의하면, '神'자는 '示'자와 '申'자가 합쳐진 글자이다. 본래 '示'자는 神主를 나타내는 것으로서 하늘의 계시를 뜻하고, '申'자는 갑골문에서는 번개가 퍼져 가는 모양을 나타낸다. 이렇게 보면 '神'자는 하늘의 계시가 퍼져 가는 것을 나타낸다. 즉, 하늘의 계시를 펼쳐 주는 것이 神이라는 것이다.

3   東母와 西母는 각각 日月神으로서 태양과 달을 다스리는 여신이었다.(송정화, 『중국의 여신연구』, 민음사, 2007, 98쪽 참조.)

4   윤내현, 「갑골문에 나타난 고대 중국인의 신앙」, 『僧伽』 제10집, 중앙승가대학교, 1993, 136쪽 참조.

神이라는 글자는 多神을 뜻하고, 一神의 관념을 언급할 때는 帝[上帝] 또는 天을 사용하였다.

(1) 帝[上帝]·天

고대 중국인들은 天에는 무한한 능력을 가진 神이 있다고 생각했었고, 그 神을 帝 또는 上帝라 칭하였는데, 중국의 전통적인 天觀에는 두 개념이 존재한다고 보았다. 하나는 눈에 보이는 '자연의 하늘' 즉 물질적이고, 다른 하나는 하늘을 '인간이 경외해야 할 대상'으로 보는 것이다.[5] 이와 같은 입장에서 馮友蘭은 物質의 天, 主宰의 天, 運命의 天, 自然의 天, 義理의 天을 제시하고 있다. 그가 말하는 物質의 天은 일상생활에서 보게 되는 무한히 열린 하늘[天空], 즉 땅과 상대적인 하늘을 지칭하고, 主宰의 天 또는 意志의 天은 종교에서 말하는 인격과 의지가 있는 至上神을 일컫는다. 또한 運命의 天은 우리의 삶 가운데 어찌할 도리가 없는 대상을 말하며, 自然의 天은 자연의 운행을 의미한다. 그리고 義理의 天[道德의 天]은 우주의 최고 원리를 지칭한다.[6]

고대 중국인들이 관심을 가진 '天'은 '主宰者'[7]로서의 지위를 뜻하는 意志의 天이다. 이러한 天에 대해 辛基周는 "天은 다양한 자연현상으로서 자신의 의지를 드러내는데 이것은 사람에게 보이는 일종의 대화이며, 신호로 이해할 수 있다. 다른 한편 天을

---

5 박상환, 「라이프니츠의 공간개념과 '天'의 해석」, 『東洋哲學硏究』 제26집, 동양철학연구회, 2001, 321쪽 참조.

6 馮友蘭(박성규 옮김), 『중국철학사(상)』, 까치글방, 1999, 61쪽 참조.

7 김원갑, 「孔子의 道에 대한 硏究」, 원광대 박사청구논문, 2015, 60쪽에 의하면, "主宰者는 인간의 감각대상과 형상적 존재를 넘어서는 초월적 존재이다"라고 기술하고 있다. 그리고 김영주, 「공자와 노자의 天·鬼神·道 개념과 그 사회사상적 의미」, 『사회사상과 문화』 제24집, 동양사회사상학회, 2011, 67쪽에 의하면, "중국사상에서는 帝라는 구체적인 人格神이든, 天이라는 추상적인 人格神이든, 多神으로서 百神이든, 一神으로서 天이든, 사람의 혼령으로서 鬼神이든, 이 모두가 '天地萬物의 운행이치'로서 天地의 道에 제한을 받기 때문에 '天地의 道보다 낮은 단계'라고 보았다. 최고의 神이라고 할 수 있는 帝나 天도 세상만물을 창조하거나 주재하는 게 아니라 인간이 장악할 수 없는 어떤 부분만 주재할 따름이라는 것이다"라고 기술하고 있다.

내면적 당위로 이해하려는 경향이 있다. 결론적으로 天은 神, 자연법칙, 양심, 도덕성 등의 의미로 해석되면서 先在性 또는 內在性으로 이해된다고 볼 수 있다"[8]라고 언표하고 있다. 이와 같은 天에 대해 명리학자들이 가진 관점은, 天이 만물과 인간을 초월하여 존재 하면서 천체의 운행과 기후의 변화나 계절의 순환에서 부터 인간의 운명에 이르기까지 모든 현상 세계를 관장하고 지배하는 주재자로서의 지위를 지니고 있다는 것이다.[9]

『詩經』「大雅」에서는 "上天의 일은 소리도 없고 냄새도 없다"[10]라고 기술하고 있고, 『書經』「伊訓」에서 "上帝께서는 일정하지 않으시니, 善을 행하면 온갖 상서로움을 내리고, 善하지 않음을 행하면 온갖 재앙을 내린다"[11]라고 서술하고 있는 구절을 통해서 다음과 같은 사실을 유추해 낼 수 있다. 上帝는 필연적 자연법칙이 아니라 스스로 인간의 선과 악을 지각하고 판단하며 그에 상응하는 복과 재앙을 내려주는 심판자요 주재자로서의 역할과 지위를 가지고 있었다는 사실이다.[12] 또, 『書經』「湯誥」에서 "天道는 선행에 福을 내리고 문란함에 禍를 내린다"[13]라는 내용을 통해 알 수 있는 사실은, 帝[上帝]·天은 인간의 도덕가치의 근원이 되는 주재자로서의 最高神[至上神]이었다는 것이다.[14]

---

8   辛基周, 「命理學的 運命論의 儒家的 特性 考察」, 『동양문화연구』 제11집, 영산대 동양문화연구원, 2012, 62쪽.

9   금장태, 『귀신과 제사』, 제이앤씨, 2009, 25쪽.

10 『詩經』, 「大雅」: "上天之載, 無聲無臭."

11 『書經』, 「伊訓」: "惟上帝不常, 作善降之百祥, 作不善降之百殃."

12 금장태, 『귀신과 제사』, 제이앤씨, 2009, 26쪽 참조.

13 『書經』, 「湯誥」: "天道福善禍淫."

14 금장태, 『귀신과 제사』, 제이앤씨, 2009, 26쪽 참조. 그리고 洪鐘旭, 「명리학에 있어서의 人元 연구」, 대구한의대 박사청구논문, 2017, 61쪽에 의하면, "殷왕조의 '帝[上帝]'와 周왕조의 '天'은 초월적 근원으로서 존재하는 主宰者여서 모든 사물을 지탱하게 하고, 인간의 운명을 지배한다는 관념을 기반으로 하고 있다. 따라서 하늘[天]의 命은 인간의 밖에서 인간의 존재방식을 규정하고 한정하는 일정의 힘내지 명령을 가리킨다. 이와 같은 하늘[天]의 命에 대한 사고방식은 후대에도

이처럼 고대 중국인들은 天을 帝[上帝]라고 하면서 인간의 生死吉凶과 모든 자연현상까지도 주재한다고 여겼다.[15] 그리고 당시의 王은 上帝를 대신하여 나라를 통치하는 대리인이었다.[16] 周代에 와서는 王을 天의 아들이라는 뜻으로 天子라고 불렀으며, 天子는 上帝를 대신하여 나라를 통치하였다. 이는 天이 백성들에게 복과 재앙을 내릴 수 있다는 商代의 帝[上帝]개념과 비슷한 神관념을 갖게 되었다는 것을 알 수 있다. 이에 따라 天은 帝[上帝]를 대신하여 정치와 사회 풍속 등에 많은 영향을 미치게 되고, 도덕과 윤리 등을 총괄하는 근원으로까지 생각하게 된다.[17] 이는 고대인들의 하늘[天]에 대해서 가지고 있던 神에 대한 관념은 시대가 바뀜에 따라 帝[上帝]라는 最高神[至上神]에서 自然天으로 변화되었음을 의미하는 것이다.

(2) 祖上神

금장태는 "天地의 神明이 있는 것과 더불어 인간의 마음에도 神明이 인식된다. 살아 있는 인간의 마음도 神明일 뿐만 아니라, 죽은 조상의 魂도 '神', '鬼神'이다"[18]라고 언표하고 있다. 그리고 김상범은 "전통중화제국의 황제권위는 기본적으로 국가를 개창한 조상으로부터 비롯된 것이지만, 天下를 통치하는 天子의 권위는 上帝와의 天人

답습되어 변용되어져 왔다'라고 기술하고 있다.

15 　최문형, 「공자의 천명관과 귀신론」, 『東洋哲學研究』 제18집, 동양철학연구회, 1998, 345쪽에 의하면, 원래 자연의 일부였던 天이 인간을 초월한 존재로써 인간의 내면세계에 들어와 인간에게 종교적 神적인 대상이 되었다. 天이 원래는 天空을 의미하는 것은 의심할 수 없으나 종교적인 대상의 의미로도 생각 할 수 있었다. 중국 고대시대부터 하늘을 帝 [上帝] 혹은 天帝라고 하면서 한마디로 天이라고 쓰여 지기 시작했을 것이다.

16 　『書經』, 「湯誥」: "惟皇上帝, 降衷于下民. 若有恒性, 克綏厥猷, 惟后."(上帝께서 백성들에게 올바름을 내렸다. 그래서 恒性[항상 올바른 성품]이 있으니, 내가 <백성들을> 그것[上帝의 길·恒性]을 따라 편안히 살게 하는 것이, 오직 임금의 일이다.) 이 인용문을 보면, 王이 上帝를 대신해서 절대적 권한을 가지고 나라를 다스렸음을 알 수 있다.

17 　윤내현, 「갑골문에 나타난 고대 중국인의 신앙」, 『僧伽』 제10집, 중앙승가대학교, 1993, 139쪽 참조.

18 　금장태, 『귀신과 제사』, 제이앤씨, 2009, 47쪽.

관계에서 기원한 것임을 적지 않은 학자들이 지적해 왔다. 또한 이런 연유로 大祀로 분류되는 가장 중요한 상징적 제사활동으로 祖上神을 숭배하는 宗廟와 上帝를 제사하는 郊祀를 모셔왔다"[19]라고 기술하고 있는 것에서 알 수 있듯이, 고대인들에게 하늘과 땅에 지내는 제사와 동시에 祖上神을 모시고 지내는 제사는 중요한 축을 이루고 있었다.[20] 왜냐하면 고대 가족공동사회에서 이들은 조상이 자기들과 혈연적으로 밀접한 관계에 있어 죽은 후에도 그 관계를 계속 유지한다고 믿었기 때문이다. 이는 가족공동사회가 낳은 필연적 산물이라고 볼 수 있다. 그래서 죽은 조상을 神으로 숭배하는 조상숭배의식인 제사를 지냈다.

(3) 自然神

劉篠紅은 "인류 초기의 조상들은 주위 세계를 인식하는 데 있어서 그 사유 방식이 가깝게는 몸에서 취하였기 때문에 자기로부터 미루어서 사물에 이르렀다. 그래서 그들은 자신과 자연계의 만물을 혼동하여 모든 인식 대상이 자기와 마찬가지로 情感과 靈性을 가지고 있다고 생각하였다. 그렇지만 자연 속에서 혹독한 추위와 돌발적인 재난과 같은 경험을 겪으면서, 옛사람들은 자연계 속에 어떠한 물질이 있어 사람 혹은 다른 사물이 가질 수 없는 신비한 힘을 가지고 있다고 느꼈다. 그리하여 自然神에 대한 숭배가 생겨났다"[21]라고 언표하고 있다.

또한 박용조가 "고대인들에게는 자연 대상에 의뢰한다는 것이 숭배의 대상이 되었다. 곧 자연에 의지하는 자체가 자연종교의 기초가 되었다. 고대 중국인들도 그들의 생활의 기반이 되는 대지상의 자연 조건과 그 산물을 그 숭배 대상으로 삼았다. 그

---

19 김상범, 「天文知識의 독점과 규제」, 『아시아문화연구』 제8집, 경원대 아시아문화연구소, 2004, 246-247쪽.

20 염정상, 「占卜과 祭祀에 관한 문자 연구」, 『서강인문논총』 제6집, 서강대 인문과학연구소, 2009, 237쪽 참조.

21 劉篠紅(송인창·안유경 옮김), 『오행, 그 신비를 벗긴다』, 국학자료원, 2011, 28-29쪽.

대상들 가운데서도 특히 사람들의 의뢰정도에 따라 그 숭배의 정도도 달랐다. 그러나 대체로 社稷을 비롯하여 五祀, 五嶽, 山林, 川澤, 四方百物의 神이 모두 여기에 속한다"[22]라고 기술하고 있다.

위의 내용을 통해 잘 알 수 있듯이, 고대인들은 자연물도 사람과 같이 그 안에는 영혼이 깃들어 있다고 생각하는 精靈信仰을 가지고 있었다. 고대인들이 하늘, 태양, 달, 비, 바람, 번개 등의 자연현상까지도 精靈이 깃든 神이 존재한다고 믿었기 때문에 자연스럽게 自然神에 대한 숭배가 생겨났다. 그래서 『禮記』「祭法」에 "天下를 소유한자는 白神에게 제사 지낸다"[23]라고 하였다.

이러한 自然神에 대한 숭배는 五行의 작용을 神功[24]이라고 말하고 있는 사주명리학에 영향을 주게 되었음을 짐작하게 한다. 앞에서 살펴 본 帝[上帝]·天, 祖上神, 自然神에 대한 神 관념이 점차 발전되기 시작하면서 『周易』에서의 神 관념과 사주명리학에 활용된 神 개념 형성에 큰 영향을 주게 된다.

2) 『周易』에서의 神

春秋戰國시대에 이르러 중국인들이 가진 天 관념은 점차 자연의 규칙이나 법칙으로 가게 된다. 漢代초기를 전후로는 天人相應과 陰陽五行 사상이 결합되기 시작하여 천문과 계절의 변화현상을 통하여 모든 존재를 설명하게 된다. 특히, 『周易』에 나오는 '天'은 주로 '地'의 상대 개념으로서 天과 地, 乾과 坤등으로 대비하여 표현되고 있다.

22　박용조, 「중국 사상에서의 귀신에 대한 이해」, 『신앙과 삶』 제8집, 부산카톨릭대학출판부, 2003, 153쪽.

23　『禮記』, 「祭法」: "有天下者, 祭白神."

24　『適天髓』, 「天道」: "天有陰陽, 故春木, 夏火, 秋金, 冬水, 季土, 隨時顯其神功."(하늘에는 陰陽이 있음으로 春木, 夏火, 秋金, 冬水, 季土가 있게 되는데, 이것이 계절의 변화에 따라 그의 神功을 나타내고 있다.)

이것은 고대의 주재자적 天에서 자연적 天의 의미로 변화되었음을 의미한다.

『周易』에서는 陰陽의 변화과정을 통해서 일어나는 神의 신묘함에 대해 "神이라는 것은 만물을 신묘하게 함을 말한다"[25]라고 언표하고 있고, "數를 지극히 하여 未來를 아는 것을 占이라 하고, 변화에 通達하는 것을 事라 하고, 陰하고 陽하여서 헤아릴 수 없는 것을 神이라 한다"[26]라고 기술하고 있다. 이처럼 神은 陰하고 陽하여 변화무쌍하여 예측할 수 없는데, 神은 만물에 신묘한 작용을 한다고 하였다. 또한 『周易』은 蓍草에서 卦를 얻고,[27] 卦를 얻은 것이 미래를 아는 일이 되기[28] 때문에 占이라고 하는 입장에서 미래를 앎으로서 앞으로 일어나는 일의 변화에 통달하게 된다고 말하고 있다.

『周易』「繫辭上傳」에 "한번 陰하고 한번 陽하는 것을 일러 道라고 한다"[29]는 내용이 있는데, 여기에서 陰陽은 '道'[30]를 다르게 표현한 것이다. 이는 만물이 생장소멸 되는 과정이 영속적으로 변화된다는 근거가 된다. 이와 같이 되면, 만물이 생장소멸 되는 과정이 陰陽의 신묘한 변화에 의해서 이루어지는 것이 된다. 따라서 『周易』에서는

---

25 『周易』, 「說卦傳」: "神也者, 妙萬物而爲言者也."

26 『周易』, 「繫辭上傳」: "極數知來之謂占, 通辯之謂事, 陰陽不測之謂神."

27 『周易本義』, 「繫辭上傳」: "衆人所以因蓍而求卦者也."(衆人은 이 <陰陽의 변화>로 인하여 蓍草에서 卦를 구하는 것이다.)

28 『周易』, 「繫辭上傳」: "聖人說卦, 觀象繫辭焉, 而明吉凶."(聖人은 卦를 베풀어서[지어서], 卦象을 보고 말을 매어 吉凶을 밝힌다.)

29 『周易』, 「繫辭上傳」: "一陰一陽之謂道."

30 辛基周, 「命理學의 中和的 해석에 관한 硏究」, 동의대 박사청구논문, 2015, 56쪽에 의하면, "道는 인식이전의 세계이지만 陰陽이라고 표현하면 인식의 세계와 상호 밀접한 관련을 가지게 된다. 이는 陰陽이 만물의 근본이 되어 변화를 주도하므로 만물이 존재하는 양식도 陰과 陽에서 비롯된다고 보았기 때문이다. 陰陽은 한편으로는 물질세계를 구성하는 원리로서 현시적 세계에 존재하지만 이는 인간의 의식 이면에 구성된 하나의 원리라고 할 수 있다. 陰陽의 변화는 지대하면서도 미세하여 현시적 대상을 통하여 인식이 가능하나 인간의 의식 활동과 물질적 관계까지 총괄하기 때문에 객관적으로 다 나타낼 수 없으므로 신묘하다고 한 것이다. 그러므로 道는 만물의 기본인 陰陽으로 관계되는 의식이 양면으로 받아진 존재이며 이를 바탕으로 天人合一을 이룰 수 있는 것이다"라고 언표하고 있다.

삼라만상의 모든 변화는 陰陽에서 벗어날 수 없다고 보고 있는 것이다.

그리고 한번 陰하고 한번 陽하는 변화 속에서 神이 나오는데, 神을 헤아릴 수 없다고 하였다. 神을 헤아릴 수 없다는 뜻은 '神은 方所가 없다[神无方]'[31]는 뜻과 같은 의미로 볼 수 있다. 神은 方所가 없다는 말은 우주만물의 어느 방소 할 것 없이 모두 神이 꽉 차있다는 뜻과 같은 말로 해석 할 수 있다. 『周易』「序卦傳」에서 "하늘[天]과 땅[地]이 있은 뒤에 만물이 생기니, 하늘과 땅 사이에 가득 찬 것이 오직 만물이다"[32]라고 언표한 내용은 天地乾坤의 조화작용[33]으로 만물이 생겨남을 말하는 것이다.

뿐만 아니라 『周易』「說卦傳」에서는 八卦 중 乾, 坤을 제외한 여섯 개의 卦를 가지고 '神의 작용'에 대해, "神이라는 것은 만물을 신묘하게 하는 것을 말한다. 만물을 움직이는 것이 우레보다 빠른 것이 없으며, 만물을 흔드는 것이 바람보다 빠른 것이 없으며, 만물을 말리는 것이 불[火]만큼 말리는 것이 없고, 만물을 기쁘게 하는 것이 못[澤]만큼 기쁘게 하는 것이 없으며, 만물을 적시는 것이 물[水]만큼 적시게 하는 것이 없고, 만물을 마치게 하고 시작하게 함이 艮보다 성한 곳이 없다. 그러므로 물과 불이 서로 미치며, 우레와 바람이 서로 거스르지 않으며, 산과 못이 서로 氣를 통한 뒤에야, 능히 변화하여 만물을 다 이루는 것이다"[34]라고 서술하고 있다. 앞의 인용문의 내용

---

31 『周易』,「繫辭上傳」: "範圍天地之化而不過, 曲成萬物而不遺. 通乎晝夜之道而知, 故神无方而易无體."(天地의 조화를 範圍하여 지나치지 않으며, 만물을 곡진히 이루어서 버리는 것이 없다. 낮과 밤의 道를 통하여 알게 된다. 그러므로 神은 方所가 없고 易은 體가 없다.) 앞의 인용문에서 보면, 神은 方所가 없는 말은 우주만물의 어느 방소 할 것 없이 모두 神이 꽉 차있다는 사실을 말한다. 神이 없는 곳이 없다는 뜻으로 唯一神論과는 다른 의미이다. 方所가 없을 정도로 天地의 만물에 神이 꽉 차 있다는 것을 말한다.(金碩鎭, 『대산주역강의 (3)』, 한길사, 1999, 53쪽 참조.)

32 『周易』,「序卦傳」: "有天地然後萬物生焉, 盈天地之間者唯萬物."

33 『周易』 乾卦에서 "象傳에서 말하길, 위대하다, 乾元이여, 만물이 <乾元을> 바탕하여 시작하니, 이에 하늘을 거느리도다"(『周易』,「重川乾」: "象曰, 大哉. 乾元, 萬物資始, 乃統天.")라고 하고 있고, 『周易』 坤卦에서 "象傳에서 말하길, 지극하다, 坤元이여, 만물이 <坤元을> 바탕 하여 생겨나니, 이에 순히 하늘을 잇는 도다"(『周易』,「重地坤」: "象曰, 至哉. 坤元, 萬物資生, 乃順承天.")라고 언표하고 있는 내용을 보면, 萬物資始와 萬物資生 즉 만물의 始生은 天地乾坤의 조화작용인 것으로 볼 수 있다.

은, 天地乾坤의 조화작용으로 생겨난 만물이 '動', '撓', '燥', '說', '潤', '終始'의 신묘한 '神의 작용'을 한다는 뜻이다.[35]

앞의 내용에서 보면, 『周易』에서의 神은 첫째, 體用구조로 설명했을 때 본체적 개념으로 陰陽合德된 완성체[體]로서의 의미가 있고, 둘째, 神의 신묘한 작용[用]에 대한 의미가 있는 것이다.[36] 뿐만 아니라 또, 세상의 吉凶을 알기 위해서는 '귀신이 행해진다[行鬼神]'[37]는 것에 대한 내용을 알아야 하는데, 『周易』「繫辭上傳」에서 귀신의 실정에 대해 "우러러서는 天文을 보고, 구부려서는 地理를 살펴, 이런 까닭에 그윽하고 밝은 연고를 알며, 시작을 근원하여 마침을 돌이켜 연구하므로, 죽고 사는 말을 알며, 精과 氣가 물건이 되고 魂이 떠돌아다녀 變이 된다. 그러므로 귀신의 情狀을 안다"[38]라고 기술하고 있다.

이처럼 『周易』에서는 귀신 관념이 "귀신이 인간과 만물을 포함한 자연현상 속에 드러나는 일반적 양상"[39]으로 인간사의 吉凶에 어느 정도 영향을 미치는 존재로 묘사되고 있다. 이러한 사실은 "鬼神은 가득 찬 것을 해치고 겸손한 사람에게 福을 준다"[40]는 내용을 통해 잘 알 수 있다. 또 이런 관점이 사주명리학에서 쓰고 있는 吉神, 凶神의

---

34 『周易』, 「說卦傳」: "神也者, 妙萬物而爲言者也. 動萬物者莫疾乎雷, 撓萬物者莫疾乎風, 燥萬物者莫熯乎火, 說萬物者莫說乎澤, 萬物者莫潤乎水, 終萬物始萬物者莫盛乎艮. 故水火相逮, 雷風不相悖, 山澤通氣然後, 能變化, 旣成萬物也."

35 金碩鎭, 『대산주역강의 (3)』, 한길사, 1999, 356쪽 참조.

36 황인선, 「『周易』에서의 神의 意義」, 『철학논총』 제52집, 새한철학회, 2008, 61쪽 참조.

37 『周易』, 「繫辭上傳」: "所以成變化, 而行鬼神也."(여기서 변화가 이루어지며, 또 귀신이 행해진다.)

38 『周易』, 「繫辭上傳」: "仰以觀於天文, 俯以察於地理, 是故, 知幽明之故, 原始反終, 故知死生之說, 精氣爲物, 游魂爲變. 是故, 知鬼神之情狀."

39 金聖基, 「『周易』의 神人관계에 대한 해석학적 접근」, 『東洋哲學』 제5집, 한국동양철학회, 1994, 164쪽.

40 『周易』, 「地山謙」: "鬼神害盈而福謙." 이 구절은 『書經』「虞書」<大禹謨>篇에서 "滿招損, 謙受益. 時乃天道."(<자만이> 가득차면 손해를 부르고, 겸손하면 이익을 받는다. 이것이 바로 천도이다.) 라고 한 내용과도 통한다.

의미를 지닌 十神의 관념에 그대로 내포되어 있는 것이다.

3) 사주명리학에 활용된 神

明代 劉基[41]의 『滴天髓』「天道」에서 보면, "三元이 萬法의 근본임을 알고자 한다면, 먼저 帝載와 神功을 살펴보아야 한다. 하늘에는 陰陽이 있음으로 春木, 夏火, 秋金, 冬水, 季土가 있게 되는데, 이것이 계절의 변화에 따라 그의 神功을 나타내고 있다. 命 중에 天·地·人 三元의 이치가 모두 여기에 근본이 있다"[42]라고 기술하고 있다. 앞의 인용문에서 보면, 五行의 작용을 神功이라고 말하고 있음을 알 수 있다.

여기에 대한 淸代 任鐵樵[43]의 해석을 보면, "天干은 天元이고, 地支는 地元이며, 地支 속에 들어 있는 것은 人元이다. 사람들의 타고난 命은 모두 다 같지 않으나, 그 모두는 三元의 도리를 벗어나지 못하는 것 이것이야말로 이른바 萬法의 근본이라 한 것이다. 陰陽은 본래 太極이니, 이것을 帝載라 하고, 五行이 사계절에 분포되어 있으니, 이것을 神功이라고 하는데, 이것이 바로 三才[44]를 통일하여 연결시키므로

---

41 劉伯溫이라고도 불렸던 劉基(1311-1375)는 호는 靑田이며 字는 伯溫, 시호는 文成으로, 浙江省 靑田(지금의 永嘉縣)사람으로 집안은 가난했으나 영예로운 가문에서 태어났다. 명나라 건국 후 주원장에게 명나라 개국공신으로 인정받아 御使中丞 및 弘文館學士에 임명되고, 晉 封邑地의 誠 意伯에 봉해졌다. 저서로는 『郁离子』4권, 『覆瓿集』10권, 『寫情集』2권, 『春秋明經』2권, 『犁眉公 集』2권이 있다. 그의 대표적 명리서로 알려진 『滴天髓』는 그 저작의 진위에 관한 논쟁이 있다. 여기에 서술한 劉基의 生涯와 著述은, 李玉先, 「劉伯溫의 명리학에 관한 硏究」, 공주대 석사청구논 문, 2008, 8-15쪽을 참고하여 쓴 것이다.

42 『適天髓』, 「天道」: "欲識三元萬法宗, 先觀帝載與神功. 天有陰陽, 故春木, 夏火, 秋金, 冬水, 季土, 隨 時顯其神功. 命中天地人三元之理, 悉本于此."

43 『滴天髓闡微』「袁序」에서 任鐵樵(1773-?)의 명조에 대하여 기술한 내용을 보면, "癸巳年, 戊午月, 丙午日, 壬辰時."(1773년 음력 4월 18일 辰時)生이다. 命學에 입문한 계기는 부친이 돌아가시자 호구지책으로 그 시기(30-35세로 추정)에 입문하였다. 저서로는 『滴天髓闡微』가 있고, 이 책은 후에 袁樹珊(1881-?)이 撰輯하였고, 사주명리학을 공부하는 사람의 필독서가 되고 있다.

44 하늘과 땅, 사람이 조화를 이룬다는 天·地·人 三才사상은 陰陽五行사상, 天人感應사상과 더불어

만물의 本原이 된다.""[45]라고 기술하고 있다. 앞의 인용문의 내용은 陰陽이 太極에서 발생되는 것을 帝載라고 하고, 五行이 사계절에 분포되어 있는 것을 神功이라고 말하고 있는 것이다. 또한 任鐵樵는 三元이라는 것은 天元, 地元, 人元이며, 天干은 天元이 되고, 地支는 地元이 되며, 地支에 들어있는 地藏干은 人元이라고 말하고 있다. 따라서 天地人은 五行의 神功에 의해서 연결되어 있고, 이 五行의 神功은 天干과 地支와 支藏干을 연결하는 명리의 이치로도 되는 것이다.

『滴天髓』「地道」에 보면, "대지의 근원이 덕과 합하니 機緘[46]이 통하고, 五行의 氣가 치우침과 온전함이 吉凶을 결정한다. 地는 강하고 부드러움이 있으므로, 五行이 東·南·西·北·中에서 生하고, 하늘과 덕을 합하니, 그 機緘의 신묘함이 감응하게 된다. 사람이 <하늘에서> 부여받은 것[命]에는, 치우침과 온전함이 하나같지 않으므로, 吉凶은 여기에서 결정된다"[47]라고 기술하고 있다. 앞의 인용문의 내용은 앞의 『周易』에서의 天地乾坤의 조화작용으로 만물이 생겨나고, 吉凶이 발생된다는 내용과도 비슷하다. 『周易』의 乾卦와 坤卦의 象傳에서 하늘에서 만물이 시작되어, 땅에서 만물이 生한다고 하였다. 生한다는 것은 形象의 시작이다. 사람도 하늘로부터 氣를 부여 받아 形象을 이루게 되는 것이다. 이것은 天地와 더불어 그 德에 부합된다고 볼 수 있다. 그렇게 하여 機緘이 서로 통하니 五行의 氣에는 치우치고 온전함이 있어서, 그 이유로 사람의 운명에도 吉凶이 생기는 것이다.

다시 말하자면, 땅의 德이 하늘의 德과 합쳐져서 기운의 변화가 일어나고,[48] 이로

사주명리학의 중요한 바탕이 된다.

45 『滴天髓闡微』, 「天道」: "干爲天元, 支爲地元, 支中所藏爲人元. 人之稟命, 萬有不齊, 總不越此三元之理, 所謂萬法宗也. 陰陽本乎太極, 是謂帝載, 五行播于四時, 是謂神功, 乃三才之統系, 萬物之本原."

46 機緘은 사물의 처음과 끝, 發動을 機, 收束을 緘이라고 한다. 또는 '기운의 변화'를 말하는데, 轉[회전]하면서 氣가 변화하는 것을 말한다.

47 『滴天髓』, 「地道」: "坤元合德機緘通, 五氣偏全定吉凶. 地有剛柔, 故五行生于東南西北中, 與天合德, 而感其機緘之妙. 賦于人者, 有偏全之不一, 故吉凶定于此."

48 『周易』「說卦傳」에서 말하는 天地乾坤의 조화작용으로 생겨난 만물이 '動', '撓', '燥', '說', '潤',

인해 생성된 五行의 기운이 치우치기도 하고 고르게 조화를 이루기도 하면서 吉凶이 결정된다. 그리고 땅은 만물을 부양하고 신비로운 機緘을 간직한다는 뜻이다. 그 속에서 五行이 치우치거나 온전하게 되어서 吉凶이 정해진다는 뜻인데, 陰陽과 五行이 서로 어떻게 배합이 되어 있는가를 잘 살피는 것이 명리의 이치에 통하는 길이라고 볼 수 있다.

『滴天髓』「人道」에서 보면, "하늘을 머리에 이고 땅을 밟은 것 중에서 사람이 가장 귀하다. 순응하면 吉하고 거스르면 凶하다. 만물은 五行을 얻지 못한 것이 없으나 하늘을 머리에 이고 땅을 밟은 것 중에 오직 사람이 五行을 온전하게 얻어 貴하다. 그 吉凶이 하나같지 않는 것은, 그 얻은 五行이 순응 하는가 거스르는가에 있다"[49]라고 기술하고 있다. 앞의 인용문의 내용은 사람만이 五行을 온전하게 갖추고 있으며, 사람이 받은 五行의 氣가 순응 하는지 거스르는지에 따라서 吉凶이 결정된다는 것을 알 수 있다.

앞에서 고찰한 『適天髓』의 三元을 통하여, 天地人 三元은 五行의 神功에 의해서 연결되어 있음을 살펴보았다. 『適天髓』에서의 神은 天地人 三元이 神적인 의미가 부여되고, 그리고 五行은 신묘한 변화 작용[神功]을 통해 吉凶을 결정함으로써 神적인 의미가 부여된다.

이제 淸代 沈孝瞻[50]의 『子平眞詮』[51]에서 神과 관련된 내용을 고찰하고자 한다. 『子

'終始'의 신묘한 '神의 작용'을 한다는 내용과 비슷하다고 볼 수 있는데, 이러한 내용은 『周易』이 『適天髓』에 영향을 주었을 것으로 볼 수 있다.

49 『適天髓』, 「人道」: "戴天履地人爲貴. 順則吉兮凶則悖. 萬物莫不得五行而戴天履地, 惟人得五行之全 故爲貴. 其有吉凶之不一者, 以其得于五行之順與悖也."

50 沈孝瞻(생몰연대 미상)은 淸나라 山陰사람으로 乾隆4년 己未(1739년)에 進士에 급제 하였다. 저서 로는 중국의 3大 명리서중 하나인 『子平眞詮』이 있다. 이 書名은 원래는 39편으로 구성된 『子平 手錄』이었고, 乾隆41년 丙申(1776년) 胡空甫가 책으로 간행하면서 제목을 『子平眞詮』이라고 붙 인 것이다. 格局用神과 相神에 대해서 논하고, 正格사주에 대해서 체계적으로 정리되어 있다. 여기에 서술한 沈孝瞻의 生涯와 著述은, 沈孝瞻(서락오 평주), 『子平眞詮評註』, 武陵出版社, 2015, 9-10쪽을 참고하여 쓴 것이다.

平眞詮』「論用神」에서는 "팔자의 用神은 오로지 月令에서 구한다. 日干으로써 月令의 地支에 대조하면, 生하고 剋하는 현상이 다르니, 格局이 거기에서 나누어진다. 財·官·印·食이면 善한 用神이니 이를 順用한다. 煞·傷·劫·刃이면 不善한 用神이니 이를 逆用하여야 한다. 順用할 것은 順用하고 逆用할 것은 逆用하여 배합이 마땅하면 <어느格局이든지> 貴格이 될 수 있다"[52]라고 기술하고 있다. 앞의 인용문의 내용은 格局用神이 사주에서 매우 중요한 역할을 하고, 相神의 역할에 따라서 貴格이 될 수 있다는 것이다.

또한『子平眞詮』「論用神變化」에서 "八字는 用神이 아니면 성립되지 않고, 用神은 변화가 아니면 靈妙해지지 않으니, 命[四柱]을 올바르게 보려는 자는, 반드시 이 변화에 대하여 상세히 살펴야 한다"[53]라고 언표하면서 用神의 변화를 잘 살펴야 함을 강조한다.

그리고『子平眞詮』에서는, 사주팔자에서 月支는 月令 또는 提綱[54]이라고 불리고 사주팔자에서 가장 왕성한 힘을 가지고 있다고 보고 있다.『子平眞詮』에서는 月令을 중요하게 보았으며, 月令이 格局用神이 되고 그 格局用神의 十神을 格의 명칭으로

---

51 『子平眞詮』은 淸代 沈孝瞻이 저술한 책인데, 徐樂吾(1886-1948)가 이에 대해 評註를 달아『子平眞詮評註』를 1936년에 출간하였으며, 沈孝瞻의 명리 이론을 연구하는 거의 모든 사람들은 이 책을 저본으로 삼고 있다.『子平眞詮』의 原名은『子平手錄』이다. 이러한 사실은『子平眞詮』「原序」에 담겨져 있는 "得山陰沈孝瞻先生著子平手錄三十九篇."(山陰 沈孝瞻 先生이 지은『子平手錄』三十九篇을 얻었다.)라는 내용에 명확하게 나타나 있다.「原序」에 乾隆 四十一年(丙申, 1776년) 胡空甫가 刊行하였다고 기술하고 있다.

52 『子平眞詮』,「論用神」: "八字用神, 專求月令. 以日干配月令地支, 而生剋不同, 格局分焉. 財官印食, 此用神之善而順用之者也. 煞傷劫刃, 用神之不善而逆用之者也. 當順而順, 當逆而逆, 配合得宜, 皆爲貴格."(格局用神이 吉神格이라면 相神은 格局用神을 順用하는 역할을 하고, 格局用神이 凶神格이라면 相神은 格局用神을 逆用하는 역할을 한다. 그래서 相神이 順用 혹은 逆用의 역할을 제대로 수행하면 成格이 된다.)

53 『子平眞詮』,「論用神變化」: "八字非用神不立, 用神非變化不靈, 善觀命者, 必於此細詳之."

54 사물의 근본이 되는 紀綱을 제시해 주는 것으로, 사주팔자에서 月支[月令]가 提綱이 된다. 提綱은 그물에서 중심이 되는 굵은 줄을 말한다. 그물의 가는 선은 이 提綱에다 얽어매어 그물을 이루고 있기 때문에 提綱만 잡아당기면 그물 전체를 끌어올릴 수 있다는 것에서 차용한 단어이다.

하였다. 따라서 『子平眞詮』에서는 月支에서 만들어진 格局用神과 더불어 格局用神에게 필요한 相神이 命主의 吉凶을 주관하는 神적인 의미가 부여된다.

2. 사주명리학에 적용된 體用 개념

體用論은 중국의 대표적인 사유체계라고 할 수 있으며, 중국철학사 속에서 지속적으로 발전해온 이론인데,[55] "다양한 철학적 사고들을 종합하는데 매우 효과적이라는 점이 이 이론이 가지고 있는 여러 특징 가운데 하나이다."[56]

體用은 동양철학에서 사물을 인식하는 하나의 보편적 사유방식이다. 體用은 天人·本末·有無·一多·理氣·道器·心物·能所·知行·性情 등과 함께 사용되는 동양철학의 전통적인 개념이다. 體用은 다른 개념들과 비교하면 매우 포괄적이며 범주론적으로

---

[55] 體用은 중국철학에서 매우 익숙한 용어이다. 이 용어는 중국 근대시기 중국사상가들이 서구문명의 위력에 대항하기 위해 구사했던 '中體西用'의 구호로도 잘 알려져 있다. 體用은 先秦시기부터 등장하여 중국의 주요한 사유체계로 인식되었다. 先秦시기의 體와 用은 각자 독립된 형태로 발전하였으나 전국시대 이후 양자가 결합되어 새로운 개념으로 발전하였다. 體는 본래 사람의 몸이고, 用은 사람이 도구를 사용하는 동작을 의미했다. 이러한 원시적 의미의 體用은 점차 추상적인 사유의 형태로 발전 하면서, 인간의 사유의 형식과 논리를 대변하기 시작했다. 魏晉시대를 거치고 隋, 唐代에 이르는 과정 속에서 體用은 점차 철학의 중심 談論으로 자리매김 되기 시작했다. 體用은 점차 중국철학의 중심 논리이자 세계관의 구조가 되어갔다. 體用은 철학자들이 『周易』을 중심으로 談論을 구축하는 가운데 體用의 구조는 새롭게 조명되었다. 體用論은 儒家의 道器論과 결합되면서 철학적 세계관을 더욱 입체적으로 만들었다. 승려들은 體用의 이론을 통해 본체의 문제, 수양의 문제, 우주의 문제를 설명하기 시작했으며, 중국불교 속에서 體用은 선종과 화엄의 철학에서 보편적으로 쓰였고, 화려하고 정밀하게 구사되었다. 宋代 朱子는 천도론과 인성론을 새롭게 구축하는 데 있어서 體用의 논리에 충실했다. 儒家의 體用 논리는 明代에 이르러서도 지속되었고, 淸代 王夫之(1619-1692)에 이르러 다시 화려한 형태로 변모하기도 하였다. 이처럼 體用은 중국철학사 속에서 몸의 연관, 사유 형식, 논리 구조, 세계관, 담론체계 등의 다양한 영역을 포괄하고 있다.(강진석, 『체용철학』, 문사철, 2012, 7쪽, 73-75쪽 참조.)

[56] 김종인, 「현대 과학에 대한 新儒學者의 대응」, 『東洋哲學研究』 제35집, 동양철학연구회, 2003, 394쪽 참조.

사용되고 있다. 그것이 내포하는 의미의 방대함으로 인해 적용범위는 본체론에 국한되지 않고 인식론·수양론, 나아가 문화 형태를 구분하는 영역에까지 그 외연을 확장해 왔다.[57]

필자는 이렇게 다양하게 활용된 體用 개념을 통하여, 사주명리학에서는 '본체'[體]와 '작용·현상'[用]의 관계가 어떠한 방식으로 적용되고 있는지 고찰하고자 한다. 왜냐하면 모든 사물들의 '본체'[體]와 '작용·현상'[用]의 관계는 사주명리학에도 중요한 의미를 가지기 때문이다.

1) 體用의 의미

體用은 중국철학사에서 새로운 개념이 아니다. 體用의 의미는 중국철학사 전반에 걸쳐서 발견 되며, 體用이라는 용어 자체 또한 불교, 유학, 도가 등 주요 철학적 전통에서 모두 사용 되었다.[58] 體用 개념은 사물을 體와 用의 두 측면으로 나누어, 그 각각의 의미와 상호 연관성 속에서 사물을 이해하는 사고방식이다. 體는 사물의 본체를 가리키는 것이며, 用이란 사물의 작용 또는 현상을 가리키는 개념으로 사용되고 있다. 體와 用은 초기에는 각기 독립적으로 쓰이면서 단순히 본체[體]와 사용[用]이라는 뜻으로 쓰였다.[59]

體는 육체, 형체 등의 원시적 의미로 쓰이다가 세월이 흐르면서 體는 점차 사람의 인식을 구성하는 논리로써 추상화 되었다. 본래 생물학적 의미의 형체가 논리적 영역으로 넘어가 냄새를 맡거나 만질 수 있었던 體는 논리적 추상화를 통해 부호, 숫자,

---

57 金大壽, 「熊十力의 體用論 연구」, 영남대 박사청구논문, 2011, 86쪽.

58 김종인, 「體用과 元曉의 和諍」, 『東洋哲學研究』 제24집, 동양철학연구회, 2001, 6쪽 참조.

59 김제란, 「중국철학에서의 '體用' 개념의 변천과정」, 『시대와 철학』 제17집, 한국철학사상연구회, 2006, 45쪽 참조.

크기의 의미를 띠게 되었다. 그리고 用은 두 가지 의미를 가지고 있는데 하나는 사람이 어떤 도구를 사용[用]한다는 단순한 의미로 쓰였다. 다른 하나는 등용, 적용, 운용, 활용 등의 의미로 확대 되어 사물의 실체가 지니고 있는 작용이나 현상을 의미하게 되었다. 體와 用이라는 두 글자는 점차 형체나 실체로서의 體와 작용이나 현상으로서의 用이 함께 결합되어 나가게 된다.[60]

이러한 體用 개념은 중국불교에서도 사용되어온 개념이었는데, 후에 宋代의 性理學과 易學에도 응용되었다. 먼저 불교에서 僧肇, 『大乘起信論』, 慧能의 體用 개념을 고찰해보면 다음과 같다.

2) 불교에서의 體用 개념

불교 이전의 體用개념은 體와 用의 원래의 의미는 단순히 본체[體]와 사용[用]이라는 뜻으로 쓰였는데, 중국에 불교가 들어오면서 새로운 전기를 맞게 된다. 불교에서 찾아 볼 수 있는 體用 개념은 다음과 같다.

(1) 僧肇의 體用 개념

중국 16國 時代 승려 僧肇[61]는 "用이 곧 寂[62]이고, 寂이 곧 用이다. 用과 寂는 體가

---

60 강진석, 『체용철학』, 문사철, 2012, 54-65쪽 참조.

61 僧肇(384-414)는 16국시대 晉의 승려이다. 陝西 長安 사람이고, 俗姓은 張씨다. 소년시절부터 書寫에 고용되어 생계를 꾸려나가는 동안에 유교와 역사의 고전에 통할 수 있게 되었는데, 특히 老莊사상을 좋아했다. 西域의 龜玆國[지금의 新疆省 廣東 부근]의 鳩摩羅什 문하에서 대승불교를 공부했다. 그의 저서인 논문집 『肇論』은 불교사상서이다. 이 책은 大乘의 空사상에 대한 깊은 이해를 보여준 것으로, 중국불교에 큰 영향을 끼쳤다. 그 밖의 저서로는 『寶藏論』, 『般若無知論』, 『不眞空論』, 『物不遷論』, 『註維摩經』 등이 있다.

62 寂(고요할 적)은 고요함, 평온함, 불가에서는 모든 번뇌를 남김없이 소멸하여 평온하게 된 열반의 상태를 이른다.

하나이고, 동일한 근원에서 나와서 이름만 다르다. 用이 없는 寂이 따로 用의 주체가 되는 경우는 없다"[63]라고 하였는데, 寂이란 일체의 집착에서 벗어난 불타의 寂靜한 心體를 의미하며, 用은 寂靜한 心體의 작용을 말하는데, 이것은 "우리 마음을 거울에 비유할 때, 비춰주는 '照'인 用과 거울 자체가 가진 '寂'인 體가 같다는 말이다. 이것은 마치 고요함이 움직임의 근거가 되고 또 움직임은 고요함의 근거가 되어, 이는 움직임 과 고요함이 하나가 되는 것[動靜一如]"[64]을 말하는 것이다. 이것은 반야계통의 '空'사상 을 有와 無가 어느 곳에도 치우치지 않는 中道인 '非有非無'를 僧肇가 "用卽寂, 寂卽用." (用이 곧 寂이고, 寂이 곧 用이다.)이라는 體用 개념을 적용시켜 설명하고 있는 것이다. 僧肇는 이러한 논리로 有나 無 어느 하나에 집착하는 견해를 깨뜨리려는 입장을 취한 것이다. 결국 이는 '卽用卽體'의 의미를 지니게 된다. 이러한 體用 개념은 나중의 『大乘 起信論』의 입장을 계승한 華嚴宗의 '體用一如'와도 같은 논리라고 볼 수 있는 것이다.

(2) 『大乘起信論』의 體用 개념

고대 인도의 불교학자인 馬鳴[65]의 『大乘起信論』[66]에서는 體와 用의 개념이 아닌 體·相·用의 개념을 사용하고 있다. 大乘[67]에는 크게 두 종류가 있는데 하나는 法이요, 다른 하나는 義이다. 그 내용을 다음과 같이 기술하고 있다.

---

63 『肇論』, 「般若無知論」: "用卽寂, 寂卽用. 用寂體一, 同出而異名. 更無無用之寂, 而主於用也."

64 김제란, 「중국철학에서의 '體用' 개념의 변천과정」, 『시대와 철학』 제17집, 한국철학사상연구회, 2006, 46쪽.

65 馬鳴(100-160?)은 고대 중부 인도에서 활동한 대승불교학자로, 불교를 소재로 한 산스크리트의 미문체 문학을 창작하여 인도 문학사상 큰 업적을 남겼다. 그는 고대인도 마가다국출신으로서 정통 바라문이었다. 脇尊者[Parsva]의 제자가 되어 불교에 귀의하여 불교 포교에 힘썼다. 카니시 카왕의 초빙으로 간다라국에 가서 佛法을 크게 선양하였는데, 그의 저서로는 『佛所行讚』, 『孫陀 利難陀詩』, 『大乘起信論』, 『金剛針論』, 『犍椎梵讚』 등이 있다.

66 『大乘起信論』의 梵語 원전은 아직 발견되지 않고 있고, 漢譯本에는 두 가지가 있다. 하나는 眞諦 (499-569)의 역본이고, 또 하나는 實叉難陀(652-710)의 역본이다.

67 '大乘'이란 글자 중에서 '乘'은 수레이다. 비유로서 가르침 혹은 修行道를 가리킨다.

"大乘[摩訶衍]에는 크게 두 종류가 있으니 무엇이 그 둘인가? 하나는 法이요, 다른 하나는 義이다. 法이란 중생심을 말한다. 이 마음이 세간과 출세간의 모든 법을 담고 있으며, 이 마음을 통해서 大乘의 뜻을 드러내 보인다. 왜냐하면 이 마음에 있는 眞如의 모습이 곧 大乘의 體를 나타내기 때문이고, 이 마음에 있는 生滅因緣의 모습이 大乘 자체의 相과 用을 보일 수 있기 때문이다. 義에도 세 종류가 있으니, 무엇이 그 셋인가? 첫째는 體大인데, 一切法의 眞如를 말하는 것이고 평등하여 증감이 없기 때문이다. 둘째는 相大인데, 如來藏을 말하는 것이고 헤아릴 수 없는 功德을 다 갖추었기 때문이다. 셋째는 用大인데, 一切의 세간과 출세간의 善한 因果를 낳기 때문이다. 모든 부처님이 본디 쓰는 것이기 때문이며, 모든 菩薩[68]이 이 法을 써서 모두 如來의 경지에 다다르기 때문이다."[69]

위의 인용문에서 보면, 『大乘起信論』에서는 본래부터 깨달음의 상태에 있는 마음 즉 眞如는 大乘의 體이고, 인연 따라 생멸하는 세속적 마음은 大乘의 體가 환경과 조건에 따라 변화하는 相과 用을 보여주는 것이라고 말하고 있다. 그리고 體大는 본질의 위대성이고, 중생의 있는 그대로의 모습인 본성에 해당하는 眞如門[70]에 해당된다. 相大는 현상의 위대성이고, 진여본성에 갖추어져 있는 무한한 공덕에 해당된다. 用大는 작용의 위대성이고, 진여본성을 갖추고 있는 중생이 그 선행의 因果를 얻는

---

68 菩薩이란 산스크리트어 보디사트바(보리살타 菩提薩埵)의 준말이고, 구도자, 지혜를 가진 자로 해석된다.

69 『大乘起信論』, 「立義分」: "摩訶衍者, 總說有二種, 云何爲二. 一者, 法, 二者, 義. 所言法者, 謂衆生心. 是心則攝一切世間法出世間法, 依於此心, 顯示摩訶衍義. 何以故, 是心眞如相, 卽示摩訶衍體故, 是心生滅因緣相, 能示摩訶衍自體相用故. 所言義者, 則有三種, 云何爲三. 一者體大, 謂一切法眞如平等不增減故. 二者相大, 謂如來藏具足無量性功德故. 三者用大, 能生一切世間出世間善因果故. 一切諸佛本所乘故, 一切菩薩皆乘此法, 到如來地故."

70 元曉의 '一心二門'에 의하면, 生滅門은 생하고 소멸함이 있는 세계, 즉 차별이 있는 세계를 말하고, 眞如門은 참다운 진리의 세계, 즉 차별이 없는 세계를 말한다. 불교의 수행이라는 것은 바로 차별과 집착이 있는 세계에서 모든 차별을 넘어선 세계로 나가는 것이라 한다. 수행을 한다는 것은 生滅門에서 眞如門으로 나가는 것이라 한다.

작용에 해당된다. 相·用은 生滅門에 해당한다. 앞의 내용에서 보듯이 『大乘起信論』에서는 眞如門을 體로, 生滅門을 相·用으로 보고 있는데, 이를 體用 개념으로 보면 眞如門은 體가 되고, 生滅門은 用에 해당 한다고 볼 수 있다.

(3) 慧能의 體用 개념

불교의 큰 목적은 깨달음이다. 깨달음에 있어 마음 밖에서 부처를 찾는 것이 아니라 마음 안에서 부처를 찾는다는 내용을 체계적으로 정리한 慧能[71]은 『六祖壇經』에서 "세상의 모든 것[十八界]은 자성을 따라 用이 일어나는 것이다"[72]라고 하였는데, 즉 體에서 用이 일어난다는 '由體起用'을 기본 이치로 하고 있다. 그 내용을 살펴보면 다음과 같다.

> "定과 慧는 일체이고, 둘이 아니다. 定은 慧의 體이고, 慧는 定의 用이다. 慧가 바를 때에 定은 慧속에 있고, 定이 바를 때에 慧는 定속에 있다."[73]

위의 인용문에서 보면, 定[74]의 體와 慧[75]의 用이 一體이고 서로 상보관계에 있다고 보고 있다. 定은 본심으로 아주 고요한 마음의 상태를 말하고, 慧란 본심의 움직임인데 내면적인 마음의 지혜에 참다운 눈을 뜨는 것이다. 즉 고요한 가운데 움직임이 있고, 움직이는 가운데 고요함이 있다. 그러므로 定과 慧는 둘이 아니라는 것이다. 그리고

---

71 慧能(638-713)은 중국 唐代 사람으로 禪宗의 六祖大師이다. 그의 설법을 기록한 『六祖壇經』은 禪宗에서 매우 중요시하는 경전 중의 하나이다.

72 『六祖壇經』: "如是一十八界, 皆從自性起用." 여기서 말하는 十八界는 '六根[六門], 六境[六塵], 六識'을 뜻한다.

73 『六祖壇經』: "定慧一體, 不是二. 定是慧體, 慧是定用. 卽慧之時定在慧, 卽定之時慧在定."

74 定[禪定]이란 마음을 한 곳에 머물게 하여 흩어지지 않게 하는 것이다.

75 慧[知慧]란 사물이나 도리를 분별하고 판단하는 마음 작용이다.

"定과 慧는 마치 燈과 光의 관계와 같으니, 燈이 있으면 光이 있고 燈이 없으면 光이 없다. 燈은 光의 體요 光은 燈의 用이다."[76] 그리고 '燈이 있으면 光이 있고, 燈이 없으면 光이 없다'는 것은 燈과 光의 인과 관계를 규정한다. 燈은 光의 體요, 光은 燈의 用이라는 말은 불교의 體用과 因果는 같은 개념으로 볼 수도 있는 것이다.[77]

이 절에서 고찰해 본 바와 같이 불교의 體用개념은 본체와 현상을 설명한 것이다. 그것을 마음에 적용시키는 과정에서 두 가지마음은 결국은 한 가지[一體]라는 '體用一如'라는 관점을 제시하였는데, 이러한 관점은 성리학에서도 크게 영향을 미치게 된다. 이제 성리학에서의 體用 개념을 고찰해 보고자 한다.

3) 성리학에서의 體用 개념

불교적 體用 관점을 받아들인 宋代 성리학자들은 자신들의 體用 이론체계를 구축한다. 周敦頤, 程顥, 程頤, 張載, 邵雍, 朱熹 등이 대표적이다. 그들 중에서 程頤[78]는 "깊이 숨어있는 것은 理이고, 분명히 드러나 있는 것은 象이다. 體와 用은 근원이 하나이고, 드러난 것과 숨은 것은 틈이 없다"[79]라고 하였고, 朱熹[80]는 "'體用一源'이란 體가 비록

---

76 『六祖壇經』: "定惠猶如何等如燈光, 有燈卽有光無燈卽無光. 燈是光之體光是燈之用."

77 최일범, 「선불교와 노장사상의 사유방법에 관한 연구」, 『백련불교논집』 제9집, 1999, 65쪽 참조.

78 程頤(1033-1107)는 宋代 성리학자이다. 洛陽 사람으로 자는 正叔이고, 호는 伊川이다. 관리이자 理學家, 교육자였던 그는 程顥(程明道)의 아우인데, 그의 형과 함께 宋 六賢(周敦頤, 程顥, 程頤, 張載, 邵雍, 朱熹)으로 알려져 있다. 宋代 儒家 二程은 程顥, 程頤 두 형제를 일컫는다. 程顥와 더불어 理學의 기초를 다졌다. 저서로 『周易程氏傳』, 『遺書』, 『易傳』, 『經說』, 『二程集』 등이 있다.

79 『二程集』, 「易傳序」: "至微者理也, 至著者象也. 體用一源, 顯微無間."

80 朱熹(1103-1200)는 宋代 성리학자로 오랫동안 중국을 비롯한 동아시아 지식인 사회를 지배해왔다. 北宋五子라 불리는 유학자 周敦頤, 程顥, 程頤, 張載, 邵雍의 사상을 종합했다. 朱熹는 理와 太極을 사실상 동일시하면서 理와 氣의 관계를 새롭게 정립시켰다. 朱熹의 저서로는 『論語要義』, 『論語訓蒙義』, 『困學恐聞編』, 『程氏遺書』, 『論孟精義』, 『資治通鑑綱目』, 『八朝名臣言行錄』, 『西銘解義』, 『太極圖說解』, 『通書解』, 『程氏外書』, 『伊洛淵源錄』, 『古今家祭禮』, 『近思錄』, 『四書章句集

흔적이 없지만 그 안에 이미 用을 가지고 있다는 것이다. '顯微無間'이란 드러난 <象> 가운데 숨겨진 <理가> 구비되어 있다는 것이다"[81]라고 언표 하였다.

이는 體는 근원적인 본체이고, 用은 모양이 있는 현상으로 드러난 것을 말하는 것이다. 程頤와 朱熹 둘 다 존재의 본체로서의 體와 그 드러난 모습으로서의 현상인 用이 한 몸으로 동시에 공존한다는 '體用一源'을 말하고 있는 것이다.[82] 體와 用은 분리될 수 없는 것으로 보고, 體와 用이 같이 존재 하는 것으로 하나의 본체에 양면성을 있는 것으로 보고 있는 것이다.

體用의 관점은 중요하다. 體란 본체, 즉 본래 언제나 일정한 것으로 만물의 근본인 절대적 주체이고, 體로부터 유출되어 발생하는 것이 작용, 즉 用이 된다. 體는 사물의 본성이고 用은 體를 대신하는 작용으로 體用은 불가분의 관계를 가지고 있으며 관점을 어디에 두느냐의 차이일 뿐이다. 이강대는 "朱熹는 우주만물의 본체를 理와 氣로 보아 그것으로써 모든 사물의 생성과 존재를 설명하고, 현상계의 사물은 모두 理와 氣의 두면을 갖고 있다고 주장하였다"[83]라고 하였고, 또한 "理와 氣는 존재에 있어 필연적이며, 운행에 있어 서로 의존적인 관계이다"[84]라고 하였다. 그리고 李滉은 朱熹의 理와 氣의 관계를 '不相雜'이고, '不相離'이라고 하였는데,[85] 理와 氣는 본래 서로 섞여 있는 것도 아니고, 서로 떨어져 있는 것도 아닌 하나이면서 둘이고, 둘이면서 하나인

注』, 『周易本義』, 『詩集傳』, 『楚辭集注』 등이 있다. 나중에 그의 글은 『朱文公文集』으로 편집되었고, 제자들과 학문하면서 토론할 때 남긴 朱熹의 말은 『朱子語類』로 편찬되었다.

81 『朱子語類』, 「易三」: "'體用一源', 體雖無迹, 中已有用. '顯微無間'者, 顯中便具微."

82 김종인, 「體用과 元曉의 和諍」, 『東洋哲學硏究』 제24집, 동양철학연구회, 2001, 6쪽에 의하면, "'體用一源'으로 표현되는 體用的 思惟는 동양철학 전 역사를 관통하고 있을 뿐 아니라, 體用개념 또한 儒家, 道家, 佛家 모두에게서 광범위하게 사용되던 범주이다"라고 기술하고 있다.

83 李康大, 『주자철학 성리학의 이해』, 대구한의대학교 출판부, 2013, 53쪽.

84 李康大, 『주자철학 성리학의 이해』, 대구한의대학교 출판부, 2013, 73쪽.

85 『退溪先生言行錄 卷四』: "理氣本不相雜, 而不相離."(理와 氣는 본래 섞여 있는 것이 아니지만, 또한 서로 떨어져 있는 것도 아니다.)

'體用一源'의 개념을 나타내고 있는 것이다.

한편, 『中庸』「第一章」에서는 "喜怒哀樂이 드러나지 않는 것을 中이라고 하고, 그 드러난 것 중에 절도가 있는 것을 和라고 한다"[86]라고 기술하고 있다. 이 구절에서 보면, 體는 하나이나 用은 다양한 모습으로 변화를 한다는 것을 알 수 있다. 즉 드러나지 않은 中[本性]은 體로써 하나이지만 喜·怒·哀·樂의 모습으로 다양하게 변화하여 나타날 수 있음을 의미한다.

이러한 '體用一源과 그 변화'의 개념은 易學에서도 도입되어 사용되고 있다. "朱熹는 모든 사물의 본질에는 太極 혹은 理라고 불리는 영원불변하는 원리가 내재하며, 현상세계 사물의 다양성은 氣라고 하는 외적인 요소에 기인 한다"[87]라고 하였는데, 이는 <太極 혹은 理에서 氣的 작용에 의해> 천지 만물은 본체[太極 혹은 理]의 분화 과정을 통해 생성되고, 천지 만물은 작용과 현상으로서 자신[성정]을 나타내고 있는 것을 알 수 있다.

이러한 體用 개념은 '體用一源' 개념뿐만 아니라, 體와 用을 통해서 일어나는 '변화'의 개념 또한 있는 것이다. 이러한 이치는 『周易』과 사주명리학에서 사용되는 부호[88]의 생성 및 그 부호의 현상과 작용원리에 대한 근거가 된다고 볼 수 있다. 이러한 내용은 周敦頤[89]의 『太極圖說』에서 고찰해 볼 수 있는데 그 내용은 다음과 같다.

"無極이면서 太極이니, 太極이 動하여 陽을 낳아, 動이 극에 달하면 靜하고, <太極이>

---

86 『中庸』, 「第一章」: "喜怒哀樂之未發, 謂之中, 發而皆中節, 謂之和."

87 김종인, 「현대 과학에 대한 新儒學者의 대응」, 『東洋哲學硏究』 제35집, 동양철학연구회, 2003, 400쪽.

88 『周易』의 64卦와 사주명리학에서의 60甲子를 심볼(symbol), 메타포(metaphor) 또는 符號라는 용어로 대체하여 이해해 볼 수 있다.

89 周敦頤(1017-1073)는 중국 北宋시대의 유학자로 성리학의 기초를 닦았다. 그의 저서로는 『周子全書』7卷이 전해지는데, 그 가운데 『太極圖說』과 『通書』가 가장 대표적이다.

靜하여 陰을 낳아, 靜이 극에 달하면 다시 動한다. 한번 動하고 한번 靜함이 서로 그 뿌리가 되어 陰으로 나뉘고 陽으로 나뉨에 兩儀가 서게 되었다. 陽이 변하고 陰이 합하여 水·火·木·金·土를 낳아 五行의 기운이 순차적으로 펴짐에 四時가 行한다. 五行은 一陰陽이다. 陰陽은 一太極이다. 太極은 본래 無極이었다. 五行이 생겨남에 각기 그 性을 하나씩 간직한다. 무극의 진리와 二氣와 五行의 精氣가 묘하게 합하고 엉기어, 乾道는 男을 이루고, 坤道는 女를 이루어, 두 기운이 교감하여 만물을 화생하니, 만물이 낳고 낳아 변화가 무궁하게 된다.”[90]

위의 인용문에서 보면, 周敦頤는 '無極而太極'이라고 하면서 太極을 형이상학으로서 천지 만물이 생성되기 이전의 본체[體]로 보고, 그 본체의 動靜, 陰陽, 五行을 그 본체의 작용[用]으로 보았다. 이러한 그의 견해를 朱熹 역시 계승하고 있는데, 이러한 사실은 그의 『周易本義』에 잘 나타나 있다. 이제 『周易』에서의 體用 개념에 대해서 고찰해 보고자 한다.

4) 『周易』에서의 體用 개념

앞의 절 성리학에서의 體用 개념에서 고찰해 본 바와 같이 體用에는 두 가지 개념이 존재한다. 하나는 '體用一源'의 개념이며, 다른 하나는 '변화'의 개념이다. 『周易』「繫辭上傳」에서 "한번 陰하고 한번 陽하는 것을 일러 道라고 한다”[91]라고 하였고, 『適天髓』「體用」에서 "道에는 體用이 있다”[92]라는 구절에서 알 수 있듯이, 道를 본체[體]로 볼

90　『太極圖說』: “無極而太極, 太極動而生陽, 動極而靜, 靜而生陰, 靜極復動. 一動一靜, 互爲其根, 分陰分陽, 兩儀立焉. 陽變陰合, 而生水火木金土, 五氣順布, 四時行焉. 五行, 一陰陽也. 陰陽, 一太極也. 太極本無極也. 五行之生也, 各一其性. 無極之眞, 二五之精, 妙合而凝, 乾道成男, 坤道成女, 二氣交感, 化生萬物, 萬物生生而變化無窮焉.”

91　『周易』, 「繫辭上傳」: “一陰一陽之謂道.”

수 있고, 一陰一陽을 작용[用]으로 볼 수 있는 것이다. 그리고 『周易』「說卦傳」과 「繫辭下傳」에서 '體用一源과 그 변화'의 개념들이 나타나 있는데, 이에 관해 고찰해 보자.

> "이로써 天의 道를 세워서 말하기를 陰과 陽이라고 하고, 地의 道를 세워서 말하기를 柔와 剛이라고 한다."[93]

> "乾坤은 易의 門인데, 乾은 陽의 물건이며, 坤은 陰의 물건이니, 陰陽이 合德하여 剛柔의 <일정한> 體가 있게 된다. <乾坤으로써> 天地의 일을 體하며, 神明한 德에 通한다."[94]

앞의 항 『太極圖說』 인용문의 내용을 보면, 道와 만물의 관계는 太極과 兩儀·四象·八卦의 관계와 일치한다. 道와 만물에는 각자 體와 用이 다 있어 '體用一源'의 개념이 적용되고 있으며, 道는 氣的 작용에 따른 분화과정을 통해 구체적인 사물을 이루게 되고, 구체적인 사물은 작용과 현상이 생기면서 '변화'하는 것이다.

위의 인용문에서 보면, 天이 體가 되면 陰陽이 用이 되고, 地가 體가 되면 剛柔가 用이 되며, 乾坤 자체는 體와 用을 다 가지고 있는 것으로 표현하고 있다. 太極[95]에서 陰陽이 나오는데 陽은 乾이고 陰은 坤이다. 陽의 기운은 위로 올라가 하늘이 되고 陰의 기운은 아래로 내려와 땅이 되었다. 朱熹는 『周易本義』「繫辭上傳」에서 "天과 地는, 하나의 陰과 하나의 陽이 形과 氣가 되어서 하나의 실체를 이룬 것이다. 乾과 坤은, 易 가운데 純陰과 純陽으로 이루어진 卦의 이름이다"[96]라고 하였다. 天地 陰陽은

---

92 『適天髓』, 「體用」: "道有體用."

93 『周易』, 「說卦傳」: "是立天之道曰陰與陽, 立地之道曰柔與剛."

94 『周易』, 「繫辭下傳」: "乾坤其易基門邪, 乾, 陽物也, 坤, 陰物也, 陰陽合德而剛柔有體. 以體天地之撰, 以通神明之德."

95 『周易』에서 太極은 우주 만물이 생긴 본체이고, 하늘과 땅이 아직 나누어지기 이전의 세상 만물이 생기는 근원이 되는 것이 보았다.

독립 불가능한 반존재로서 상호의존적이고 상호보완적인 것[97]으로 '體用一源'의 개념으로 볼 수 있는 것이다.

　그리고 陰陽은 天地와 더불어 뒤섞인 연후에 새 생명을 낳는다.[98] 그래서 陽과 陰에서 태양(⚌)·소음(⚏)·소양(⚎)·태음(⚍)의 四象이 나오고 그 뒤에 또 八卦가 나와서 易을 이루는 것이다.[99] 이렇게 '陰陽合德而剛柔有體'(陰과 陽이 合德하는 가운데 剛과 柔라는 體[八卦])를 이루게 된다.[100] 이런 분화 과정을 통해서 우주 만물이 만들어 진다고 볼 수 있다. 새로이 탄생한 사물들은 각자의 작용과 현상이 생기면서 '변화'를 하는 것이다. 64괘 역시 이러한 분화과정을 통해서 八卦가 서로 합하고 陰陽이 뒤섞인 연후에 만들어 지는 것이다. 앞의 내용을 도표로 나타내면 다음과 같다.

표 1. 太極의 분화과정 및 四象과 八卦의 관계

太極							
兩儀	陽 ─				陰 ⚋		
四象	태양 ⚌		소음 ⚏		소양 ⚎		태음 ⚍
八卦	一乾天 ☰(剛)	二兌澤 ☱(柔)	三離火 ☲(剛)	四震雷 ☳(柔)	五巽風 ☴(剛)	六坎水 ☵(柔)	七艮山 ☶(剛)	八坤地 ☷(柔)
	하늘	연못	불	우뢰	바람	물	산	땅
64卦							

96　『周易本義』,「繫辭上傳」: "天地者, 陰陽形氣之實體. 乾坤者, 易中純陰純陽之卦名也."

97　남상호,「동중서의 天人感應의 방법」,『凡韓哲學』제22집, 범한철학회, 2000, 195쪽 참조.

98　『春秋繁露』,「順命」: "獨陰不生, 獨陽不生. 陰陽與天地參然後生."(陰 홀로 새 생명을 낳을 수 없고, 陽 홀로 새 생명을 낳을 수 없다. 陰陽은 天地와 더불어 뒤섞인 연후에 새 생명을 낳는다.)

99　『周易』,「繫辭上傳」: "易有太極, 是生兩儀, 兩儀生四象, 四象生八卦."(易에 태극이 있으니, 이것이 兩儀를 낳고, 兩儀가 四象을 낳고, 四象이 八卦를 낳는다.)

100　金碩鎭,『대산주역강의 (3)』, 한길사, 1999, 250쪽 참조.

위의 도표의 내용을 통하여 『周易』에서의 陰陽二氣의 消息과정에서 적용된 體用의 논리를 알아 볼 수 있다. 太極이 體일때, 太極 자체의 氣的 작용을 用으로 볼 수 있다. 다음으로 兩儀[陰陽]가 體일때, 兩儀속의 氣的 작용을 用으로 볼 수 있다. 이어서 四象이 體일 때, 四象속의 氣的 작용을 用으로 볼 수 있다. 그리고 八卦가 體일 때, 八卦속의 氣的 작용을 用으로 볼 수 있다. 64卦 역시 體이며 그 속에 用을 지니고 있다고 볼 수 있는 것이다.

用은 體를 떠나서는 발생되지 않으며, 體는 用이 없으면 그 모습을 드러낼 수 없다는 것이다. 體와 用은 하나이면서 둘이고, 둘이면서 하나로 통해 있다. '體用一源'이므로 나눌 수 없다는 것이다. 그리고 體가 있으면 用에 의해 변화가 생기는 가운데 새로운 體가 생기며, 새로운 體에서 用을 통해 또 다시 새로운 體가 드러나게 되는데, 이러한 과정에서 사물이 생겨나게 된다는 것이다.

그리하여 대우주에는 많은 사물[體]이 생성되고,[101] 이 사물[體]들은 用을 통해 새로운 體를 만드는 일[事]이 끝없이 계속되어지는 것 자체가 '변화'인 것이다. 또한, 『周易』 「說卦傳」에서는 八卦의 氣的 작용을 설명하면서 八卦의 '用'에 대해 다음과 같이 기술하고 있다.

"雷로써 움직이고, 風으로써 흩트리고, 雨로써 적시고, 日로써 말리고, 艮으로써 그치고, 兌로써 기뻐하고, 乾으로써 주장하고, 坤으로써 감춘다. …만물을 움직이는 것이 雷보다 빠른 것이 없으며, 만물을 흔드는 것이 風보다 빠른 것이 없으며, 만물을 말리는 것이 火만큼 말리는 것이 없고, 만물을 기쁘게 하는 것이 澤만큼 기쁘게 하는 것이 없고, 만물을 적시는 것이 水만큼 적시는 것이 없고, 만물을 마치게 하고 시작하게 함이 艮보다 성한 곳이 없다."[102]

---

101 『周易』, 「序卦傳」: "有天地然後萬物生焉, 盈天地之間者唯萬物."(하늘과 땅이 있은 뒤에 만물이 생기니, 하늘과 땅 사이에 가득 찬 것이 오직 만물이다.)

위의 인용문에서 보면, 雷·風·雨·日[火]·澤[水]은 卦象으로 卦를 풀이 한 것이고, 艮·兌·乾·坤은 卦名으로 卦를 설명하고 있다. 이는 八卦를 體로하여 八卦를 상징하는 사물의 작용을 설명하고 있다. 즉, 八卦의 덕성과 작용을 말하고 있다. 이러한 體用의 원리는 사주명리학에도 응용이 되어 진다. 사주명리학에서는 五行과 十神의 성정과 작용을 알 수 있는 데, 이는 사주를 看命할 때 '日干'과 '格'의 성정을 판단하고, 그 작용력을 판단하는데 적용하고 있다.

한편, 『周易』에서는 兩儀에서 四象으로 분화되는 과정에서 陰爻와 陽爻의 관계에 의해서 즉 陰爻와 陽爻의 위치에 따라 四象이 나오며 그 성정과 작용력이 다르게 나타나는 것을 볼 수 있다. 이어서 四象에서 八卦로 분화 되는 과정에서도 陰爻와 陽爻의 조화에 따라 八卦가 나오며, 八卦는 각각 그 덕성과 작용이 다르게 나타난다. 『周易』에서 陰陽二氣의 消息과정에 體用의 '변화' 개념이 함축되어 있는 것이다.

이러한 『周易』의 體用 논리는 陰陽五行論을 기반으로 하는 사주명리학에서도 응용된 것으로 추정되며, 體用의 논리를 적용함에 있어도 공통성을 지니고 있다고 볼 수 있다. 이제 필자는 사주명리학에 적용된 體用 개념을 고찰하고자 한다.

5) 사주명리학에 적용된 體用 개념

사주명리학에 적용된 體用 개념은 '원시적 의미의 體用'[103]과 '體用一源과 그 변화'의 개념으로 나누어 볼 수 있다. 먼저, '원시적 의미의 體用' 개념은 體를 나[我]로 하고 用을 쓰임의 상대로 적용하고 있는 경우이다. 體는 '주체'가 되고, 用은 '使用한

---

102 『周易』, 「說卦傳」: "雷以動之, 風以散之, 雨以潤之, 日以烜之, 艮以止之, 兌以說之, 乾以君之, 坤以藏之. …動萬物者莫疾乎雷, 撓萬物者莫疾乎風, 燥萬物者莫熯乎火, 說萬物者莫說乎澤, 潤萬物者莫潤乎水, 終萬物始萬物者莫盛乎艮."

103 여기서 말하는 '원시적 의미의 體用' 개념은 體와 用이 각기 독립적인 의미를 지니는 것, 즉 단순한 중심[體]과 그 중심이 쓰는 것[用]을 뜻한다.

다'는 의미로 적용하는 경우가 있는데, 日干이 用神을 쓴다는 것이 이에 해당된다. 즉 日干이 體이고 用神은 쓰임의 상대로 用인 것이다. 이러한 예는 『命理約言』「看用神 法」에서 "體가 있고나서 用이 있는 것이니, 日主 六神은 體가 되고, 日主를 抑扶하는 六神이 用이 되는 것이다"[104]라고 언표하고 있는 내용에서 볼 수 있다. 그리고 『子平眞 詮』에서 日干, 格局用神, 相神의 體用관계를 살펴보면, 『子平眞詮』「論用神」에서 "八字 用神, 專求月令."(팔자의 用神은 오로지 月令에서 구한다.)라고 했는데, 여기에서 體는 日干 를 말하고 用은 月令에서 구한 格局[格局用神]이라고 볼 수 있다. 그리고 格局[格局用神] 을 體로 할 경우 相神을 用으로 볼 수 있다. 그리고 사주팔자와 運[大運, 歲運]의 관계에 서는 사주팔자가 '體'가 되고, 運은 '用'이 되니 이 또한 體用관계로 볼 수 있다.

이제 사주명리학에서 '體用一源과 그 변화'의 개념이 적용된 경우를 고찰해 보면, '體用一源'의 개념은 『適天髓』「體用」에서 "道에는 體와 用이 있나니, 한 가지만 논하 는 것은 불가하다"[105]라고 한 구절이 있다. 이 말은 體用의 근원으로 道가 존재하고, 道에는 體와 用이 있다는 뜻이다. 이는 道에는 體만 있어도 안 되며 用만 있어도 안 되고, 體와 用이 함께 있어야 비로소 작용할 수 있기 때문에 體와 用은 분리될 수 없으며 나누어지지도 않는다는 것이다. 이와 관련하여 『子平眞詮』「論十干十二支」 에서는 다음과 같이 기술하고 있다.

"天地 사이는 一氣일 뿐이다. 오직 動함과 靜함이 있어서 마침내 陰과 陽으로 나누어지 고 老함과 少함이 있어서 마침내 四象으로 나누어진다. 老는 움직임이 極에 이르거나 고요함이 極에 이른 시기이니, 이것은 太陽과 太陰이다. 少는 움직임이 시작되거나 고요함 이 시작되는 단계이니, 이것은 少陰과 少陽이다. 이러한 四象이 있고 나서 五行이 그

---

104 『命理約言』, 「看用神法」: "有體以後有用, 日主六神體也, 扶抑日主六神者, 用也."
105 『適天髓』, 「體用」: "道有體用, 不可一端論也."

가운데에 갖추어진다. 水는 太陰이고, 火는 太陽이며, 木은 少陽이고, 金은 少陰이다. 土는 陰陽의 老少인 木·火·金·水의 沖氣가 응결된 것이다. …대개 陰함과 陽함이 있어서 五行에 生함으로 인하여, 五行 중에 각각 陰과 陽이 있<는 것이 十干이>다. 가령 木을 가지고 논한다면, 甲과 乙이라는 것은 木의 陰과 陽이다. …寅卯로써 陰陽을 나누면, 寅은 陽이고 卯는 陰인데, 木이 地에 있으면서 陰陽이 되는 것이다. 甲乙과 寅卯로써 한데 묶어서 陰陽을 나누면 甲乙은 陽이고, 寅卯는 陰이 되는데, 木이 天에서 象을 이루고 地에서는 形을 이루는 것이다."[106]

위의 인용문에서 보면, 『周易』에서 太極의 분화과정에서 兩儀, 四象, 八卦로 변화하는 것과 같이 『子平眞詮』에서도 一氣가 陰陽이 되고, 陰陽이 四象으로 세분화 되어 五行의 모습을 갖추고, 五行은 陰陽의 모습으로 10天干과 12地支로 나누어지는 것을 볼 수 있다. 이러한 내용에서 보면, 『周易』과 사주명리학은 '體用一源'의 개념과 天地 陰陽의 二氣를 통해서 이루어지는 분화 과정에서 나타나는 '변화'의 개념에서 공통성을 지닌다고 볼 수 있는 것이다.

---

106 『子平眞詮』, 「論十干十二支」: "天地之間, 一氣而已. 惟有動靜, 遂分陰陽, 有老少, 遂分四象. 老者極動極靜之時, 是爲太陽, 太陰. 少者初動初靜之際, 是爲少陰少陽. 有是四象, 而五行具於其中矣. 水者, 太陰也, 火者, 太陽也, 木者, 少陽也, 金者, 少陰也. 土者, 陰陽老少木火金水沖氣所結也. …蓋有陰陽, 因生五行, 而五行之中, 各有陰陽. 即以木論, 甲乙者, 木之陰陽也. …以寅卯而陰陽, 則寅爲陽, 卯爲陰, 木之存乎地而爲陰陽者也. 以甲乙寅卯而統分陰陽, 則甲乙爲陽, 寅卯爲陰, 木之在天成象而在地成形者也."

표 2. 一氣의 분화과정 및 五行과 干支의 관계

	一氣[107]							
兩儀	陽 —				陰 --			
四象 (五行)	태양 ≡(火)		소음 ⚎(金)		소양 ⚏(木)		태음 ☷(수)	
	(土)							
天干	丙 (陽)	丁 (陰)	庚 (陽)	辛 (陰)	甲 (陽)	乙 (陰)	壬 (陽)	癸 (陰)
	戊(陽)				己(陰)			
地支	午 (陽)	巳 (陰)	申 (陽)	酉 (陰)	寅 (陽)	卯 (陰)	子 (陽)	亥 (陰)
	辰戌(陽)				丑未(陰)			
	60甲子							

위의 도표에서 보는 바와 같이, 『周易』의 陰陽二氣의 消息과정에서 전개된 體用 개념은 사주명리학에서도 공통성을 지닌다. 사주명리학에서는 天干과 地支 관계에서 陰陽五行의 相生相剋에 따른 조화에 따라 그 성정과 작용이 다르게 나타난다. 兩儀에서 四象[五行]으로 분화되는 과정에서 陰陽의 관계에 의해서 四象[五行]이 나오며 그 성정과 작용력이 다르게 나타나는 것을 볼 수 있다. 四象[五行]에서 10天干 12地支로 분화 되는 과정에서 五行이 天干과 地支에서 陰과 陽으로 나누어지고, 그 성정과 작용이 다르게 나타난다. 이는 다시 10天干과 12地支가 서로 합을 하는 과정에서 탄생한 60甲子는 天干과 地支관계에 의해서 그 성정과 작용이 바뀐다.[108] 특히 『子平眞詮』에

---

107 林正基, 「王充의 自然的 世界觀」, 『철학논총』 제5집, 새한철학회, 1989, 105쪽에 의하면, 王充은 "氣라고 하는 것은 形體가 없는 것이고, 物에 生命을 부여하여 주는 生命의 근본이다"라고 언표하고 있다.

서는 日干과 月支의 관계에 의해서 그 성정과 작용이 바뀐다.

　사주명리학에서는 天干과 地支 관계에서 陰陽五行의 相生相剋에 따른 조화과정에 體用의 논리가 함축되어 있는 것을 볼 수 있다. 그리고 신육천은 "사주명리학은 중국 철학에 의하여 사주 命式을 體와 用으로 나누어 體를 나로 하고 用을 상대로 하여 看法을 정하였다. 본래 體神만으로는 어떠한 것도 이루는 힘이 없으며 用神과의 관계를 가짐으로서 비로소 하나의 형상을 표현 한다"[109]라고 언표 하였는데, 이러한 體用 개념은 日干과 用神과의 관계에도 적용되고 있는 것이다. 즉, 日干 중심의 用神에서는 日干이 體가 되고, 日干이 필요로 하는 十神[用神]이 用이 되어 그 성정과 작용이 다르게 나타난다. 그러나 『子平眞詮』의 格局用神에서는 日干이 體가 되고, 格局[格局用神]이 用이 되어 그 성정과 작용이 다르게 나타나고, 格局[格局用神]이 體가 되고 相神이 用이 되는 이중구조를 가지고 있다. 格局[格局用神]은 用이 되기도 하고, 體도 된다.

　지금까지 살펴 본 바와 같이 사주명리학에서도 '體用一源과 그 변화'의 개념이 도입되어 사용되고 있다. 사주명리학에서도 體와 用을 불가분의 관계로 보고 있다. 즉 體와 用은 분리될 수 없으며 나누어지지도 않는다는 것이다. 그리고 보는 관점에 따라서 주체가 되는 존재가 무엇이냐에 따라서 體는 다양하게 변하게 되고, 用神도 體에 따라 다양하게 변한다. 사주명리학에서는 공간과 시간의 변화에 따라서 무수한 體와 用이 변화하는 것을 짐작할 수 있고, 이에 따라 命主의 運이 끊임없이 변화하는

108　이 경우 성정과 작용이 다르게 나타나는 예를 들면, 日干이 生助하는 傷官이 日支에 온전하게 작용하면 그 傷官의 영향으로 日干은 동적·육체적이며 대중적·대인지향적 생활태도를 드러낸다. 60甲子 중 甲午, 乙巳, 庚子, 辛亥가 地支에 傷官을 보고 있는데, 이중에서 甲午의 경우는 甲木은 陽木이고 地支의 傷官 午火도 火자체가 陽이므로, 이 경우 甲木은 傷官의 진정한 특성을 드러낸다. 辛亥의 경우는 辛金은 陰金이고 地支의 傷官 亥水도 水자체가 陰이므로, 이 경우 辛金은 傷官의 진정한 특성을 드러내지 않는다. 결론적으로 五行과 天干자체가 陽이면서, 해당 地支 역시 陽일때 傷官의 성정이 작용이 더 강하게 드러난다.(고해정, 『명리학교실 Ⅲ』, 한빛출판미디어, 2009, 122-124쪽 참조.)

109　申六泉, 『四柱命理學大事典』, 甲乙堂, 2013, 1057쪽.

것을 알 수 있는 것이다.

한편, 한 개인은 변화하는 運속에서 避凶趨吉을 하고자 사주에서 日干에게 필요한 五行과 十神을 用神으로 사용함에 있어 儒家 사상이나 중국철학의 근본이 되는 中和의 논리를 적용하고 있는 것을 짐작 할 수 있는데, 이제 필자는 사주명리학에 적용된 中和 개념을 고찰하고자 한다.

3. 사주명리학에 적용된 中和 개념

일반적으로 한 사람의 사주에서 陰陽五行이 편중되지 않고 조화와 균형을 이루고 있으면 吉하다고 예측하고, 陰陽五行이 편중되고 조화와 균형을 이루지 못하고 있으면 凶하다고 예측한다. 사주가 中和를 이루고 있으면, 凶運이 오더라도 災厄을 당하지 않고 무난하게 넘기는 경우가 있지만, 반대로 사주가 中和를 이루지 못하고 편중되어 있으면, 吉運이 오더라도 발복하지 못하는 경우가 있다. 이런 까닭에 命[四柱]에는 中和에 대한 이해가 반드시 요구된다.

사주명리학에 적용된 中和의 개념에는 두 가지 의미가 포함되어 있다. 그 하나는 '過·不及'을 하지 않는 '中道[110]의 실천'이라는 의미와 또 다른 하나는 본성이 절도 있고 조화롭게 나타나서 전체적으로 균형을 이룬다는 '和의 실현'[111]이라는 의미이다.

---

110 '中道'란 道를 본받아 어느 한쪽으로 치우치지 아니하는 바른 길을 의미한다. 불교에서는 '有'나 '空'에 치우치지 않는 진실한 도리를 中道라고 말하고 있다. 中道는 넓은 의미에서 해석할 때 調和와 均衡을 지향한다고 볼 수 있다.

111 金永寅, 『中國哲學思想史』, 全南大學校出版部, 1981, 36쪽에 의하면, "本體 또는 本性이 외부에 감동하여 喜怒哀樂의 감정을 일으킬 때 그것이 節度에 符合되는 活動을 하면 이를 和를 體得했다고 하는 것이다. 마음 깊숙이 있는 未活動의 德은 根本이 되며 節度에 符合되는 活動은 道德의 완전한 極致라 할 수 있다"라고 기술하고 있다. 필자는 앞의 인용문의 '和를 體得했다'라는 구절을 사주명리학의 입장에서 받아들여, 한 개인의 命[四柱]이 調和가 이루어진다는 의미로 '和의

이제 이러한 두 가지 의미를 儒家 경전인 『中庸』과 더불어 원전의 내용을 고찰하고자 한다.

1) 사주명리학에 적용된 '中道의 실천'

우리의 삶 속에는 『論語』에 나오는 '過猶不及'[112]일 경우가 많다. 사주명리학에서도 '過・不及'은 禍를 가져온다고 해서 中道를 중요시한다. 儒家에서는 中庸으로 調和와 均衡된 삶을 추구하였다. 中庸은 어느 한쪽으로 치우치거나 모자람이 없는 상태를 말하고 있어 中道라는 의미와 같다. 이에 필자는 儒家의 주요 경전과 명리원전에서 '中道의 실천'에 대한 내용을 고찰해보고자 한다.

'中'[113]이라는 개념은 예로부터 중요한 의미를 지녀왔으나 '庸'[114]과는 연결하여 쓰

실현'이라는 표현을 쓰고자 한다.

112 『論語』, 「先進」: "子貢問師與商也孰賢. 子曰師也過商也不及. 曰然則師愈與. 子曰過猶不及."(子貢이 묻기를, "師[子張]와 商[子夏] 중에 누가 더 어집니까?" 孔子가 답하기를 "師는 지나치고 商은 미치지 못한다." 子貢이 묻기를, "그럼 師가 낫다는 말씀입니까?" 孔子가 답하기를 "지나친 것은 미치지 못한 것과 같다.") 이 말은 지나침과 부족함 둘 다 잘못임을 지적한 것이다. 명리학자들이 흔히 말하는 "太過不及, 皆爲疾."(넘쳐도 병이요, 너무 부족해도 병이다.) 또는 "多者無者."(지나치게 많은 것은 없다는 말과 같다.)라는 말과 유사하다고 볼 수 있다. 명리학에서는 한 개인의 사주팔자에서 五行의 구성이 균형감 있게 이루어져 있고, 五行의 生剋制化가 적절하게 이루어지는 경우를 中和가 잘 된 것으로 판단한다.

113 『周易』「繫辭上傳」에서 "天下之理得, 而成位乎其中矣."(천하의 이치가 얻어지면, 그 가운데에 위치가 이루어진다.)라고 하였고, 『周易本義』「繫辭上傳」에서는 "成位謂成人之位, 其中謂天地之中."(成位는 사람의 자리를 이루는 것을 말하고, 그 '中'은 천지의 가운데를 말하는 것이다.)라고 하였다. 그리고 이기동, 『대학・중용 강설』, 성균관대학교 출판부, 2015, 121쪽에 의하면, "'中'은 인간의 일에 적용되어, 상반된 두 처지를 어느 한 쪽도 고집함이 없이 조화롭게 포괄할 수 있는 것으로 뜻이 전변 된다'라고 기술하고 있다. 앞의 인용문의 내용을 종합해 보면, '中'은 가운데를 의미하고 어느 한쪽으로 치우치지 않는다는 것을 말한다.

114 庸이라는 글자는 전통적으로 用과 常, 平常등으로 해석되었다. 이 세 가지는 사람의 행위를 가리킨다. 이 글자는 단편적으로는 '쓰다'라는 의미도 있다. 『中庸章句』「第一章」에서 "庸, 平常也."(用은 平常이다.)라고 하였듯이 '庸'은 '바뀌지 않는 가장 평범한 진리'를 의미하고, '庸'은 '中'을 설명하는 형용사적 술어이다.(이기동, 『대학・중용 강설』, 성균관대학교 출판부, 2015, 121쪽 참

지 않았다. 中과 庸이 최초로 같이 쓰인 것은 바로 『論語』 「雍也」에서였다.[115] 이러한 사실로 인해 가장 먼저 中和論을 제기한 사람이 공자라고 말하는 것이다. 유학에서 말하는 '道'는 바로 中庸[116]의 道를 의미한다.[117] 공자의 "中庸之爲德也.(中庸의 德됨은 지극하구나)"라는 말은 中庸이 최고의 德性이라는 것인데, 후에 宋代의 程頤의 해석에 따르면, "어느 쪽으로도 치우치지 않는 것을 '中'이라 이르고, 바뀌지 않는 것을 '庸'이라 한다. 中은 세상의 올바른 길이고, 庸은 세상의 정해진 이치이다."[118] 『論語』에서 말하는 中庸의 '中'은 치우치지 않음, 지나치지도 모자라지도 않음, 감정이 겉으로 드러나지 않은 상태를 말하며, '庸'은 변함없는 마음을 유지함을 뜻한다. 필자의 관점에서 살펴볼 때 앞의 내용은 '中道의 실천'(세상의 바뀌지 않는 이치를 실천)을 의미한다.

中庸은 우리의 삶에 있어서 윤리적인 측면뿐만 아니라 다방면에 적용할 수 있는 사상이다. 이러한 유학의 中庸 사상을 사주명리학에 적용하여 한 개인이 지닌 陰陽五行의 氣運을 '中道의 실천'이라는 의미로 확장시켜 보면, 日干에게 필요한 用神을 取用해서 避凶趨吉을 이루고자 하는 사주명리학의 근본 의도와도 일맥상통 하는 것이다. 사주명리학에서 '中道의 실천'은 특히, 日干이 用神을 取用할 때 그 의미는 매우 분명하게 드러난다. 이제 필자는 사주명리학에 적용된 中和의 내용을 명리원전을 통하여 고찰해 보고자 한다. 먼저, 『淵海子平』의 여러 章에서 언급하고 있는 '中道의 실천'에 관한 내용을 고찰해보면 다음과 같다.

조.) 따라서 '庸'은 '恒常心'과 '平常心'을 의미로도 해석 할 수 있으며, 언제나 중심을 잡고 한쪽으로 치우치지 않고 사는 마음을 뜻한다.

115 『論語』, 「雍也」: "子曰, 中庸之爲德也, 其至矣乎, 民鮮久矣."(중용의 덕은 지극하구나, 사람들에게는 <중용의 덕이> 드문지가 오래되었구나.)

116 『中庸章句』, 「第一章」: "中者, 不偏不倚, 無過不及之名. 庸, 平常也."(중은, 편벽되지 아니하고 기울지 아니하며, 지나침과 미치지 아니함을 이름이다. 庸은, 平常이다.)

117 宮哲兵, 「변증법적 모순관 형성의 논리적 과정」, 『음양오행설의 연구』, 梁啓超·馮友蘭 외(김홍경 옮김), 신지서원, 1993, 399쪽 참조.

118 『遺書』, 「卷七」: "不偏之謂中, 不易之謂庸. 中者天下之正道, 庸者天下之定理."

"中和의 氣를 품수 받도록 힘써 구하면, 神이 貴賤을 분별 한다."[119]

"五行이 偏枯되면 안되고, 힘써 中和의 氣를 받아야 한다."[120]

"대개 사람의 命은 마땅히 中和의 氣를 얻어야하며, 太過와 不及은 같다. 中和의 氣를 얻으면 福이 두텁고, 치우치고 무리를 지어[偏黨][121] 尅을 하면 재앙이 된다."[122]

"五行은 太甚하면 안되니, 八字는 모름지기 中和를 얻어야 한다."[123]

"그러나 사람의 命에는 榮枯得失이 있는 바, 모든 것은 五行生尅의 원리 가운데 있으며, 富貴貧窮 또한 八字의 中和를 떠나서 있는 것이 아니다. 먼저 절기의 深淺을 보고, 다음으로 財官의 향배를 살펴야한다."[124]

"火가 土로 인하여 어두워지는 것은 모두 太過하기 때문이다. 五行은 中和에 貴함이 있으니, 이치로서 貴를 구해야한다."[125]

---

119 『淵海子平』, 「喜忌篇」: "務要稟得中和之氣, 神分貴賤."

120 『淵海子平』, 「繼善篇」: "五行不可偏枯, 務稟中和之氣."

121 偏重과 같은 말로 하나의 五行 또는 통변성[十神]이 사주팔자 중에서 한쪽으로 쏠린 상태를 말한다. 사주의 看命要法은 中和에 있다. 그런데 偏重이 되면 日干이 매우 旺하든가, 日干이 매우 약하든가, 格局用神이 매우 旺하든가, 格局用神이 매우 약하든가 등에 해당한다. 따라서 變格[外格]을 제외하고는 偏重된 五行 혹은 통변성[十神]이 있으면 命主에게 좋지 않다고 看命한다.(申六泉, 『四柱命理學大事典』, 甲乙堂, 2013, 1165쪽 참조.)

122 『淵海子平』, 「正官論」: "蓋人之命, 宜得中和之氣, 太過與不及同. 中和之氣爲福厚, 偏黨之尅爲災殃."

123 『淵海子平』, 「五行原理消息賦」: "五行不可太甚, 八字須得中和."

124 『淵海子平』, 「碧淵賦」: "然而人命榮枯得失, 盡在五行生尅之中, 富貴貧窮, 不出乎八字中和之外. 先觀氣節之淺深, 後看財官之向背."

125 『淵海子平』, 「五行生尅賦」: "火因土晦皆太過. 五行貴在中和, 以理求之."

위의 인용문에서 보면, 개인의 命이 貴賤한 것은 中和에 있으니, '中道의 실천'을 하는데 노력을 해야 함을 알 수 있다. 또한, 徐子平은 '過·不及'의 예로서 五行이 太過 하여 命에 禍가 미치는 경우를 『淵海子平』 「論五行生剋制化各有所喜所害例」에서 다음 과 같이 부연하고 있다.

"金은 土에 의지하여 生하지만, 土가 많으면 金이 묻히고, 土는 火에 의지하여 生하지만, 火가 많으면 土가 갈라지며, 火는 木에 의지하여 生하지만, 木이 많으면 火가 너무 치열하 고, 木은 水에 의지하여 生하지만, 水가 많으면 木이 물에 떠내려가고, 水는 金에 의지하여 生하지만, 金이 많으면 水는 탁해진다."[126]

위의 인용문에서 보면, 金이 土를 生해주고, 土는 金의 生을 받는 관계지만, 土가 너무 지나치게 많으면, 金은 土에 묻혀 그 역할을 못한다는 뜻이다. 즉 나를 生해주는 성분이 지나치게 많은 경우, '印星過多'에 해당되어 中和의 이치에서 벗어나 오히려 禍가 미치게 된다는 뜻이다. 이제 '中道의 실천'과 관련하여 『滴天髓』 「形象」과 「性情」 에서 언급되고 있는 내용을 살펴보고자 한다.

"形을 온전하게 갖춘 것은 넘치는 기운을 덜어줘야 하고, 形을 갖추지 못하여 모자라는 것은 부족함을 보충해 줘야한다."[127]

"五氣가 어그러지지 않으면, 性情은 中和된 것이다. 濁하고 亂雜하고 偏枯하면, 性情은 삐뚤어지고 어긋난다."[128]

---

[126] 『淵海子平』, 「論五行生剋制化各有所喜所害例」: "金賴土生, 土多金埋, 土賴火生, 火多土焦, 火賴木生, 木多火熾, 木賴水生, 水多木漂, 水賴金生, 金多水濁."

[127] 『滴天髓』, 「形象」: "形全者宜損其有餘, 形缺者宜補其不足."

위의 인용문에서 보면, '形全宜損', '形缺宜補'라는 말은 旺하면 마땅히 洩氣하거나 剋해야 하고, 衰하면 生助해야 한다는 뜻으로 抑扶의 논리로서 '中道의 실천'을 설명하고 있으며, 다음 구절에서는 天에서 받은 性情도 五氣가 中和되어야만, 性情이 삐뚤어지고 어긋나지 않는다고 부연하고 있다. 이는 한 개인의 사주가 陰陽五行이 偏重되지 않고 調和와 均衡을 이루고 있으면, 性情도 바르게 태어난 命임을 짐작할 수 있는 것이다. 그리고 『三命通會』 중에 『玉井奧訣』에 나오는 "體制須廣大."(체제는 모름지기 광대하다.)라는 구절에서 '過·不及'은 좋지 않다는 것을 보여주고 있는데, 그 내용을 살펴보면 다음과 같다.

> "淸이 지나치면, 혹 차고 혹은 천박하다. 厚가 지나치면, 혹 탁하고 혹은 침체 될 것이다. 華麗가 지나치면, 혹 경박하게 보이거나 혹은 부평초 같이 보인다. 肆逸이 지나치면, 혹 유랑하거나 혹은 방탕한 것으로 보인다. 有情이 지나치면, 혹 범람하거나 혹은 음탕하게 보인다. 孤介가 지나치면, 홀로 있어 다른 사물을 수용하는데 부족한 것처럼 보인다. 剛勇이 지나치면, 혹 흉폭하고 혹은 조급해져서 풍부한 양육함이 없어 보인다. 柔懦가 지나치면, 혹 어리석고 둔하여서 만들거나 할 수 있는 것이 없어 보인다. 執實이 지나치면, 국에 속박이 되어서 자기만 있음을 알 뿐이다. 軒豁이 지나치면, 도모하는 것이 너무 넓고 빼어나도 결실을 맺지 못한다."[129]

그리고 『適天髓闡微』 「人道」에 있는, 한 개인의 陰陽五行이 偏重된 사주의 명조사례를 살펴보면 다음과 같다.

---

128 『滴天髓』, 「性情」: "五氣不戾, 性情中和. 濁亂偏枯, 性情乖逆."

129 『三命通會』, 「玉井奧訣」: "過於淸, 則或寒或薄. 過於厚, 則或濁或滯. 過於華麗, 則或輕或浮. 過於肆逸, 則或流或蕩. 過於有情, 則或濫或淫. 過於孤介, 則獨立不能容物. 過於剛勇, 則或暴或燥而無涵養. 過於柔懦, 則或愚或鈍而無作爲. 過於執實, 則拘局而只知有己. 過於軒豁, 則圖謀廣而秀不能實."

"같은 마을에 살고 있는 史氏란 사람의 사주가 네 개의 壬寅으로 되어 있었다. 寅 속의 火土가 長生이고, 食神祿旺하여 生하고 化하는 情이 있지만, 妻·財·子·祿이 모두가 다 좋을 수 없었다. 다만 寅 속의 火土의 氣를 이끌어 낼 수 없어, 어려서는 고생을 많이 하고, 성장해서도 춥고 배고팠다. 나이 삼십이 넘어서야, 비로소 運이 南方으로 흐르니, 寅 속의 火를 인출하여, 그때서야 좋은 기회를 만나, 사업을 하여 돈을 벌었다. 그러나 나중에는 자식이 하나도 없었고, 가산은 모두 빼앗기고 말았다. 여기서 알 수 있듯이 사주가 偏枯[한편으로 치우치고 균형이 되지 못함]되었기 때문이다. 이렇게 볼 때 사주는 中和되어야 귀한 것이지, 偏枯되면 마침내 손해를 보게 된다. 이치는 平正에서 구하는 것이니, 奇異를 근거로 삼는 것은 안 된다."[130]

위의 인용문에서 보는 바와 같이, 사주명리학에서는 사주가 偏枯되어 있으면 손해가 많다고 판단하기 때문에 命[四柱]의 中和를 귀중한 것으로 보고 있는 것이다. 한 개인의 사주가 '過·不及'할 경우에는, 陰陽五行의 生剋制化의 이치를 통하여 '中道의 실천'을 지향하는 用神을 취하고, 또 개인의 부단한 노력을 동반해야 자신의 삶은 吉한 방향으로 갈 수 있는 것이다. 이러한 입장의 연장선상에서 사주명리학에 적용된 본성이 절도 있고 조화롭게 나타나서 전체적으로 균형을 이룬다는 '和의 실현'이라는 의미에 대해 고찰해 보자.

---

130 『適天髓闡微』,「人道」: "同邑史姓有四壬寅者. 寅中火土長生, 食神祿旺, 尙有生化之情, 而妻財子祿, 不能全美. 只因寅中火土之氣無從引出, 以致幼遭孤苦, 中受飢寒. 至三旬外, 運轉南方, 引出寅中火氣, 得際遇, 經營發財. 後竟無子, 家業分奪一空. 可知仍作偏枯論也. 由此觀之, 命貴中和, 偏枯終于有損. 理求平正, 奇異不足爲憑."

2) 사주명리학에 적용된 '和의 실현'

먼저 '中和'의 '和'에 대해서 알아보면, '和'는 『書經』「虞書」에 "백성이 밝으니, 온 세상을 화합하게 되었다"[131]와, "<임금과 신하가>다 함께 공경하고 겸손하여, 화합을 이루게 하소서"[132]라는 구절과, 『論語』에 "禮를 행하는데, 和가 귀하다"[133]라는 구절에서 보면, '和'는 '화목과 협조, 마음과 덕이 같이하는 것, 단결의 의미, 심지어 나라를 다스리다' 등의 의미를 내포하고 있는 것을 알 수 있다. 또한 '和'는 禮를 실행하는데 아주 중요한 근거가 되고 있다. 그리고 春秋戰國시대의 사람들은 和의 개념을 여러 영역에 사용하여 和의 함의를 풍부하게 하였고, 하나의 철학 범주로 승화시켜 中和論의 단계에 이른다.[134] 中和論에서 사주명리학에 적용된 '和의 실현'에 대한 내용은 『中庸』「第一章」에서 고찰해 볼 수 있다.

"喜怒哀樂이 드러나지 않는 것을 中이라고 하고, 그 드러난 것이 중에 節度가 있는 것을 和라고 한다. 中이라는 것은 天下의 근본이며, 和라는 것은 천하에 통용되는 道이다. 中과 和에 이르면, 天地가 자리 잡을 것이고, 만물이 자라날 것이다."[135]

위의 인용문에서 보면, 中이란 사람의 마음속에 喜怒哀樂이 발현되기 이전의 상태이고, 和란 喜怒哀樂이 드러난 것 중에 절도에 있는 것이라고 한다. 그리고 中과 和를

---

131 『書經』, 「虞書」: "百姓昭明, 協和萬邦."

132 『書經』, 「虞書」: "同寅協恭, 和衷哉."

133 『論語』, 「學而」: "禮之用, 和爲貴."

134 龐哲兵, 「변증법적 모순관 형성의 논리적 과정」, 『음양오행설의 연구』, 梁啓超·馮友蘭 외(김홍경 옮김), 신지서원, 1993, 392-393쪽 참조.

135 『中庸』, 「第一章」: "喜怒哀樂之未發, 謂之中, 發而皆中節, 謂之和. 中也者, 天下之大本也, 和也者, 天下之達道也. 致中和, 天地位焉, 萬物育焉."

우주의 근본법칙으로 설정하고 이 법칙을 따른다면 만물이 제자리를 얻게 된다고 하였는데, "이것은 中和의 道가 세계의 가장 보편적인 법칙임을 의미"[136]하는 것이다. 中和에서 '中'은 本性이 드러나지 않은 상태이며 '和'란 本性이 절도 있고 조화롭게 나타나서 전체적으로 균형을 이룬다는 뜻이다. 이러한 '和'의 의미를 『子平眞詮』「論用神」에서 고찰해 볼 수 있는데, 사주에 있어서 格局을 善과 不善으로 나누어서 順逆의 원리로써, 四吉神格[財·官·印·食]은 善해서 相生으로 배합하고, 四凶神格[煞·傷·劫·刃]은 不善해서 剋制로 배합하면 모두 貴格이 될 수 있다고 하였다. 吉神格은 順用하고 凶神格은 逆用하는 방법에 대해 다음과 같이 설명하고 있다.

"그러므로 善하여 그것을 順用 한다는 것은, 財는 食神으로서 相生을 기뻐하고, 官을 生하여 財를 보호하는 것이며, 官은 透出된 財로서 相生을 기뻐하고, 印을 生하여 官을 보호하는 것이며, 印은 官煞로서 相生을 기뻐하고, 劫財로서 印星을 보호하는 것이며, 食神은 旺한 身으로서 相生을 기뻐하고, 財를 生하여 食神을 보호하는 것이기 때문이다. 不善하여 그것을 逆用해야 한다는 것은, 七煞은 食神으로서 制伏을 기뻐하고, 財와 印으로써 돕는 것을 꺼리며, 傷官은 차고 있는 印으로서 制伏을 기뻐하고, 財를 生하여 傷官을 변화시키는 것이며, 陽刃은 官煞로서 制伏을 기뻐하고, 官煞이 모두 없는 것을 꺼리며, 月劫은 透出된 官으로서 制伏을 기뻐하고, 財星을 <用神으로> 쓸 때 食神이 透出하여 劫財를 변화시키는 것을 이롭게 여긴다. 이것이 順用과 逆用의 대략이다."[137]

---

136 宮哲兵, 「변증법적 모순관 형성의 논리적 과정」, 『음양오행설의 연구』, 梁啓超·馮友蘭 외(김홍경 옮김), 신지서원, 1993, 403쪽.

137 『子平眞詮』, 「論用神」: "是以善而順用之, 則財喜食神以相生, 生官以護財, 官喜透財以相生, 生印以護官, 印喜官煞以相生, 劫才以護印, 食喜身旺以相生, 生財以護食. 不善而逆用之, 則七煞喜食神以制伏, 忌財印以資扶, 傷官喜佩印以制伏, 生財以化傷, 陽刃喜官煞以制伏, 忌官煞之俱無, 月劫喜透官以制伏, 利用財而透食以化劫. 此順逆之大略也."

格局用神이 善하면 順用하는 방법을 취하는데, 官以護財, 印以護官, 劫財以護印, 食以護身, 財以護食 등의 방법으로 相生의 이치를 설명하고 있다. 이어서 格局用神이 不善하면 順用하는 방법을 취하는데, 食神制煞, 傷官佩印, 陽刃喜官煞, 月劫喜透官 등의 방법으로 剋制의 이치로 설명하고 있다. 여기서 善한 것을 相生하는 것은 『中庸』의 '喜怒哀樂이 드러난 것 중에 절도에 있는 것을 和라고 한다'라고 한 이치를 적용한 것으로 볼 수 있다. 格局이 善하면 그 본성을 절도 있고 조화롭게 살려서 균형을 이룬다는 '和의 실현'이라는 의미로 볼 수 있는 것이다. 그리고 格局이 不善한 것을 剋制하는 것은 格局이 '過·不及'하다면, 陰陽五行의 剋制의 이치를 통하여 '中道의 실천'을 지향한다고 볼 수 있는 것이다.

『子平眞詮』「論用神」에서 格局用神을 善과 不善으로 나누어서 順逆의 이치를 적용하여 사주를 中和에 이루고자 한 목적은 善에 있다고 볼 수 있는 것이다. 沈孝瞻은 財·官·印·食은 善해서 본성을 살려서 그대로 쓰는 것이 목적이고, 煞·傷·劫·刃은 不善하니 본래의 성질을 다스려서 善하게 만들어 쓰는 것이 목적인 것으로 보이는데, 吉神格과 凶神格 둘 다 善하게 만들어 쓰고자 하는 의도인 것이다.

한편, 沈孝瞻은 "順用할 것을 順用하고, 逆用할 것을 逆用하여, 그 배합이 마땅하면, 어느 格이든지 貴格이 된다"라고 하였고, 『子平眞詮』「論陰陽生死」에서 陰陽生死를 논하면서 "陽은 順行하고, 陰은 逆行한다"[138]고 하였는데, 이러한 틀에서 氣的 작용의 관점에서 추론해 보면, 吉神格은 善한 것으로 陽으로 보고 氣를 順行시켜 善하게 사용했고, 凶神格은 不善한 것이니 陰으로 보고 氣를 逆行시켜 善하게 바꾸어 사용해야 한다는 입장을 취하고 있는 것이다.[139] 이는 한 개인의 사주에 있어 아직 드러나 있지

---

138 『子平眞詮』, 「論陰陽生死」: "陽主聚, 以進爲進. 故主順. 陰主散, 以退爲退. 故主逆."(陽은 주로 모이고 나아감으로써 나아감을 삼는다. 그러므로 주로 順行한다. 陰은 주로 흩어지고, 물러남으로써 물러남을 삼는다. 그러므로 주로 逆行한다.)

139 沈孝瞻의 이러한 입장은 子平命理에 영향을 주었을 것으로 짐작하는 『周易』「上經」 13번째 天下同人卦[세상 사람들이 함께 더불어 화합하면서 살아가는 大同사회를 건설하는 방도를 제시한

않은 본성[中]을, 절도 있고 調和롭게[和] 나타내고자 한 '和의 실현' 개념으로 볼 수
있다.

이러한 '和'의 논리는『滴天髓闡微』「從象」에 기술되어 있는 四從理論[140]에서도 찾
아볼 수 있다. 일반적으로 사주가 '過·不及'하다면, 陰陽五行의 生剋制化의 이치를
통하여 '中道의 실천'을 하는 방식으로 用神을 구했다. 그런데 命[四柱]의 구조가 지나
치게 하나의 기운으로 집중되어 있는 경우에는, 任鐵樵는 用神이 그 기운을 억제하는
것이 아니라 그 기운을 따라가야 한다고 주장하고 있는데, 그 내용을 살펴보면 다음과
같다.

"從旺이란, 사주 중에 모두 比劫들 뿐이고, 官殺의 剋制도 없으며, 印綬가 있어 生하여
旺한 것이 극에 이른 것으로, 그 旺한 神을 따르는 것을 말한다. 필요한 것은 運이 比劫과
印綬運으로 흘러야 吉하다. …從强이란, 사주에 印綬가 너무나 많고 比劫이 첩첩하며,
日主 또한 當令하여 財星과 官殺의 기운은 털끝하나 보이지 않으면, 이른바 二人同心하는
形象으로 강한 것이 극에 다다른 것이다. 順한 것이 옳고 逆하면 옳지 않다. 그러니 순수하
게 比劫運으로 가면 吉하고, 印綬運 또한 아름답다. …從氣란, 財, 官, 印綬, 食傷 등을
莫論하고, 만약에 사주의 기세가 '木火'에 있다면 木火運으로 흐르는 것이 필요하고, 만약
에 사주의 기세가 '金水'에 있다면 金水運으로 흐르는 것이 필요한 것을 말하며, 이와
반대의 運이 되면 반드시 흉하다. 從勢란, 日主가 뿌리가 없고 사주에 財, 官, 食傷이
모두 旺하여 强弱을 분별할 수 없으며, 또한 日主가 生하고 도움을 주는 比劫과 印星이
없고, 또한 어느 하나의 神을 따라가기가 불가능할 때 오로지 和解하는 것이 옳은 것이다.

<hr>

卦]에서 찾아볼 수 있다. '同人'은 '사람들과 같이하다'로 和의 의미가 있다. 沈孝瞻은 格局用神이
善이든, 不善이든 둘 다 和해서 쓰고자 한 의도가 있었음이 추정된다.
140 『淵海子評』에 '棄命從財格'과 '棄命從殺格'이 있는데, 任鐵樵는 이를 바탕으로 하여『滴天髓闡微』
「從象」에서 '從旺', '從强', '從氣', '從勢'라고 말하면서 四從理論을 제시하고 있다.

그 財, 官, 食傷의 가운데에서, 어느 것이 유일하게 旺한 것인가를 보아서, 그 旺한 세력을 따라가야 한다.”[141]

위의 인용문에서 보면, 任鐵樵는 旺한 기운의 본성을 그대로 살려서 ‘和’를 실현하는 것을 中和의 의미로 보고 있는 것이다.[142] 이러한 논리는 日干 중심의 用神에서 사주가 특정 五行이 편중되어 억제하기 곤란한 경우 대세를 거역하는 것은 자연의 이치를 거역하는 것이라는 근거로 그 五行이나 十神의 세력을 따르는 專旺用神[順應用神, 從旺用神]에도 적용되고 있는데, 이에 관해서는 ‘제4장 3. 日干 중심의 用神’에서 구체적으로 고찰하고자 한다.

지금까지 고찰해 보았듯이, 사주명리학에 적용된 中和 개념은 두 가지 의미로 구분해 볼 수 있는데, 첫째, 儒家에서 말하고 있는 ‘過·不及’을 하지 않는 ‘中道의 실천’이라는 의미를 사주명리학적 의미로 환언하여 활용한 경우를 보면, 日干 중심의 用神에서는 강약의 中和를 맞추는 것을 用神으로 삼는 抑扶用神, 寒暖燥濕을 조절하기 위해 필요한 글자를 用神으로 삼는 調候用神, 病을 제거하여 藥을 찾아서 用神으로 삼는 病藥用神, 대립된 두 五行의 싸움을 해소하는 것을 用神으로 삼는 通關用神에 적용하고

---

141 『滴天髓闡微』, 「從象」: “從旺者, 四柱皆比劫, 無官殺之制, 有印綬之生, 旺之極者, 從其旺神也. 要行比劫印綬則吉. …從强者, 四柱印綬重重, 比劫疊疊, 日主又當令, 絶無一毫財星官殺之氣, 謂二人同心, 强之極矣. 可順而不可逆也, 則純行比劫運則吉, 印綬運亦佳. …從氣者, 不論財官印綬食傷之類, 如氣勢在木火, 要行木火運, 氣勢在金水, 要行金水運, 反此必凶. 從勢者, 日主無根, 財官食傷並旺, 不分强弱, 又無刦印生扶日主, 又不能從一神而去, 惟有和解之可也. 視其財官食傷之中, 何者獨旺, 則從旺者之勢.”

142 朴憲九, 「『滴天髓闡微』의 中和思想 硏究」, 원광대 박사청구논문, 2013, 168쪽에 의하면, “從格은 正格用神法으로 해결할 수 없는 경우에만 사용하는 특별한 用神취용법으로서, 從格의 妙用은 일종의 또 다른 中和 논리라고 할 수 있다. 왜냐하면 그의 말대로 한쪽으로 치우친 명조에서 기운을 억누르려고 하다가는 오히려 분란만 일으키게 되기 때문이다. 오히려 그 왕성한 세력을 따르므로 전체적 안정을 취할 수 있고, 결과적으로는 調和를 이룬다는 논리이다. 이는 任鐵樵의 말대로 損益의 妙用이자, 일종의 특수한 中和 논리라고 해도 될 것이다”라고 기술하고 있다.

있으며, 그리고『子平眞詮』의 格局用神에서는 格局이 不善한 경우에는 相神으로 剋制해야 하는 원리로 적용하고 있다. 둘째, 본성이 절도 있고 조화롭게 나타나서 전체적으로 균형을 이룬다는 것이 '和의 실현'이라는 의미의 中和 원리는 日干 중심의 用神에서는 강한 세력을 따라서 用神으로 삼는 專旺用神에 주로 적용하고 있으며, 그리고『子平眞詮』의 格局用神에서는 格局이 善한 경우에는 相神으로 相生하고, 格局이 不善한 경우에는 制化해서 善하게 만들고자 하는 이치로 적용하고 있다.

사주명리학에서는 한 개인의 사주가 中和를 이루기 위해 필요한 用神을 취용함에 있어 반드시 日干 및 格局用神의 旺衰强弱의 판단이 있어야한다. 그래서 필자는 旺衰强弱論에 대해서 고찰하고자 한다.

제2장 사주명리학에서의 旺衰强弱論

1. 旺·相·休·囚·死

『滴天髓』「衰旺」에서 "衰旺의 眞機를 능히 알 수 있다면, 三命의 깊은 이치를 파악하는데, 생각이 半을 지나리라[반 이상 알 수 있으리라]"[1]라고 기술하고 있다. 사주명리학에서 天干[그 중에 특히 日干]의 旺衰[2]와 强弱[3]의 판단은 매우 중요하다. 日干 중심의 用神에서는, 日干이 필요한 用神[특히 抑扶用神]을 찾을 때 日干의 旺衰와 强弱이 적용되고, 그리고 『子平眞詮』의 格局用神에서는, 相神을 찾을 때 日干의 旺衰와 强弱을 알아야 한다. 그리고 格局用神은 格局 자체는 이미 月支의 기운을 얻는 것을 의미하므로 相神을

---

1 『滴天髓』, 「衰旺」: "能知衰旺之眞機, 其於三命之奧, 思過半矣."

2 『子平粹言』, 「論旺衰强弱」: "旺衰從時令言, 得時爲旺, 失時爲衰."(旺衰를 절기[時令]로 말하면, 때를 얻으면 旺하고, 때를 잃으면 衰하다.) 일반적으로 日干의 旺衰 판단은 月支의 기운[月令]을 얻은 것을 旺이라 하고, 月支의 기운[月令]을 얻지 못한 것을 衰라 한다.

3 『子平粹言』, 「論旺衰强弱」: "强弱從生助而言[印綬爲生, 比劫爲助], 生助多者爲强, 寡者爲弱."(强弱을 生助로 말하면[印綬가 生이고, 比劫이 助이다], 生助가 많으면 强이고, 적으면 弱이다.) 鄭大鵬, 「명리학에서 월지중심의 간명법과 격국운용에 관한 연구」, 공주대 박사청구논문, 2013, 11-12쪽에 의하면, "五行의 强弱을 판단함에 있어서, 첫째 사주 중에서 五行生剋으로써 强弱을 알며, 둘째 어떤 五行과 같은 五行이 많으면 强하다고 하고, 어떤 五行과 같은 五行이 적으면 弱하다고 하여 强弱을 논한다. 즉 日干과 같거나 日干을 生하는 五行이 많으면 身强이라 하고, 日干을 洩氣시키거나 相剋관계에 있는 五行이 많으면 身弱이라 한다"라고 기술하고 있다.

찾을 때는 일간의 旺衰를 논하기 보다는 强弱을 따지는 것이 看命에 유용하다. 엄밀하게 보면, 旺衰와 强弱은 차이가 있지만, 통상적으로는 혼용하는 경우가 많다. 五行의 旺衰 强弱을 알아보기에 앞서 먼저 旺·相·休·囚·死에 대해서 고찰해보기로 한다.

旺·相·休·囚·死는 주로 月支의 五行을 日干에 대비하여 日干의 身强身弱을 파악하고, 用神, 忌神 등의 旺衰를 알아냄으로써 日干의 吉凶을 아는데 도움이 되는 이론이다. 이를 통해 日干 이외의 다른 天干의 旺衰도 파악할 수 있어 日干과 대비하여 다른 天干에 해당되는 十神의 吉凶까지도 파악할 수 있다.[4] 즉 日干과 다른 天干을 地支<특히 月支>에 대비하여 <日干과 다른 天干> 五行의 旺衰를 파악하면서 看命에 활용하고 있다. 日干의 힘이 强한지, 弱한지를 파악하는데 있어 가장 중요한 역할을 하는 것이 月支이기 때문에 月支를 기준으로 하여 통상 旺·相·休·囚·死를 판단한다.

旺·相·休·囚·死는 왕성하고, 도움 받고, 쉬고, 갇히고, 죽는 것을 뜻하는 말인데, 이는 五行의 相生相剋 작용에 따른 것이다. 봄은 木의 계절에 배속되어 木의 기운이 왕성하다. 따라서 土의 기운은 剋을 당하여 죽는다고 본다. 여름은 火의 계절에 배속되어 火의 기운이 왕성하다. 따라서 金의 기운은 剋을 당하여 죽는다고 본다. 이와 같이 五行의 氣運은 계절에 따라 다르다. 이처럼 각 五行이 작용하는 氣運에는 旺衰의 차이가 있다. 劉安[5]이 저술한 『淮南子』「墜形訓」에서 五行의 相勝[相剋] 법칙을 말하면서 旺·相·休·囚·死에 대해서 다음과 같이 기술하고 있다.

"木은 土를 이기고, 土는 水를 이기며, 水는 火를 이기고, 火는 金을 이기며, 金은 木을 이긴다. …木이 장성해지면[壯], 水는 노쇠하고[老], 火는 태어나며[生], 金은 갇히고[囚],

---

4 十神은 日干을 기준하여 다른 天干과의 관계를 보고 붙인 명칭인데, 十神의 旺衰나 强弱은 月支나 다른 干支까지도 포함해야 하는 것이다.

5 劉安(?~B.C. 122)은 漢高祖 劉邦의 손자이고 그 시대에 淮南王으로 봉해졌는데, 저서로는 그의 집에 찾아온 식객들과 함께 지은 『淮南子』가 있다.

土는 죽는다[死]. 火가 장성해지면, 木은 노쇠하고, 土는 태어나며, 水는 갇히고, 金은 죽는다. 土가 장성해지면, 火는 노쇠하고, 金은 태어나며, 木은 갇히고, 水는 죽는다. 金이 장성해지면, 土는 노쇠하고, 水는 태어나며, 火는 갇히고, 木은 죽는다. 水가 장성해지면, 金은 노쇠하고, 木은 태어나며, 土는 갇히고, 火는 죽는다.”[6]

위의 인용문에서 보면, '壯'은 '장성하다'라는 뜻인데, 후에 旺[王]으로 불리었고, '老'는 '쇠약하여 쉰다는 의미로 休로 불리었으며, '生'은 '돕는다'는 의미로 相으로 불리어 壯·老·生·囚·死는 후일의 旺·相·休·囚·死의 始原이 되었음을 알 수 있다. 이러한 관점에서 隋代 蕭吉[7]은 『五行大義』에서 계절마다 木·火·土·金·水의 五行이 王[8]·相·休·囚·死하면서 그 氣運이 변화한다고 기술하고 있다.

“봄에는 木이 王, 火가 相, 水는 休, 金은 囚, 土는 死이다. 여름에는 火가 王, 土가 相, 木이 休, 水가 囚, 金이 死이다. 六月에는 土가 王, 金이 相, 火가 休, 木이 囚, 水는 死이다. 가을에는 金이 王, 水가 相, 土가 休, 火는 囚, 木이 死이다. 겨울에는 水가 王, 木이 相, 金이 休, 土가 囚, 火가 死이다. 간지의 休王은 봄에는 甲乙寅卯가 王이며, 丙丁巳

---

6   『淮南子』, 「墜形訓」: “木勝土, 土勝水, 水勝火, 火勝金, 金勝木. …木壯, 水老, 火生, 金囚, 土死. 火壯, 木老, 土生, 水囚, 金死. 土壯, 火老, 金生, 木囚, 水死. 金壯, 土老, 水生, 火囚, 木死. 水壯, 金老, 木生, 土囚, 火死.”

7   蕭吉(생몰 년대 미상)은 南北朝時代 梁나라에서 태어났다. 梁 武帝(蘇衍, 464-549)의 치하에서 혜택을 받고 유 소년기를 지냈고 여러 방면의 학문에 정통했으며, 그 중에서 음양산술에 가장 정통했다. 隋나라 때 太常의 직에 있었으며 고금의 음양서를 고정했다. 隋로부터 唐에 이르기까지 六朝時代에 통용되고 유행한 여러 가지 설을 모아서 집대성한 『五行大義』를 편찬했다. 그는 병법, 풍수, 음악, 관(수)상, 제왕양생술, 음양술, 술수, 천문, 징상 등의 다방면에 걸친 저술활동을 하였다. 저서로는 『金海』30卷, 『相經要錄』1卷, 『宅經』8卷, 『葬經』6卷, 『樂譜』12卷, 『帝王養生方』2卷, 『相手板要決』1卷, 『太一立成』1卷 등이 있다. 여기에 서술한 蕭吉의 生涯와 著述은, 張鍾元, 「蕭吉의 『五行大義』에 나타난 五行說 硏究」, 원광대 박사청구논문, 2014, 81-94쪽을 참고하여 쓴 것이다.

8   『五行大義』에서는 旺을 王으로 표기하고 있다.

午가 相이며, 壬癸亥子가 休이며, 庚辛申酉가 囚이며, 戊己辰戌醜[9]未가 死이다. 여름에는 丙丁巳午가 王이며, 戊己辰戌醜未가 相이며, 甲乙寅卯가 休이며, 壬癸亥子가 囚이고, 庚辛申酉가 死이다. 六月에는 戊己辰戌醜未가 王이며, 庚辛申酉가 相이고, 丙丁巳午가 休이며, 甲乙寅卯가 囚이고, 壬癸亥子가 死이다. 가을은 庚辛申酉가 王이고, 壬癸亥子가 相이며, 戊己辰戌醜未가 休이고, 丙丁巳午가 囚이고, 甲乙寅卯가 死이다. 겨울에는 壬癸亥子가 王이고 甲乙寅卯가 相이며, 庚辛申酉가 休이고, 戊己辰戌醜未가 囚이고 丙丁巳午는 死이다."[10]

위의 인용문에 잘 나타나 있듯이, 旺·相·休·囚·死는 五行이 순환하는 氣를 干支와 결합시켜 八字의 旺衰强弱을 판단하는 명리학적 원리로 작용하게 되었다. 그리고 『三命通會』에서도 계절에 따른 五行의 旺·相·休·囚·死를 다음과 같이 기술하고 있다.

"盛德이 때[時]를 잘 타는 것을 旺이라 말한다. 봄에는 木이 旺하며, <木이> 旺하면 능히 火를 生하고, 火는 木의 子가 되어 父業을 계승하게 된다. 그러므로 火는 相이 된다. 木은 水의 生을 받으니, 生我者는 부모가 되고, 이제 자식이 <부모를> 이어서 때를 얻어, 이름을 날리고 지위가 높이 오르니, 나를 生하여 준 부모의 기운은 물러가는 것을 알 수 있다. 따라서 水는 休가 된다. 休하는 것의 아름다움은 끝이 없고, 쉬고 있으니 할 일이 없다는 뜻이다. 火는 능히 金을 剋한다. 金은 木의 鬼가 되는데, 金은 火의 剋制를 받으니, 金은 기운을 펼칠 수 없다. 그러므로 金은 囚가 된다. 火는 능히 土를 生하고,

---

9   『五行大義』에서는 丑을 醜로 표기하고 있다.
10   『五行大義』, 「論四時休旺」: "春則木王, 火相, 水休, 金囚, 土死. 夏則火王, 土相, 木休, 水囚, 金死. 六月則土王, 金相, 火休, 木囚, 水死. 秋則金王, 水相, 土休, 火囚, 木死. 冬則水王, 木相, 金休, 土囚, 火死. 支幹休王者, 春則甲乙寅卯王, 丙丁巳午相, 壬癸亥子休, 庚辛申酉囚, 戊己辰戌醜未死. 夏則丙丁巳午王, 戊己辰戌醜未相, 甲乙寅卯休, 壬癸亥子囚, 庚辛申酉死. 六月則戊己辰戌醜未王, 庚辛申酉相, 丙丁巳午休, 甲乙寅卯囚, 壬癸亥子死. 秋則庚辛申酉王, 壬癸亥子相, 戊己辰戌醜未休, 丙丁巳午囚, 甲乙寅卯死. 冬則壬癸亥子王, 甲乙寅卯相, 庚辛申酉休, 戊己辰戌醜未囚, 丙丁巳午死."

土는 木의 財가 되니, 財는 숨겨놓는 물건이다. 초목이 피어나면, 土는 먼지처럼 흩어지게 되고, 春木이 土를 剋하니 土는 死가 된다. 여름에는 火가 旺하다. 火가 土를 生하면 곧 土는 相이 되고, 木이 火를 生하면 곧 木은 休가 되며, 水가 火를 剋하면 곧 水는 囚가 되고, 火가 金을 剋하면 곧 金은 死가 된다. 六월에는 土가 旺하다. 土가 金을 生하면 곧 金은 相이 되고, 火가 土를 生하면 곧 火는 休가 되며, 木이 土를 剋하면 木은 囚가 되고, 土가 水를 剋하면 곧 水는 死가 된다. 가을에는 金이 旺하다. 金이 水를 生하면 곧 水는 相이 되고, 土가 金을 生하면 곧 土는 休가 되며, 火가 金을 剋하면 곧 火는 囚가 되고, 金이 木을 剋하면 곧 木은 死가 된다. 겨울에는 水가 旺하다. 水가 木을 生하면 곧 木은 相이 되고, 金이 水를 生하면 곧 金은 休가 되며, 土가 水을 剋하면 곧 土는 囚가 되고, 水가 火를 剋하면 곧 火는 死가 된다."[11]

　위의 인용문에 잘 나타나 있듯이, 계절에 따라 五行이 알맞은 때[時]를 얻은 것을 旺·相이라고 하고, 五行이 그 때를 잃은 것을 休·囚·死라 한다. 그리고 土[辰·戌·丑·未]는 四季의 土月이 모두 旺이라고 보고 있다. 『三命通會』의 계절별 旺·相·休·囚·死는 다음 도표와 같다.

11　『三命通會』, 「論五行旺相休囚死並寄生十二宮」: "盛德乘時曰旺. 如春木旺, 旺則生火, 火乃木之子, 子乘父業. 故火相. 木用水生, 生我者父母, 今子嗣得時, 登高明顯赫之地, 而生我者知退矣. 故木休. 休者美之無極, 休然無事之義. 火能克金. 金乃木之鬼, 被火克制, 不能施設. 故金囚. 火能生土, 土爲木之財, 財爲隱藏之物. 草木發生, 土散氣塵, 所以春木克土則死. 夏火旺. 火生土則土相, 木生火則木休, 水克火則水囚, 火克金則金死. 六月土旺. 土生金則金相, 火生土則火休, 木克土則木囚, 土克水則水死. 秋金旺. 金生水則水相, 土生金則土休, 火克金則火囚, 金克木則木死. 冬水旺. 水生木則木相, 金生水則金休, 土克水則土囚, 水克火則火死."

표 3.『三命通會』의 旺·相·休·囚·死

표 3.『三命通會』의 旺·相·休·囚·死

구분	春[木]	夏[火]	四季[土]	秋[金]	冬[水]	비고
木	旺	休	囚	死	相	四季는 辰戌丑未[土月]를 의미함.
火	相	旺	休	囚	死	
土	死	相	旺	休	囚	
金	囚	死	相	旺	休	
水	休	囚	死	相	旺	

旺·相·休·囚·死는 계절의 변화를 五行의 旺衰强弱의 근거로 삼은 이론인데, 여기서는 五行의 陰陽에 대해서는 어떠한 고려도 하지 않고 있다. 통상적으로 말해, 日干이 火일 경우, 그 日干을 生助해 주는 印星[木·生]과 比劫[火·助]이 많으면 身强하다고 보고, 剋洩하는 官星[水·剋], 財星[金·剋], 食傷[土·洩]이 많으면 身弱하다고 본다. 『命理約言』에서는 旺·相·休·囚로써 사주에서 喜神과 忌神의 작용에 대해서 다음과 같이 설명하고 있다.

"무릇 사주의 干支는 반드시 旺·相·休·囚를 분별하여야 하는데, 日主나 喜神은 旺相하기를 바라고, 休囚되는 것을 바라지 않으며, 凶煞이나 忌神은 休囚되기를 바라고, 旺相하기를 원하지 않기 때문이다. 그러나 相이 旺보다도 오묘한 것인데, 왜냐하면 旺은 즉 이미 極盛한 物이라서 그 퇴조가 급속한 반면, 相은 바야흐로 성장하는 기운이라 그 나아감이 끝이 없기 때문이다. 또 <쇠퇴하는 점에서는> 休가 囚보다도 더 심하니, 囚는 이미 기운이 지극히 쇠퇴한 것으로 앞으로 점차 되살아날 것이 틀림없지만, 休는 지금부터 쇠퇴하는 神이라 빨리 복구하기가 힘들기 때문이다. 무릇 사주에서 기뻐하고 꺼리는 바는, 마땅히 이러한 消息의 의미인 것이다."[12]

위의 인용문에 잘 나타나 있듯이, 陳素庵은 日主의 喜神은 旺·相하기를 바라고 休·囚되는 것을 바라지 않으며, 凶煞이나 忌神은 休·囚되기를 바라고 旺·相하기를 원하지 않는다고 말하면서, 이를 看命에 활용해야한다는 입장을 취하고 있다. 日干을 기준으로 月支의 十神을 파악해 내면 바로 旺·相·休·囚·死를 알 수 있게 된다. 만약 月支가 比劫이면 日干은 旺이 되고, 月支가 印星이면 日干은 相이 된다. 또, 月支가 食傷이면 日干은 休가 되고, 月支가 財星이면 日干은 囚가 되고, 月支가 官星이면 日干은 死가 된다. 旺·相·休·囚·死는 天干 五行의 陰陽을 고려하지 않고 地支로부터 받는 다섯 단계의 氣로써 天干의 旺衰를 보고 있다. 이제 天干 五行의 陰陽을 고려하면서 地支로부터 받는 열 두 단계의 氣로써 天干의 旺衰를 파악하는 十二運氣[十二運星]에 대해서 고찰하고자 한다.

2. 十二運氣

十二運氣[13]는 만물이 탄생함과 동시에 시간의 변화에 따라서 겪게 되는 生老病死와 榮枯盛衰의 변화과정을 표현해 놓은 것으로, 태어나서 자라고, 자라면 결실을 맺고, 결실을 맺은 후에는 병들고 죽어 없어진다는 의미이다. 이는 생명체를 포함하여 모든 세상만물에 적용되며, 사주를 看命할 때는 '逢法, 坐法, 居法, 引從法, 地支法' 등으로 활용된다.

이 十二運氣 이론은 불교에서 말하는 十二緣起法과 일맥상통 하는 점이 있기 때문에

12　『命理約言』, 「五行旺相休囚論」: "凡四柱干支, 須辯旺相休囚, 或日主, 或喜神欲旺相不欲休囚, 或凶煞, 或忌神, 欲休囚不欲旺相. 然相妙於旺, 旺則極盛之物, 其退反速, 相則方長之氣, 其進無涯也. 休甚於囚, 囚則旣極之勢, 必將漸生, 休則方退之神, 未能遽復也. 凡所喜所忌, 宜以此意消息之."

13　十二運氣는 오늘날 十二運星으로 통용되어 불리고 있으며, 十二運氣를 十二宮, 十二運, 胞胎法, 十天干의 生旺死絶歷程 등으로 표현하기도 한다.

명리이론의 발달과정과 연계시켜 연구해 볼 필요성도 있다.[14] 이제 필자는 원전을 통해 十二運氣를 고찰해 보고자 한다. 먼저 後漢代 班固[15]의 『白虎通義』에는 '少陽, 太陽, 少陰, 太陰'의 四象이 월별로 四象의 旺衰强弱을 기술하고 있다. 天干이 地支로부터 받는 기운도 함께 기술하고 있는데, 그 내용은 다음과 같다.

"少陽은 寅에서 드러난다. 이 寅은 불어나다[演]이다. …卯는 우거지다[茂]이다. …辰에서 쇠퇴한다. 辰은 천둥[震]이다. …그 日은 甲乙이다. …계절은 봄이다. 春은 꿈틀대다[蠢]이고 꿈틀거리는 움직임이 있다. 방위는 東方이고, 색은 靑이다. …太陽은 巳에서 드러난다. 巳는 만물이 반드시 성장을 한다는 의미다. …午에서 장성한다. 午는 만물이 가득 자란다는 의미다. …未에서 쇠퇴한다. 未는 맛보다[味]이다. …그 日은 丙丁이다. …계절은 여름이다. 夏는 커진다[大]이다. 방위는 南方이고 색은 赤이다. …少陰은 申에서 드러난다. 申은 몸[身]이다. …酉에서 장성한다. 酉는 늙다[老]이고 만물을 걷어 들인다. …戌에서 쇠퇴한다. 戌은 없어지다[滅]이다. …그 日은 庚辛이다. …계절은 가을이다. 秋는 슬프다[愁]이다. 방위는 西方이고 색은 白이다. …太陰은 亥에서 드러난다. 亥는 우러르다[仰]이다. …子에서 장성한다. 子는 불어나다[孳]이다. …丑에서 쇠퇴한다. 丑은 묶다[紐]이다. …그 日은 壬癸이다. …계절은 겨울이다. 冬은 끝나다[終]이다. 방위는 北方이다. …土는 中宮이다. 그 日은 戊己이다. 戊는 우거지다[茂]이다. 己는 눌려 구부려져 있다가 일어나는 것이다. …宮은 중앙[中]이다."[16]

---

14   李康大·林正基·金哲完, 『알기 쉬운 자평진전 上』, 동창, 2016, 37쪽 참조.

15   班固(32-92)는 後漢시대 사람으로 자는 孟堅이고, 扶風 安陵(지금의 陝西省 咸陽) 사람이다. 사마천의 『史記』를 보완하여 『漢書』를 편찬한 역사학자이다. 주요 저서로는 『世祖本紀』, 『白虎通義』가 있다.

16   『白虎通義』, 「五行」: "少陽見寅, 寅者, 演也. …卯者, 茂也. …衰於辰, 辰震也. …其日甲乙者. …時爲春. 春之爲言蠢蠢動也. 位在東方, 其色靑. …太陽見於巳. 巳者物必起. …壯盛於午, 午物滿長. …衰於未. 未味也. …其日丙丁者. …時爲夏. 夏之言大也. 位在南方, 其色赤. …少陰見於申. 申者, 身也. …壯於酉. 酉者, 老物收斂. …衰於戌. 戌者, 滅也. …其日庚辛. …時爲秋. 秋之爲言愁亡也. 其位西方, 其色

위의 인용문에 의하면, 地支에 따라 天干의 드러남과 장성함과 쇠퇴함이 있기 때문에 天干의 기세는 地支 중 특히 月支의 영향을 크게 받는다. 이는 사주명리학에서 月令의 중요성이 강조되는 근거가 되고, 十二運氣의 기틀이 되는 내용이다. 『五行大義』「論生死所」에서 十二運氣의 원형에 대한 실마리를 찾아 볼 수 있는데 그 내용은 다음과 같다.

"五行은 體가 다르니, 죽고 사는 곳이 같지 않다. 한 바퀴 도는데 12달이 걸리고, 12辰으로 출몰한다. 木은 申에서 受氣하고, 酉에서 잉태[胎]하며, 戌에서 養하고, 亥에서 生하며, 子에서 沐浴하고, 醜에서 冠帶하며, 寅에서 臨官하고, 卯에서 王하며, 辰에서 衰하며, 巳에서 病하고, 午에서 死하며, 未에서 葬한다. 火는 亥에서 受氣하고, 子에서 胎하며, 醜에서 養하고, 寅에서 生하며, 卯에서 沐浴하고, 辰에서 冠帶하며, 巳에서 臨官하고, 午에서 王하며, 未에서 衰하며, 申에서 病하고, 酉에서 死하며, 戌에서 葬한다. 金은 寅에서 受氣하고, 卯에서 胎하며, 辰에서 養하고, 巳에서 生하며, 午에서 沐浴하고, 未에서 冠帶하며, 申에서 臨官하고, 酉에서 王하며, 戌에서 衰하며, 亥에서 病하고, 子에서 死하며, 醜에서 葬한다. 水은 巳에서 受氣하고, 午에서 胎하며, 未에서 養하고, 申에서 生하며, 酉에서 沐浴하고, 戌에서 冠帶하며, 亥에서 臨官하고, 子에서 王하며, 醜에서 衰하며, 寅에서 病하고, 卯에서 死하며, 辰에서 葬한다. 土는 亥에서 受氣하고, 子에서 胎하며, 醜에서 養하고, 寅에서 寄行하며, 卯에서 生하고, 辰에서 沐浴하며, 巳에서 冠帶하고, 午에서 臨官하며, 未에서 王하며, 申에서 衰病하고, 酉에서 死하며, 戌에서 葬한다."[17]

白. …太陰見於亥. 亥者, 仰也. …壯於子. 子者, 孳也. …衰於丑. 丑者, 紐也. …其日壬癸. …時爲冬. 冬之爲言終也. 其位在北方. …土爲中宮. 其日戊己. 戊者, 茂也. 己抑屈起. …宮者, 中也."

[17] 『五行大義』, 「論生死所」: "五行體別, 生死之處不同. 遍有十二月, 十二辰, 而出沒. 木, 受氣於申, 胎於酉, 養於戌, 生於亥, 沐浴於子, 冠帶於醜, 臨官於寅, 王於卯, 衰於辰, 病於巳, 死於午, 葬於未. 火, 受氣於亥, 胎於子, 養於醜, 生於寅, 沐浴於卯, 冠帶於辰, 臨官於巳, 王於午, 衰於未, 病於申, 死於酉, 葬於戌. 金, 受氣於寅, 胎於卯, 養於辰, 生於巳, 沐浴於午, 冠帶於未, 臨官於申, 王於酉, 衰於戌, 病於亥,

위의 인용문에서 보면, 『五行大義』에서는 天干의 五行이 十二地支로부터 받는 기운을 '受氣'부터 '葬'까지 기술하고 있다. 그 내용을 보면, 天干五行을 陰陽으로 나누지 않고 地支로부터 받는 十二運氣를 기술하고 있는데, 이러한 내용은 시대가 지나면서 天干五行을 陰陽으로 구분한 十天干의 十二運氣로 바뀌고 있다.

『淵海子平』「論天干生旺死絶」에서는 十天干과 十二地支가 연결된 十二運氣에 대해 天干의 陰陽에 따라 陽生陰死의 입장을 취하고 있다. 十二運氣의 陽生陰死라는 견해는 『子平眞詮』의 '陽生陰死'의 입장을 거쳐 오늘날까지 통용되는 十二運星에도 여전히 그 영향을 끼치고 있다. 『淵海子平』「論天干生旺死絶」의 내용은 다음과 같다.

> "甲木은 亥가 生이 되며, 沐浴은 子에 있고, 冠帶는 丑에 있고, 建祿은 寅에 있고, 帝旺은 卯에 있고, 衰는 辰에 있고, 病은 巳에 있고, 死는 午에 있고, 墓는 未에 있고, 絶은 申에 있고, 胎는 酉에 있고, 養은 戌에 있다. 乙木은 午가 生이 되고, 沐浴은 巳에 있고, 冠帶는 辰에 있고, 建祿은 卯에 있고, 帝旺은 寅에 있고, 衰는 丑에 있고, 病은 子에 있고, 死는 亥에 있고, 墓는 戌에 있고, 絶은 酉에 있고, 胎는 申에 있고, 養은 未에 있다. 丙火·戊土는 寅이 生이 되고, 沐浴은 卯에 있고, 冠帶는 辰에 있고, 建祿은 巳에 있고, 帝旺은 午에 있고, 衰는 未에 있고, 病은 申에 있고, 死는 酉에 있고, 墓는 戌에 있고, 絶은 亥에 있고, 胎는 子에 있고, 養은 丑에 있다. 丁火·己土는 酉가 生이 되고, 沐浴은 申에 있고, 冠帶는 未에 있고, 建祿은 午에 있고, 帝旺은 巳에 있고, 衰는 辰에 있고, 病는 卯에 있고, 死는 寅에 있고, 墓는 丑에 있고, 絶은 子에 있고, 胎는 亥에 있고, 養은 戌에 있다. 庚金은 巳가 生이 되고, 沐浴은 午에 있고, 冠帶는 未에 있고, 建祿은 申에 있고, 帝旺은 酉에 있고, 衰는 戌에 있고, 病은 亥에 있고, 死는 子에 있고, 墓는 丑에 있고, 絶은 寅에 있고,

---

死於子, 葬於醜. 水, 受氣於巳, 胎於午, 養於未, 生於申, 沐浴於酉, 冠帶於戌, 臨官於亥, 王於子, 衰於醜, 病於寅, 死於卯, 葬於辰. 土, 受氣於亥, 胎於子, 養於醜, 寄行於寅, 生於卯, 沐浴於辰, 冠帶於巳, 臨官於午, 王於未, 衰病於申, 死於酉, 葬於戌."

胎는 卯에 있고, 養은 辰에 있다. 辛金은 子가 生이 되고, 沐浴은 亥에 있고, 冠帶는 戌에 있고, 建祿은 酉에 있고, 帝旺은 申에 있고, 衰는 未에 있고, 病은 午에 있고, 死는 巳에 있고, 墓는 辰에 있고, 絶은 卯에 있고, 胎는 寅에 있고, 養은 丑에 있다. 壬水는 申이 生이 되고, 沐浴은 酉에 있고, 冠帶는 戌에 있고, 建祿은 亥에 있고, 帝旺은 子에 있고, 衰는 丑에 있고, 病은 寅에 있고, 死는 卯에 있고, 墓는 辰에 있고, 絶은 巳에 있고, 胎는 午에 있고, 養은 未에 있다. 癸水는 卯가 生이 되고, 沐浴은 寅에 있고, 冠帶는 丑에 있고, 建祿은 子에 있고, 帝旺은 亥에 있고, 衰는 戌에 있고, 病은 酉에 있고, 死는 申에 있고, 墓는 未에 있고, 絶은 午에 있고, 胎는 巳에 있고, 養은 辰에 있다."[18]

위의 인용문에서는, 十二運氣는 十天干이 十二地支로 부터 받는 기운에 대해 天干에 있는 五行을 陰陽으로 구분해서 陽生陰死의 입장을 견지하면서 天干의 旺衰强弱를 판단하고 있다. 天干의 陽生陰死에 관한 十二運氣를 간략하게 정리하면 아래의 도표와 같다.

---

18   『淵海子平』,「論天干生旺死絶」: "甲木生亥, 沐浴在子, 冠帶在丑, 建祿在寅, 帝旺在卯, 衰在辰, 病在巳, 死在午, 墓在未, 絶在申, 胎在酉, 養在戌. 乙木生午, 沐浴在巳, 冠帶在辰, 建祿在卯, 帝旺在寅, 衰在丑, 病在子, 死在亥, 墓在戌, 絶在酉, 胎在申, 養在未. 丙火戊土生寅, 沐浴在卯, 冠帶在辰, 建祿在巳, 帝旺在午, 衰在未, 病在申, 死在酉, 墓在戌, 絶在亥, 胎在子, 養在丑. 丁火己土生酉, 沐浴在申, 冠帶在未, 建祿在午, 帝旺在巳, 衰在辰, 病在卯, 死在寅, 墓在丑, 絶在子, 胎在亥, 養在戌. 庚金生巳, 沐浴在午, 冠帶在未, 建祿在申, 帝旺在酉, 衰在戌, 病在亥, 死在子, 墓在丑, 絶在寅, 胎在卯, 養在辰. 辛金生子, 沐浴在亥, 冠帶在戌, 建祿在酉, 帝旺在申, 衰在未, 病在午, 死在巳, 墓在辰, 絶在卯, 胎在寅, 養在丑. 壬水生申, 沐浴在酉, 冠帶在戌, 建祿在亥, 帝旺在子, 衰在丑, 病在寅, 死在卯, 墓在辰, 絶在巳, 胎在午, 養在未. 癸水生卯, 沐浴在寅, 冠帶在丑, 建祿在子, 帝旺在亥, 衰在戌, 病在酉, 死在申, 墓在未, 絶在午, 胎在巳, 養在辰."

표 4. 『淵海子平』의 十二運氣

구분	甲	乙	丙	丁	戊	己	庚	辛	壬	癸
長生	亥	午	寅	酉	寅	酉	巳	子	申	卯
沐浴	子	巳	卯	申	卯	申	午	亥	酉	寅
冠帶	丑	辰	辰	未	辰	未	未	戌	戌	丑
建祿	寅	卯	巳	午	巳	午	申	酉	亥	子
帝旺	卯	寅	午	巳	午	巳	酉	申	子	亥
衰	辰	丑	未	辰	未	辰	戌	未	丑	戌
病	巳	子	申	卯	申	卯	亥	午	寅	酉
死	午	亥	酉	寅	酉	寅	子	巳	卯	申
墓	未	戌	戌	丑	戌	丑	丑	辰	辰	未
絶	申	酉	亥	子	亥	子	寅	卯	巳	午
胎	酉	申	子	亥	子	亥	卯	寅	午	巳
養	戌	未	丑	戌	丑	戌	辰	丑	未	辰

『淵海子平』 이전부터 있어 왔던 十二運氣[十二運星]에 의한 방법으로 天干의 旺衰强弱를 판단하는 경우에는 종종 문제점이 있음을 발견하게 되는데, 그 이유는 다음과 같은 사실에 기인한다. 沈孝瞻은 『子平眞詮』에서 陰干의 長生에 관해, "다만 陽의 長生은 힘이 있고, 陰의 長生은 심히 힘이 있지는 않다. 그러나 또한 약하지는 않다"[19]라고 말하면서 자신의 입장을 애매모호하게 표현하고 있다. 뿐만 아니라, 각 天干의 地支 通根을 '不爲弱' 또는 '有力'이라고 표현하여 '强'의 의미로 사용하고 있는데, 陰天干의

19　『子平眞詮』, 「論陰陽生死」: "但陽長生有力, 而陰長生不甚有力, 然亦不弱."

長生을 '不甚有力'과 '不弱'으로 표현하고 있다.

그러나 陰干의 長生이란 乙이 午, 丁·己가 酉, 辛이 子, 癸가 卯를 만난 경우를 말하기 때문에 天干이 地支에 通根[20]을 하지 못했을 뿐만 아니라 十神의 관계에서도 食神과 偏財를 만난 것이기 때문에 天干의 有力이나 旺·强을 논할 수 있는 상황은 아니다.[21] 그리고 『滴天髓』에서 "陰生陽死하고, 陽順陰逆하는 이 이론은 洛書로 부터 나온 것으로, 그것을 근거로 五行이 流行하는 작용은 그것을 확실히 믿을 만하다. 甲木은 午에서 死한다는 것은 午가 洩氣하는 地支이기에 확실히 그 이론은 믿을 만하다. 그러나 乙木이 亥에서 死한다는 것은 亥의 가운데에는 壬水가 있어, 친어머니인데 어찌하여 죽는다는 것인가. …만약 오로지 生死敗絶의 說만 고집한다면 命을 추론하는데 오류가 많다"[22]라고 기술하고 있다.

그리고 陳素庵도 『命理約言』에서 "무릇 五陽干은 生方에서 자라고, 本方에서 왕성하며, 洩方에서 시들며, 剋方에서 죽는다고 하여서 이치에 순응하지만, 五陰干의 경우에는 洩方에서 生하고, 生方에서 죽게 되므로 이치에 맞지 않게 되니 옳지 않은 학설이다. 그리고 子午의 地支에서 産金·産木이 된다는 道도 없고, 寅·亥의 地支에서 滅火·滅水된다는 道도 없다.[23] …이로 보아 陰陽同生同死說이 옳다고 하겠다. 『考廣錄』에서 말하

---

20   通根이란 뿌리가 통했다는 뜻으로 天干의 五行과 같은 五行이 地支의 支藏干에 暗藏되어 있는 것을 말한다. 예를 들어 天干이 甲乙일 경우, 地支에 甲乙을 暗藏하고 있는 地支는 寅, 卯, 辰, 未, 亥가 있다. 天干의 甲乙이 地支에서 寅, 卯, 辰, 未, 亥를 만나면 通根이라고 한다. 透干[透出]은 地支에서 어떠한 地藏干이 天干으로 올라가 있는지 알고자 할 때, 地藏干과 같은 글자나 五行이 天干에 있을 때를 말한다. 天干입장에서 보는 通根과 地支입장에서 보는 透干[透出]의 의미는 같다고 볼 수 있다.

21   李康大·林正基·金哲完, 『알기 쉬운 자평진전 上』, 동창, 2016, 40쪽 참조.

22   『滴天髓』, 「干支總論」: "陰生陽死, 陽順陰逆, 此理出於洛書, 五行流行之用, 固信有之. 然甲木死午, 午爲洩氣之地, 理固然也. 而乙木死, 亥中有壬水, 乃其嫡母, 何爲死哉. …若專執生死敗絶之說, 推斷多誤矣."

23   이 부분의 '終無滅火滅水之道.'라는 구절이 『滴天髓闡微』「干支總論」에서는 '終無滅火滅木之道.'라고 기술되어 있으며, 앞뒤 문장의 내용으로 보아 滅火·滅木으로 보는 것이 타당하다.

기를, 甲乙은 같은 木으로 陰陽이 나뉠 뿐 인데, 이를 死木·活木의 둘로 나눌 수 없고, 이미 같은 木이어서 同生同死라고 하였으므로 옛사람들은 다만 四長生이 있을 뿐이라고 하였다. 이 說이 확고한 준거가 될 것이다"[24]라고 기술하고 있다.

또한, 徐樂吾도 『子平粹言』에서 "장생, 임관, 제왕, 묘고, 여기는 모두 五行에서 논하고, 陰과 陽을 나누지 않으니, 甲과 乙은 모두 亥가 長生이고, 寅과 卯가 祿과 旺이며, 辰이 餘氣이고, 未가 墓庫이다. 陰干의 長生에 대한 설은 본래 터무니가 없고 거의 이유가 없으니, 旺·衰·强·弱의 근거로 삼기에 부족하다"[25]라고 언표하면서 天干의 陽生陰死에 대해 반대하는 입장을 밝히고 있다.

이 뿐만 아니라, 天干이 木, 火, 水일 경우와 土, 金의 경우는 十二運氣와 十神을 적용해보면 旺衰强弱의 차이가 있다. 예를 들면 長生의 地支는 木은 亥, 火는 寅, 水는 申으로 이들을 生하는 印星이 되기에 長生의 역할을 하는 것으로 볼 수 있다. 그러나 土, 金의 경우는 土는 寅, 金은 巳로써 長生의 地支가 土, 金을 剋하는 官星이 된다. 그러므로 十二運氣는 天干의 旺衰强弱을 판단함에 있어 十神을 적용하는 경우와는 분명하게 달리 보아야 한다는 것이 필자의 입장이다.

왜냐하면 天干의 陽生陰死의 관점을 취한다면, 天干에 미치는 영향력에 있어서 일관성을 유지할 수 없게 되므로 天干의 旺衰强弱을 정확하게 판단할 수 없기 때문이다. 天干의 旺衰强弱의 판단은 五行과 十神이 生剋制化하는 氣運의 조절을 통해 취해야 하는 것이다. 이와 같이 볼 때, 사주에 담겨 있는 五行의 相生相剋에 대한 판단에 있어 오류를 방지하기 위해서는 반드시 五行과 十神의 生剋制化로 旺衰强弱을 판단하

24　『命理約言』, 「十干生旺墓等位論」: "夫五陽育於生方, 盛於本方, 斃於洩方, 盡於剋方, 於理爲順, 若五陰生於洩方, 死於生方, 於理未順, 卽曲爲之設. 而子午之地, 終無産金産木之道, 寅亥之地, 終無滅火滅水之道. …則陰陽同生同死爲是, 考廣錄云, 甲乙一木, 而分陰陽, 非可伊死木活木歧而二之, 旣爲一木, 同生同死故古人止有四長生. 此設可爲確據矣."

25　『子平粹言』, 「論旺衰强弱」: "長生臨官帝旺墓庫餘氣, 均從五行論, 不分陰陽, 甲乙同以亥爲長生, 寅卯爲祿旺, 辰爲餘氣, 未爲墓庫. 蓋陰長生之說, 本屬無稽, 毫無理由, 不足爲旺衰强弱之根據也."

는 것이 타당하다.

　그리고 十二運氣에서 陽生陰死의 논리는 陽干에 비해 陰干은 실제 日干이 필요로
하는 用神을 찾을 경우 陽生陰死의 논리를 적용하기가 타당하지 않는 경우가 있다.
예를 들면 乙木 日干이 身弱하고, 사주에 食傷인 火가 많으면 印星인 水가 필요하다.
하지만 十二運氣에 의하면 '亥', '子'는 乙의 '死', '病'이라서 日干에 필요한 印星인
水를 用神으로 쓰지 못한다는 방식으로 해석한다면, 用神을 찾는데 혼란을 주게 된다.
또한 乙木 日干의 格局이 吉神格에 해당하는 正官格[庚金]일 때, 成格을 위해서 相生하
는 印星인 水를 相神으로 쓰고자 하는 경우에 '亥', '子'가 '死', '病'에 해당되기 때문에
相神으로 쓰지 못한다는 견해는 잘못이라고 할 수 있다.

　한편, 任鐵樵는 日干의 身强身弱을 판단할 때 月令만을 가지고 판단해서는 안 된다
고 하면서 "月令을 얻으면 모두 旺하다고 논하고, 月令을 얻지 못하면 문득 쇠약하다고
보게 되는데, 비록 지극한 이치이기는 하지만 또한 죽은 법이기도 하다. …하물며
八字는 비록 月令을 중요하게 여기지만, 그러나 旺·相·休·囚는 年·日·時 중에도 또한
손상시키거나 도움을 주는 권력이 있다. 그러므로 태어난 달에 <月>令을 얻지 못하더
라도, 또한 年이나 日이나 時에 <令을> 얻을 수도 있는데, 어찌 가히 한 가지 이론에
집착을 해야 하겠는가"[26]라고 언표하고 있다. 이러한 그의 견해는 현대 명리학에서도
통용되고 있다.

3. 日干의 身强身弱

　日干의 身强身弱은 그 사주의 짜임새에서 日干을 生助하거나 剋洩하는 十神이나

26　『滴天髓闡微』,「衰旺」: "得時俱爲旺論, 失令便作衰看, 雖是至理, 亦死法也. …況八字雖以月令爲重,
　　而旺相休囚, 年月時中, 亦有損益之權. 故生月卽不値令, 亦能値年値日値時, 豈可執一而論."

五行이 많은가, 적은가에 따라 판단하기도 하고, 地支의 通根여부에 의해 판단하기도 한다. 日干의 身强身弱은 日干에 필요한 用神을 찾는데 중요한 기준이 되고, 命主의 吉凶을 논하는데도 중요한 기준이 된다. 또한 日干이 身强한가, 身弱한가에 따라 日干이 사주 내에서 다른 五行과 十神을 감당할 수 있는 능력을 가늠해 볼 수 있고, 또한 가족관계[六親]에서 日干의 대처능력을 파악할 수 있다. 대개 日干을 生助하는 十神이나 五行이 많으면 身强하여 食傷, 財星, 官煞을 능히 감당 할 수 있어 印星과 比劫의 도움이 필요 없다고 看命하고, 日干을 剋洩하는 十神이나 五行이 많으면 身弱하여 食傷, 財星, 官煞을 감당할 수 없어 印星과 比劫의 도움이 필요하다고 看命한다.

사주에서 日干의 身强身弱을 구분하는 방법은 通根, 得令, 得勢, 得地 여부를 보고 판단을 하는 것인데, 이 책에서는 먼저 地支의 地藏干을 활용한 通根 여부를 살펴본 다음에 得令, 得勢, 得地에 대해서 고찰하고자 한다.

1) 通根

사주의 天干에서 地支를 보아 天干에 木이 있고 地支에 木이 있으면 뿌리가 있다고 한다. 즉 通根한다고 말한다. 또한, 天干에 木이 있는데 支藏干에 木이 있으면 通根한다고 말한다. 예컨대, 日干이 甲木이고 地支에 寅·卯·辰·未·亥 등이 있으면, 이는 모두가 甲木의 뿌리가 되어 通根이 된다고 한다. 그리고 日干이 地支[地藏干]에 通根했더라도, 그 상태에 따라 日干의 身强身弱을 알 수 있다.

따라서 日干[天干]의 通根상태를 알기위해서는 十二地支의 地藏干의 내용을 알아야 하는 것이다. 이에 대해서는 地藏干에 관한 두 가지 이론인 '人元用事 地藏干'과 '月律分野 地藏干'[27]이 있는데, 그 중에서 『淵海子平』「五行發用定例」에 있는 月律分野分野

---

27 人元用事 地藏干은 사주 가운데 月支를 포함한 각 地支속에 들어 있는 天干을 일컫는다. 地藏干이 天干에 나온 것을 地支속의 人元이 透出했다고 한다. 月律分野 地藏干은 月支에 암장된 天干에

之圖에 있는 '月律分野 地藏干'을 도표로 나타내면 다음과 같다.

표 5. 月律分野 地藏干 [司令일수는 각주 27) 참조]

地支	子	丑	寅	卯	辰	巳	午	未	申	酉	戌	亥
餘氣	壬	癸	戊	甲	乙	戊	丙	丁	戊	庚	辛	戊
中氣		辛	丙		癸	庚	己	乙	壬		丁	甲
正氣	癸	己	甲	乙	戊	丙	丁	己	庚	辛	戊	壬

한편, 日干의 身强身弱을 좀 더 구체적으로 알기위해서는 日干이 地支에 通根했다고 하더라도 그 다음에 어떤 상태의 通根인가를 살펴야 한다. 예를 들어 天干 甲木이 通根하는 경우를 따지면, 地支로부터 받는 十二運氣[十二運星]가 建祿·帝旺에 해당하는 寅木·卯木에 通根하는 경우와, 生地에 해당하는 亥水에 通根한 경우와, 地藏干이 餘期에 해당하는 辰土에 通根하는 경우와, 墓庫地에 해당하는 未土에 通根하는 경우가 각각 强弱이 다르다. 이러한 내용에 대하여 『子平眞詮』 「論十干得時不旺失時不弱」에 서는 十干의 身强과 身弱의 구분하여 보는 방법에 관해 다음과 기술하고 있다.

일수를 배정한 것을 일컫는데, 이를 통상 '月令[月支司令]'이라 말한다. 月令은 節氣를 기준으로 삼아 1년·12개월·365일의 기후변화에 따라 변해가는 天干[특히 日干]의 기운을 알아보는 이론이다. 『淵海子平』 「五行發用定例」의 月律分野分野之圖에는 地支가 寅일때는 餘氣 7日, 中氣 7日, 本氣 16日이고, 巳일때는 餘氣 5日, 中氣 9日, 本氣 16日이고, 申일때는 餘氣 10日, 中氣 3日, 本氣 17日이고, 亥일때는 餘氣 7日, 中氣 5日, 本氣 18日이고, 卯·酉·子일때는 餘氣 10日, 本氣 20日이고, 辰·戌·丑·未일때는 餘氣 9日, 中氣 3日, 本氣 18日로 기술하고 있다. 그리고 地支가 午일때는 餘氣 10日, 中氣 10日, 本氣 10日로 기술되어 있고, 『子平眞詮』 「論陰陽生死」의 十二月令人元司令 分野表에는 地支가 寅일때는 餘氣 7日, 中氣 7日, 本氣 16日이고, 巳일때는 餘氣 5日, 中氣 9日, 本氣 16日이고, 申일때는 餘氣 10日, 中氣 3日, 本氣 17日이고, 亥일때는 餘氣 7日, 中氣 5日, 本氣 18日이고, 卯·酉·子일때는 餘氣 10日, 本氣 20日이고, 辰·戌·丑·未일때는 餘氣 9日, 中氣 3日, 本氣 18日로 기술하고 있다. 그리고 地支가 午일때는 餘氣 10日, 中氣 9日, 本氣 11日로 기술되어 있다.

"十干은 月令의 休·囚를 논하지 않고도, 다만 사주에 뿌리가 있기만 하면 능히 財, 官, 食神을 받아들일 수 있고 傷官과 七煞도 감당해낼 수 있다. 長生과 祿, 旺은 뿌리가 重한 것이고, 墓庫와 餘氣는 뿌리가 輕한 것이다. 하나의 比肩을 얻는 것은 地支 가운데서 하나의 墓庫를 얻는 것만 못하다. 甲木이 未土를 만나고 丙火가 戌土를 만나는 것과 같은 유형이다. …두 개의 比肩을 얻는 것은 하나의 餘氣를 얻는 것만 못하다. …세 개의 比肩을 얻는 것은 하나의 長生이나 祿刃을 얻는 것보다 못하다. …대개 比劫은 친구가 서로 도와주는 것과 같고, 通根은 가족이 <함께> 살아 갈 수 있는 것과 같기 때문이다. 天干에 많이 있는 것은 <地支에서> 뿌리가 重한 것만 못하니, 이치가 확실히 그러하다."[28]

위의 인용문의 내용은, 日干의 强弱을 정할 때 通根을 보는 이유를 밝힌 것이다. 日干과 月支[月令]와의 旺衰관계를 분석해 보는 것도 중요하지만, 사주의 地支에서 日干이 뿌리[根]를 가져야 강해질 수 있다는 것이다. 日干이 强하면 財星·官星·食神을 받아들일 수 있고, 傷官·七殺도 감당할 수 있다. 그리고 日干의 强함에 있어서도 通根한 가운데서 그 重하고 輕한 것이 있음을 짐작 할 수 있다.

이에 관한 내용은 天干에 있는 比肩의 개수와 地支에 있는 長生, 建祿, 帝旺, 墓庫, 餘氣를 비교하여 설명하고 있다. 天干에 比肩이 여러 개 있는 것 보다는 地支에 天干의 뿌리가 있는 것이 더 身强하다고 말한다. 즉, 通根을 가장 강하게 하는 것은 長生, 建祿, 帝旺으로 比肩 셋을 얻는 것 보다 强하고, 다음은 地支의 餘氣를 만나는 것이 比肩 둘을 얻는 것 보다 强하고, 마지막으로 墓庫는 比肩 하나를 얻는 것 보다 强하다는 것이다. 한편, 徐樂吾도 『子平粹言』에서 이와 비슷한 내용으로 天干의 强弱에 관해

28　『子平眞詮』,「論十干得時不旺失時不弱」: "十干不論月令休囚. 只要四柱有根, 便能受財官食神而當傷官七煞. 長生祿旺, 根之重者也, 墓庫餘氣, 根之輕者也. 得一比肩, 不如得支中一墓庫. 如甲逢未, 丙逢戌之類. …得二比肩, 不如得一餘氣. …得三比肩, 不如得一長生祿刃. …蓋比劫如朋友之相扶, 通根如室家之可住. 干多不如根重, 理固然也."

다음과 같이 기술하고 있다.

　　"干支의 强弱의 이치는 地支는 무겁고, 天干은 가볍다. 地支의 힘은 알차고, 天干의 氣는 떠다니기 때문에, 天干은 반드시 地支에 뿌리를 내려야 힘이 있게 되고, 地支속의 人元은 또한 天干에 나와야 그 쓰임을 드러나게 된다. 天干은 地支를 뿌리로 삼으니, 長生·臨官·帝旺은 뿌리가 重한 것이고, 墓庫·餘氣는 뿌리가 輕한 것이다. 甲乙木이 未를 보면 墓庫이고, 辰을 보면 餘氣인데, 丑戌은 이와 다르다."[29]

　　위의 인용문에서도 天干은 반드시 地支의 뿌리를 내려야 身强하게 된다는 것을 밝히고 있다. 그리고 인용문의 臨官은 建祿을 말한다. 지금까지 살펴 본 天干의 通根에 관한 내용을 도표로 정리하면 다음과 같다.

표 6. 天干의 뿌리[根]가 되는 地支

天干	뿌리[根]가 되는 地支
甲·乙	寅, 卯, 辰, 亥, 未
丙·丁	巳, 午, 未, 寅, 戌
戊·己	辰, 戌, 丑, 未, 巳, 午
庚·辛	申, 酉, 戌, 巳, 丑
壬·癸	亥, 子, 丑, 申, 辰

29　『子平粹言』, 「論旺衰强弱」: "干支强弱之理, 支重而干輕. 支之力實, 而干之氣浮, 故干必須通根, 方爲有力, 而支中人元, 又以透出於干爲顯其用. 干以支爲根, 長生臨官帝旺, 根之重者也, 墓庫餘氣, 根之輕者也. 甲乙木見未爲墓庫, 見辰爲餘氣, 丑戌非是."

위의 도표를 살펴보면, 각 五行의 建祿, 帝旺, 長生, 墓庫, 餘氣로 地藏干에 해당 天干의 뿌리[根]가 있는 것을 알 수 있다. 甲木·乙木의 墓, 庫인 未土 支藏干에는 '乙'이 있으며, 辰土 支藏干 餘氣에는 '乙'이 있으니 甲木·乙木의 뿌리[根]가 있다. 甲木·乙木의 長生, 建祿, 帝旺支의 支藏干에도 '甲'과 '乙'이 들어 있어서 天干의 甲木·乙木의 뿌리가 있다.

한편, 지금까지 살펴 본 내용은, 이 책의 '제2장 2. 十二運氣'에서 밝힌 바와 같이 十二運氣[十二運星]의 陽生陰死의 이론을 따르지 않은 것이며, 天干을 陰陽으로 구분하지 않고 五行의 관점으로만 본 것이다. 즉 徐樂吾는 通根에 대해서는 天干이 地支로부터 받는 기운을 天干을 陰과 陽으로 나누지 않고 단지 五行만으로 보는 입장을 취하고 있는 것이다. 徐樂吾의 이러한 견해는 『子平眞詮評註』에서도 살펴 볼 수 있는데, 그 내용은 다음과 같다.

"墓庫란 本身의 庫이니, 未는 木의 庫가 되고, 戌은 火의 庫가 되고, 辰은 水의 庫가 되고, 丑은 金의 庫가 된다. 하지만 墓庫는 長生이나 祿, 旺처럼 널리 통용되는 것은 아니다. 餘氣 역시 그러하니, 辰은 木의 餘氣가 되고, 未는 火의 餘氣가 되고, 戌은 金의 餘氣가 되고, 丑은 水의 餘氣가 된다. (陰陽生死장의 人元司令圖表를 참고해서 보라.) 清明后 十二日은 乙木이 司令하니, 가벼운 것 같아도 가볍지 않고, 土가 旺해진 후에는, 곧 가벼운 것이 되지만, 역시 하나의 比劫에 견줄 수 있는 것이다. 만약 乙이 戌을 보고, 또 丁이 丑을 보면, 자신의 庫 또는 餘氣가 아니기 때문에, 자연히 通根으로 논하지 않는다."[30]

---

30 『子平眞詮』, 「論十干得時不旺失時不弱」<註>: "墓庫者, 本身之庫也, 如未爲木庫,戌爲火庫, 辰爲水庫, 丑爲金庫. 不能通用與長生祿旺同. 餘氣亦然, 辰爲木之餘氣, 未爲火之餘氣, 戌爲金之餘氣, 丑爲水之餘氣.(參觀論陰陽生死章人元司令圖表.) 蓋清明後十二日, 乙木猶司令, 輕而不輕, 在土旺之後, 則爲輕矣, 然亦可抵一比劫也. 若乙逢戌, 丁逢丑.非其本庫餘氣, 自不作通根論." 덧붙여 말하면, 같은 책에 있는 十二月令人元司令分野表에는 清明후 乙木 司令日이 九日로 되어 있다.

위의 인용문에 의하면, 地支의 地藏干에 日干과 같은 五行이 있느냐 없느냐 하는 점이 通根여부를 판단하는 기준으로 보고 있다. 天干에 있는 글자가 地支에 뿌리[根]가 되는 五行이 있다는 것은 地支에 자신의 기반 세력이 있다는 것과 같다. 地支 地藏干에 동일한 五行을 가지고 있는 天干은 身強하다고 볼 수 있다. 거듭 말해, 日干의 뿌리[根]가 있는가, 없는가 하는 문제는 地藏干에 日干과 같은 五行이 있는가, 없는가 하는 문제인 것이다. 주지하듯이, 地藏干에 天干의 五行과 동일한 五行이 있을 경우에는 天干의 五行은 地藏干에 通根하여 身強하다고 말하는 것이다.

이상에서 살펴본 바와 같이 通根에도 地支의 상태에 따라 強弱이 다르다는 것을 알 수 있다. 天干이 地支에 通根한 경우 強弱을 정하는 우선순위로, 제일 強한 通根은 日干이 建祿·帝旺에 通根하는 경우이고, 그 다음으로 長生에 通根하는 경우이다. 마지막으로 地藏干의 餘期와 墓庫에 通根하는 경우이다. 그리고 日干이 地支에 通根했다고 하더라도 어느 자리에 뿌리를 내렸는지에 따라서 強弱을 다르게 보고 있다. 일반적으로 현대 명리학에서는 日干의 경우에는 日干의 앉은 자리인 日支에 통근 한 것이 가장 強하고, 그 다음은 月支에 通根하는 것이고, 그 다음이 時支이고, 마지막으로 年支 순으로 보고 있다.

한편, 일반적으로 日干의 身強과 身弱을 판단하는 조건으로 得令, 得勢, 得地가 있다. 得令, 得勢, 得地의 조건들이 어떠한 경우에 해당하는지 명리원전을 통해 살펴보고자 한다.

2) 得令, 得勢, 得地

『命理約言』과 『子平眞詮評註』에서는 日干이 身強한지 身弱한지의 여부를 파악할 때 得令, 得勢, 得地를 그 판단 기준으로 삼아야 한다는 내용을 다음과 같이 기술하고 있다.

"推命할 때 먼저 日干을 살피어, 혹 得時했는지, 혹은 失時했는지, 혹 得勢했는지, 혹은 失勢했는지를 본다."[31]

"旺衰强弱의 네 글자를 옛사람들은 命을 논할 때, 매번 두루뭉실[籠統]하게 서로 사용했는데, 모름지기 분별해서 살펴야하는 것을 모른 것이다. 대체로 得時한 것을 旺이라고 하고, 失時한 것을 衰라고 하며, 무리를 지어 많은 것을 强이라고 하고, 도움 부족한 것을 弱이라고 한다. 그러므로 旺하지만 弱한 것이 있고, 또 衰하지만 强한 것이 있으니, 분별하여 살피면 그 이치가 자명하다. 春木·夏火·秋金·冬水는 得時한 것이다. 比劫과 印綬가 通根하여 도와주면 무리지어 많은 것이 된다. 甲乙木이 寅卯月에 生하면, 得時했으니 旺한 것인데, 天干에 庚辛이 있고 地支에 酉丑이 있어서 金이 무리를 지어 많으면, 木의 도움이 부족한 것이고, 天干에 丙丁이 있고 地支에 巳午의 火가 무리를 지어 많으면, 木은 洩氣가 너무 심하니, 비록 月令을 잡았지만 강하지 않게 된다. 甲乙木이 申酉月에 生하면, 失時하여 衰한 것인데, 比劫과 印綬가 重疊하여 있고, 또한 年日時의 地支에 다시 比劫과 印綬가 通根하면, 즉 무리지어 많으면, 비록 失時했다고 해도 약하지 않은 것이다. 日主만 이와 같을 뿐만 아니고, 喜神, 用神, 忌神도 이와 같이 논한다."[32]

위의 인용문에서는 得令과 得勢의 의미를 잘 나타내고 있는데, 日干의 身强身弱을 구분할 때 두 책에서는 이전의 通根개념과 달리 得勢와 得時[33]라는 용어로 身强하다고

---

31 『命理約言』, 「看命總法二」: "推命先看日干, 或得時, 或失時, 或得勢, 或失勢."

32 『子平眞詮』, 「論十干得時不旺失時不弱」<註>: "旺衰强弱四字, 昔人論命, 每籠統互用, 不知須分別看也. 大致得時爲旺, 失時爲衰, 黨衆爲强, 助寡爲弱. 故有雖旺而弱者, 亦有雖衰而强者, 分別觀之, 其理自明. 春木夏火秋金冬水爲得時. 比劫印綬通根扶助爲黨衆. 甲乙木生於寅卯月, 爲得時者旺, 干庚辛而支酉丑, 則金之黨衆, 而木之助寡, 干丙丁而支巳午, 則火之黨衆, 木洩氣太重, 雖秉令而不强也. 甲乙木生於申酉月, 爲失時則衰, 若比印重疊, 年日時支, 又通根比印, 即爲黨衆, 雖失時而不弱也. 不特日主如此, 喜用忌神, 皆同此論."

33 여기서 得時란 時節을 얻은 것으로, 月支를 얻는 것을 말하며, 時支를 얻은 것이 아니다.

말하고 있으며, 失勢와 失時라는 용어를 사용하여 身弱하다고 설명하고 있다. 得時는 月支를 얻은 것[得令]이고, 得勢는 月支를 제외한 타 干支에서 印星과 比劫이 많은 것을 말한다. 失時[失令]는 月支를 얻지 못한 것을 말하고, 失勢는 月支를 제외한 타 干支에서 食傷, 財星, 官殺이 많은 것을 말한다.

또 得地에 대해서는 『命理約言』「看命總法二」에서 "推命할 때 먼저 日干을 살피어, …아랫자리[下坐]의 地支가 무엇인지, 옆에 있는 天干은 무엇인지를 보며, …年干의 경우에도, 우선 得時, 得勢여부를 살피고, 아랫자리[下坐]의 地支가 무엇인지, 또 옆에 있는 天干은 무엇인지를 본다"[34]고 기술하고 있는데, 이를 통해 볼 때 得地란 日干[또는 天干]의 바로 아랫자리[下坐]의 地支를 얻는 것을 의미함을 알 수 있다. 즉, 日干이 日支를 얻음을 말한다.

따라서 사주명리학에서는 日干이 月支에서 生助의 氣를 얻은 것을 得令이라 말하고, 日干이 月支와 日支를 제외한 나머지 天干과 地支로부터 生助의 氣를 많이 받고 있는 것을 得勢라 말한다. 그리고 또, 日干이 日支에서 生助의 氣를 얻은 것을 得地라고 말하고 있다.

다시 말하자면, 得令이란 日干을 月支에 대비할 때 印星과 比劫에 해당하는 경우를 말하고, 得勢란 日干이 사주의 干支 7글자 중 日干을 生助하는 印星과 比劫이 많은 경우를 말한다. 그리고 得地란 日干을 日支에 대비할 때 印星과 比劫에 해당하는 경우를 말하는 것이다. 즉, 日干의 身强과 身弱의 판단에 있어 日干이 得令, 得勢, 得地를 하면 身强하게 되고 失令, 失勢, 失地를 하면 身弱하게 된다는 것이다. 梁元碩은 得令, 得勢, 得地을 기준으로 삼아 日干의 身强과 身弱을 8단계로 나눈 후, 이를 다음과 같이 도표로 나타내고 있다.

---

34 『命理約言』,「看命總法二」: "推命先看日干, …下坐某支, 緊貼某干, …如看年干, 先看得時得勢否, 下坐何支, 緊貼何干."

표 7. 日干의 身强身弱

구분	最强	中强	强	弱變强	强變弱	弱	中弱	最弱
得令	○	○	○	×	○	×	×	×
得勢	○	○	×	○	×	○	×	×
得地	○	×	○	○	×	×	○	×

위의 도표[35]와 같은 내용을 기준으로 삼아 日干의 身强身弱을 판단하는 것은 어느 정도 타당하다고 볼 수 있겠지만, 전적으로 위의 도표의 내용에만 의지하여 日干의 身强身弱을 판단해서는 안 된다는 것이 필자의 생각이다. 왜냐하면 日干의 身强身弱의 판단은 단순히 위의 도표와 같이 공식화하여 판단을 내릴 수 있는 것이 아니기 때문이다. 따라서 日干의 身强과 身弱은 日干이 地支 通根상태와 通根한 자리, 得令, 得勢, 得地 및 合·刑·沖 등의 변화 작용까지 고려하여 종합적으로 판단해야 하는 것이 마땅하다.

이어서 필자는 日干과의 가족관계 및 사회관계를 인식하기 위한 十神에 대해서 고찰해 본다.

---

35   梁元碩, 『白民의 四柱命理學 개론』, 백민역학연구원, 2002, 385쪽.

제3장 十神

1. 명리고전에서의 十神의 의미와 개념

사주명리학에서의 十神은 日干을 기준으로 해서 十天干인 甲·乙·丙·丁·戊·己·庚·辛·壬·癸와의 관계를 나타낸 열 가지의 神[비견, 겁재, 식신, 상관, 편재, 정재, 편관, 정관, 편인, 정인]을 말한다. 이는 五行의 生하고, 剋하고, 동일한 五行의 관계와 陰陽이 서로 같거나 다른 관계를 적용시켰을 때 나타나는 결과를, 日干을 중심으로 하여 나머지 干支와의 관계를 설명할 때 필요한 것이 十神이다.[1] 이것이 사주 분석에 있어서 핵심이 된다. 十神은 命主의 가족관계[六親]와 사회관계를 의미한다. 사주명리학에서 陰陽五行의 生剋制化[2]나 運路의 吉凶을 알아서 진퇴를 결정하고 避凶趨吉하는 것이 중요하지만, 인간관계의 吉凶과 사연도 매우 중요한 것이다. 六親이란 父母, 兄第[姉妹], 妻, 子를 말하는데,[3] 사주에서 日干의 가족[인간]관계를 일컫는 용어이다. 六親에 관하여 설명한 내용은 『淮南子』[4] 「天文訓」에서 그 근거를 찾아 볼 수 있는데, 그 내용은 다음과 같다.

---

1   五行論의 측면에서 十神을 언급하면 다음과 같다. 生을 받은 五行이나 十神은 강해지며, 生을 한 五行이나 十神은 약해지고, 剋을 한 五行이나 十神은 약해지고, 剋을 받은 五行이나 十神도 약해진다. 또, 比和를 한 五行이나 十神은 강해진다.

표 8. 十神五行生剋圖

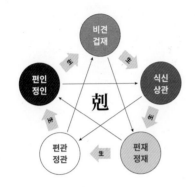

相生:　　比和者　　　　　我生者　　　　　我剋者　　　　　剋我者　　　　　生我者

　　　木(비겁, 甲乙) → 火(식상, 丙丁) → 土(재성, 戊己) → 金(관성, 庚辛) → 水(인성, 壬癸)

　　　火(비겁, 丙丁) → 土(식상, 戊己) → 金(재성, 庚辛) → 水(관성, 壬癸) → 木(인성, 甲乙)

　　　土(비겁, 戊己) → 金(식상, 庚辛) → 水(재성, 壬癸) → 木(관성, 甲乙) → 火(인성, 丙丁)

　　　金(비겁, 庚辛) → 水(식상, 壬癸) → 木(재성, 甲乙) → 火(관성, 丙丁) → 土(인성, 戊己)

　　　水(비겁, 壬癸) → 木(식상, 甲乙) → 火(재성, 丙丁) → 土(관성, 戊己) → 金(인성, 庚辛)

相剋:　　比和者　　　　　我剋者　　　　　生我者　　　　　我生者　　　　　剋我者

　　　木(비겁, 甲乙) → 土(재성, 戊己) → 水(인성, 壬癸) → 火(식상, 丙丁) → 金(관성, 庚辛)

　　　火(비겁, 丙丁) → 金(재성, 庚辛) → 木(인성, 甲乙) → 土(식상, 戊己) → 水(관성, 壬癸)

　　　土(비겁, 戊己) → 水(재성, 壬癸) → 火(인성, 丙丁) → 金(식상, 庚辛) → 木(관성, 甲乙)

　　　金(비겁, 庚辛) → 木(재성, 甲乙) → 土(인성, 戊己) → 水(식상, 壬癸) → 火(관성, 丙丁)

　　　水(비겁, 壬癸) → 火(재성, 丙丁) → 金(인성, 庚辛) → 木(식상, 甲乙) → 土(관성, 戊己)

2　申六泉,『四柱命理學大事典』, 甲乙堂, 2013, 1061쪽에 의하면, '生'은 사물을 生하여 육성하는 것이며, '剋'은 싸우고 傷하게 하는 것으로서, '生'과 '剋'은 변화와 동기의 원리이면서 작용인 것이다. '制'는 日干 또는 用神을 傷하게 하는 것을 항복하게 하는 작용이고, '化'는 惡한 작용을 하는 것을 나의 用으로 하여 善으로 돌아오게 한다.

3　『淵海子平』,「六親總論」: "夫六親者, 父母兄弟妻財子孫是也."

4　『淮南子』는 前漢시대 淮南王 劉安(기원전 179-기원전 122)의 명에 의해 편찬한 서적으로 전 21편으로 구성되어 있다. 그 내용은『老子』의 道사상과『莊子』의 進사상을 중심으로 현실세계의 근원을 논하는「原道訓」,「俶眞訓」2편으로 시작되며, 이어서 天地의 존재 방식을 설명하는「天文訓」,「地形訓」,「時則訓」3편이 있고, 그리고 현실세계의 양상을 적은 정치론, 인생론, 전략론 등이 서술되어 있다.『淮南子』에는 道家사상뿐만 아니라 儒家, 法家 등의 다양한 諸子百家의 사상이 담겨져 있다.

"水生木하고, 木生火하고, 火生土하고, 土生金하고, 金生水한다. 자식이 어미를 生하면 의롭다[義]고 하고, 어미가 자식을 生하면 보호하여 양육한다[保]고 하고, 자식과 어미가 서로 뜻을 얻으면 전일하다[專]고 하고, 어미가 자식을 이기면 억제한다[制]고 하고, 자식이 어미를 이기면 괴로움을 당한다[困]고 한다. 이김으로써 살육하면 승리는 하지만 보은을 받지 못하고, 전일함으로 일을 해나가면 둘 다 공이 있게 되고, 의로움으로 이치를 행하면 명성이 세워져 추락하지 않고, 보호함으로 양육하면 만물이 번창하고, 괴로움을 당하는 채로 일을 거행하면 파멸하여 죽게 된다."[5]

위의 인용문에서 보면, 五行의 生과 勝으로 吉凶을 말하고 있다. 六親을 五行들의 관계와 어미와 자식이라는 인간관계를 비교하여 生剋의 개념을 설명하고 있다. 어미와 자식의 관계가 生이면 義나 保로서 吉로 보고 있으며, 勝이면 制나 困으로 凶으로 보고 있다. 다음으로 漢나라 京房[6]은 六親을 『京氏易傳』「卷上」에서 부모와 자식 간의 生剋 관계를 활용해서 乾卦를 설명하면서 다음과 같이 기술하고 있다.

"水에 배정되는 자리는 福德이 되고, 木이 金鄕에 들어가 거처하니 寶貝가 된다. 土가

---

5 『淮南子』, 「天文訓」: "水生木, 木生火, 火生土, 土生金, 金生水. 子生母曰義, 母生子曰保, 子母相得曰專, 母勝子曰制, 子勝母曰困. 以勝擊殺, 勝而無報, 以專從事, 而有功, 以義行理, 名立而不墮, 以保畜養, 萬物蕃昌, 以困擧事, 破滅死亡."

6 京房(기원전 77-기원전 37)은 漢代의 象數易을 대표하는 학자이다. 『漢書』「儒林傳」과「京房傳」의 내용을 간추리면, 경방은 본래의 성은 李氏, 字는 君明이나 京氏로 성을 바꾸었고, 焦延壽에게 易을 배웠으며, 初元4년(기원전 45), 34세의 나이에 孝廉으로 郎이 되었고, 災異에 밝아 임금의 총애를 받았으나 石顯의 모함으로 41세의 나이에 주살 당하였다. 그의 역학은 東海의 殷嘉, 河東의 姚平, 河南의 乘弘에게 전수되었으며, 그들은 모두 郎과 博士가 되어 경방역학이 존재하게 되었다고 밝히고 있다. 경방역학은 『周易』의 義理나 哲理를 밝히는 역이 아니라 천문역법과 陰陽五行을 통해 『周易』 卦爻의 상을 읽고 해석하는 象數易學방식이었다. 저서로는 『易論』과 象數易의 내용을 담은 『京氏易傳』, 『易傳積算法雜占條例』 등이 있다. 여기에 서술한 京房의 生涯와 著述은, 정하용, 「卦氣易學과 命理學의 원류에 관한 연구」, 동방대 박사청구논문, 2013, 80-81쪽을 참고하여 쓴 것이다.

안의 象에 임하여 父母가 된다. 火가 4爻로 와서 서로 미워하고 대적한다. 金이 金鄕으로 들어가니 木이 점차로 희미해진다."[7]

위의 인용문의 내용을 설명하자면, 乾卦는 八宮에서 金에 해당한다. 이를 바탕으로 金은 부모로서 자식인 初爻 水를 생하는데, 京房은 이를 福德이라고 하였고, 木이 金鄕에 들어갔다는 것을 金剋木으로 보고 寶貝라고 하였다. 또한 金이 土를 만나면 土生金이 되는데, 이를 父母라고 하였으며, 金이 火를 만나면 火剋金이 되는데, 이를 서로 敵을 진다고 하였다. 마지막으로 金이 金을 만나면 金의 세력이 강해지니 오히려 木이 약해진다고 하였다. 이는 京房이 五行의 生剋을 활용하여 六親관계를 나타내고 있는 것이다.[8] 그리고 『京氏易傳』「卷下」에서는 卦와 爻사이의 五行 간의 生剋관계에 대하여 다음과 같이 기술하고 있다.

"八卦에서 鬼는 매어두는[繫] 爻이고, 財는 억누르는[制] 爻이고, 天地는 의로운[義] 爻이고[天地는 父母다], 福德은 보배로운[寶] 爻이고[福德은 子孫이다], 同氣는 전일한[專] 爻이다[兄弟 爻다]."[9]

---

7 『京氏易傳』,「卷上」: "水配位爲福德, 木入金鄕居寶貝. 土臨內象爲父母. 火來四上嫌相敵. 金入金鄕木漸微."

8 오늘날 六爻에서 쓰는 방식으로 전환하면 다음과 같이 표시할 수 있다.
   父母 戌 | 世
   兄弟 申 |
   官鬼 午 |
   父母 辰 | 應
   妻財 寅 |
   子孫 子 |
   乾卦는 乾宮卦에 속하므로 乾金을 중심으로 보면 父母는 戌土와 辰土이고, 兄弟는 申金이고, 官鬼는 午火이고, 妻財는 寅木이 되고, 子孫은 子水가 되어 위처럼 표시하고 있다.(김용연·노응근, 『이것이 神이 내려주는 점술이다』, 안암문화사, 1978, 39-45쪽 참조.)

9 『京氏易傳』,「卷下」: "八卦鬼爲繫爻, 財爲制爻, 天地爲義爻[天地卽父母也.], 福德爲寶爻[福德卽子孫

위의 인용문에 잘 나타나 있듯이, 爻가 卦를 剋하고 있는 관계를 繫라고 여기고, 卦가 爻를 극하고 있는 관계를 制라고 여기고, 爻가 卦를 기르는 관계를 義라고 여기고, 卦가 爻를 기르는 것을 寶라고 여기고, 卦와 爻가 전일한 관계를 專이라고 여긴다.[10] 繫라는 것은 속박이며 구속이다. 繫는 『淮南子』「天文訓」의 困과 같은 뜻이며, 寶는 『淮南子』「天文訓」의 保와 같다. 制, 專, 義 등은 『京氏易傳』과 『淮南子』에서 동일하게 쓰이고 있다.

오늘날 <六爻에서> 繫爻의 '鬼'는 '官鬼'로, 制爻의 '財'는 '妻財'로, 義爻의 '天地'는 '父母'로, 寶爻의 '福德'은 '子孫'으로, 專爻의 '同氣'는 '兄弟'로 사용되고 있다.[11]

위의 내용을 정리하면 다음 도표와 같다.

표 9. 『淮南子』, 『京氏易傳』 및 오늘날의 六親의 명칭

구분	『淮南子』	『京氏易傳』	오늘날
자식 生 어미[12]	義	義[天地]	父母 (生我者)
어미 生 자식	保	寶[福德]	子孫 (我生者)
자식=어미	專	專[同氣]	兄弟 (同氣)
어미 勝 자식	制	制[財]	妻와 財産 (我剋者)
자식 勝 어미	困	繫[鬼]	官鬼 (剋我者)

『淮南子』와 『京氏易傳』의 六親을 뜻하는 말들을 비교해 보면, 다소 차이가 있지만

也.], 同氣爲專爻[兄弟爻也.]."

10   繫는 매어둔다, 制는 억누른다, 義는 의롭다, 寶는 보배롭다, 專은 전일하다는 뜻이다.

11   李起善, 「京房易의 구성체계와 응용에 관한 연구」, 원광대 박사청구논문, 2015, 84쪽 참조.

12   '자식 生 어미'라는 말은 <爻가 卦를 기르는 관계로> '자식이 어미를 봉양 한다'라는 의미이다.

용어들이 일부분 같고, 용어가 다르다고 하더라도 그 뜻하는 바는 비슷한 점이 많다. 그리고『淮南子』와『京氏易傳』의 五行生剋에 따른 명칭은 후일의 六親과 十神의 개념에 많은 영향을 주고 있다. 宋初 徐子平[13]의『淵海子平』「六親總論」, 明代 萬民英[14]의『三命通會』「論六親」, 淸代 任鐵樵의『適天髓闡微』「夫妻」에서는 六親을 다음과 같이 기술하고 있는데, 이는 오늘날 사주명리학에서 사용하고 있는 六親의 개념과 같다.

"대저 六親이란, 부모·형제·처재·자손을 말한다."[15]

"陰陽이 어떻게 배합이 되어 夫婦가 되고 六親을 이루는 것인가? 甲이 乙을 누이[妹]로 삼아, 庚에게 배합하여 아내[妻]가 되게 하며, 丙은 丁을 누이로 삼아, 壬에게 배합하여 아내가 되게 하며, 戊는 己를 누이로 삼아, 甲에게 배합하여 아내가 되게 하며, 庚은 辛을 누이로 삼아, 丙에게 배합하여 아내가 되게 하며, 壬은 癸를 누이로 삼아, 戊에게 배합하여 아내가 되게 한다. 一陰一陽이 배합하여, 부부가 되는 것이다. 부부가 있은

---

13 "徐子平(?~?)은 이름은 居易이고 字는 子平인데, 정확한 생몰 연대는 확인되지 않으나 五代에서 宋代 초기에 생존했던 인물로 추정하고 있다. 그는 東海 (지금의 江蘇省 東海縣) 사람으로 현대 명리학이론의 바탕이 되는 子平이론을 창안하였다. 저서로는『珞琭子三命消息賦註』,『玉照神應眞經註』등이 있다. 후일 南宋의 徐升은 徐子平의 子平法을 계승하면서 특히 日干을 중심으로 生剋 관계를 분석해 내는 六神이론을 체계화시켰다. 그의 저술로는『淵海』,『三命淵源』,『定眞論』등이 있는데, 唐代의 唐錦池가『淵海』와『三命淵源』을 합본하여『淵海子平』을 편찬하였다. 日干을 중심으로 삼아 五行의 生剋制化에 의해 看命하는 子平命理學이 학문으로서 완성된 것은 宋나라 초기의 徐子平으로 보는 것이 통설이다. 그의 학설을 최초로 소개한 고전 명리서가『淵海子平』인 것이다."(김준호·이강대,「地藏干의 四柱看命의 活用에 관하여」,『디지털문화콘텐츠』제27집, 대구한의대 디지털문화콘텐츠개발연구소, 2017, 27쪽.)

14 萬民英(1521-1603)은 明代 사람인데, 자는 汝豪이고, 호는 育吾이다. 벼슬은 明나라 嘉靖임금 庚戌년에 進士에 급제를 했으며, 河南省 都御使, 福建省의 布政司에서 參議까지 하였다. 저서로는『三命通會』와『星學大成』이 있다.『三命通會』는 사주명리학의 命式 구성과 명조 판독 방법을 집대성하였고, 陰陽五行과 天干 地支의 기원에서부터『三命通會』가 저술되기 전에 존재했던 사주명리학의 제반 학설이 거의 대부분 수록되어 있어, 사주명리학의 백과사전이라 불리고 있다.

15 『淵海子平』,「六親總論」: "夫六親者, 父母兄弟妻財子孫是也."

연후에 부자가 있으며, 부자가 있은 연후에 형제자매가 있다. 그래서 六親은 부모·형제·처·자가 되는 것이다."[16]

"生我者는 부모이며 偏印과 正印을 말하고, 我生者는 자녀이며 食神과 傷官을 말하고, 我剋者는 아내와 첩이며 偏財와 正財를 말하고, 剋我者는 官鬼이며 조부를 말하고, 同我者는 형제이며 比肩과 劫財이다."[17]

위의 인용문의 내용에서 보면, 六親은 五行生剋을 바탕으로 한 가족관계를 대입한 것으로 볼 수 있으며 가족관계의 吉凶 등을 판단하는 데 활용할 수 있다. 그래서 이는 오늘날 命主의 가족들에 대한 吉凶을 예측하는데 사용되고 있다. 이 六親은 陰陽五行의 生剋관계를 가족관계 술어로 환원한 것이다.

일반적으로 현대 명리학에서는 六神과 十神이라는 두 개념이 잘 구분이 되지 않은 채 혼용되고 있으나, 이 책에서는 十神으로 칭하기로 한다. 十神은 日干을 기준으로 열 개의 天干들과 五行生剋과 陰陽의 관계를 함께 적용시켰을 때 나타나는 개념들인데, 比肩, 劫財, 食神, 傷官, 偏財, 正財, 偏官, 正官, 偏印, 正印으로 구성된다. 十神은 제각각 상징적인 의미를 지니며 그 陰陽, 五行과 더불어 사주해석의 중요한 기능을 담당한다. 十神의 내용을 宋代『淵海子平』, 明代『三命通會』, 淸代『命理約言』등을 통하여 살펴보고자 한다. 『淵海子平』「五行發用定例」와「論日爲主」에서는 十神의 내용을 다음과 같이 기술하고 있다.

---

16 『三命通會』,「論六親」: "陰陽何所配合, 爲夫婦以成六親. 如甲以乙爲妹, 配與庚金爲妻, 丙以丁爲妹, 配與壬水爲妻, 戊爲己配甲, 庚以辛配丙, 壬以癸配戊. 一陰一陽, 配成夫婦. 有夫婦, 然後有父子, 有父子, 然後有兄弟. 六親者, 父母兄弟妻子也."

17 『滴天髓闡微』,「夫妻」: "生我者爲父母, 偏正印綬是也, 我生者爲子女, 食神傷官是也, 我剋者爲婦妾, 偏正財星是也, 剋我者爲官鬼, 祖父是也, 同我者爲兄弟, 比肩劫財是也."

"剋我者는 正官과 偏官이요, 生我者는 正印과 偏印이요, 我剋者는 正財와 偏財요, 我生者는 傷官과 食神이요, 比肩者[어깨를 나란히 하는 사람]는 劫財와 敗財이다."[18]

"첫째, 官을 陰陽으로 구분하여 官이라하고 殺이라고 한다. 甲乙이 庚辛을 본 것이다. (甲이 庚을 보면 殺이 되는데, 陽이 陽을 본 것이다. 甲이 辛을 보면 官이 되는데, 陽이 陰을 본 것이다. 乙木에 庚은 官이요, 辛을 보면 殺이 된다.) 둘째, 財를 陰陽으로 구분하여 正財와 偏財라고 한다. 甲乙이 戊己를 보는 것이다. (陽이 陰을 보면 正財가 되고, 陰이 陰을 보면 偏財가 된다.) 셋째, 生해주는 기운의 陰陽으로, 印綬라 하고 倒食이라고 하며, 甲乙이 壬癸를 보는 것이다. (甲이 癸를, 乙이 壬을 보면 印綬가 되고, 甲이 壬을 보거나, 乙이 癸를 보면 偏印이 된다.) 넷째, 竊氣의 陰陽으로, 食神이라하고 傷官이라고 한다. 甲乙이 丙丁을 보는 것이다. (甲이 丙을 보면 食神, 丁을 보면 傷官, 乙이 丁을 보면 食神, 丙을 보면 傷官이다.) 다섯째, 同類의 陰陽으로, 劫財라 하고 羊刃이라고 한다. 甲乙이 甲乙을 보는 것이다. (陽이 陽을보면 羊刃, 陰이 陽을 보면 劫財이다.) 대저 貴賤壽夭死生이, 모두 다섯 가지를 벗어나지 않는다."[19]

그리고 『三命通會』「論古人立印食官財名義」에서는 十神을 다음과 같이 자세히 기술하고 있다.

---

18 『淵海子平』,「五行発用定例」<註>: "剋我者爲正官偏官, 生我者爲正印偏印, 我剋者爲正財偏財, 我生者爲傷官食神, 比肩者爲劫財敗財."

19 『淵海子平』,「論日爲主」<註>: "一曰官分之陰陽, 曰官曰殺. 甲乙見庚辛也.(甲見庚爲殺, 陽見陽也. 見辛爲官, 陽見陰. 乙木庚爲官, 見辛爲殺.) 二曰財分之陰陽, 曰正財偏財. 甲乙見戊己是也.(陽見陰爲正財, 陰見陰爲偏財.) 三曰生氣之陰陽, 曰印綬曰倒食, 甲乙見壬癸是也.(甲見癸, 乙見壬爲印綬, 甲見壬, 乙見癸爲偏印.) 四曰竊氣之陰陽, 曰食神曰傷官. 甲乙見丙丁是也.(甲見丙爲食神, 見丁爲傷官, 乙見丁爲食神, 見丙爲傷官.) 五曰同類之陰陽, 曰劫財曰羊刃. 甲乙見甲乙是也.(陽見陽爲羊刃, 陰見陽爲劫財.) 大抵貴賤壽夭死生, 皆不出於五者."
徐升, 『淵海子平評註』, 武陵出版社, 2011, 57쪽에는 '見丁爲傷官'이 '見乙爲傷官'으로 되어 있으나 그 의미로 보면, 乙을 丁으로 표기하는 것이 옳다.

92 사주명리학에서의 십신과 용신

"生我者는 부모라는 뜻이 있다. 고로 印綬라 한다. 印이란 덕택[蔭]이고, 綬란 받다[受]이다. 비유컨대 부모의 은덕으로 자손에 陰庇[그늘로 덮음]하여 자손이 그 福을 받는 것이다. 조정에서 관청을 설립하여, 職을 몇 개 부분으로 나누어 印綬를 주고 관장케 하는데, 벼슬[官]은 있는데 印綬가 없으면 어떻게 憑據[증명할 근거]가 되겠으며, 사람에게 부모가 없으면 어디에 믿고 의지를 할 것인가? (라는 이치와 같다.) 그 이치는 하나로 통하고 둘이 아니다. 고로 印綬라 한다. 我生者는 자손이라는 뜻이 있다. 고로 食神이라 한다. 食이란 蟲이 物을 먹어 대개 손상시키는 것이다. 蟲이 物을 먹으면 포만감을 얻고, 사람이 食을 얻으면 物에 이득이 있고, 食이 피해를 보면 손상이 있다. 造化는 자식을 낳아 성장되게 기르는 것으로, 즉 사람이 자식을 양육하는 것은 부모의 道이다. 고로 食神이라 한다. 剋我者는 내가 사람에게 제압을 받는다는 뜻이다. 고로 官煞이라고 한다. 官은 棺이며, 煞은 害이다. 조정에는 관청과 사람이 더불어 있는데, 驅使[20]를 맡아 赴湯蹈火[21]도 감히 어김이 있어서는 안 되고, 심지어 棺속에 들어가도 뒷일이 따르니, 이것이 官의 害이다. 무릇 사람의 꿈에 棺을 보면 관직을 얻는데, 역시 이와 같은 의미이다. 고로 官煞이라 한다. 我剋者는 나의 剋制를 받는 사람이라는 뜻이다. 고로 妻財라고 한다. 사람이 장가들어 妻를 얻으면 妻는 妝奩[경대]과 田土를 가져와서 나를 섬기기를 종신토록 어김이 없도다. 나는 이것을 얻음으로써 自然[스스로 당연하게] 享用하여, 困乏하지 않게 된다. 이에 成家하고 자식을 낳게 되니, 이것은 妻室[아내]의 내조를 얻은 것이다. 고로 妻財라 한다."[22]

---

20 驅使는 <사람이나 동물을> 몰아서 부리는 것, <말이나 手段, 手法 등을> 능숙하게 다루거나 부리어 사용하는 것을 말한다.

21 赴湯蹈火는 물불을 가리지 않는다는 뜻으로, 어렵고 위험한 것을 가리지 않고 끓는 물이나 끓는 물이나 불속이라도 달려든다는 말이다.

22 『三命通會』, 「論古人立印食官財名義」: "生我者有父母之義. 故立名印綬. 印, 蔭也, 綬, 受也. 譬父母有恩德, 蔭庇子孫, 子孫得受其福. 朝廷設官分職, 畀以印綬, 使之掌管, 官而無印, 何所憑據, 人無父母, 何所怙恃. 其理通一無二. 故曰印綬. 我生者有子孫之義. 故立名食神. 食者如蟲食物, 蓋傷之也. 蟲得食物則飽, 人得食則益物, 被食則損. 造化以子成而致養, 即人子致養父母之道也. 故曰食神. 剋我者, 我受

『命理約言』에서는 十神에 대해서 다음과 같이 기술하고 있다.

  "나를 剋하는 자로서, 陽이 陰을 剋하거나 陰이 陽을 剋하는 관계이면 正官이 된다. 이와 반대의 경우를 七殺[偏官]이라고 부른다. 내가 剋하는 자로서, 陽이 陰을 剋하거나 陰이 陽을 剋하는 관계이면 正財가 된다. 이와 반대의 경우를 偏財라고 한다. 나를 生하는 자로서, 陽이 陰을 生하거나 陰이 陽을 생하는 관계이면 正印이 된다. 이와 반대의 경우를 梟神[偏印]이라고 한다. 내가 生하는 자로서, 陽이 陽을 生하거나 陰이 陰을 生하는 관계이면 食神이 된다. 이와 반대의 경우를 傷官이라 부른다. 나와 <五行이> 같은 자로서, 陽이 陽을 보거나 陰이 陰을 보는 관계이면 比肩이 되고 가히 내가 쓸 수 있는 것이다. 나와 <五行이> 다른 것으로 陽이 陰을 보거나 陰이 陽을 보는 관계이면 劫財가 되고 쟁투가 일어나는 관계이다."[23]

  위의 인용문에 잘 나타나 있듯이, 十神은 命主의 가족관계를 의미함과 동시에 사회관계를 의미하고 있다. 고대 가족공동사회에서 지역공동사회로의 급속한 시대적 사회 환경변화 속에서 十神은 가족[인간]관계의 의미에서 지역 공동사회 안에서의 사회관계로의 의미가 확장되어 현대 명리학에 적용되고 있다. 오늘날 十神은 사주에 대한 看命과 通變, 그리고 吉凶 판단에 중요하게 활용되고 있고, 또한 命主의 性情, 행동과 생활태도, 사회관 등을 파악하는 중요한 수단이 된다.

制於人之義. 故立名官煞. 官者棺也, 煞者害也. 朝廷以官與人, 此身屬之公家, 任其驅使, 赴湯蹈火, 不敢有違, 至於蓋棺而後已, 是官害之也. 凡人夢棺則得官, 亦是此義. 故曰官煞. 我剋者是人受制於我之義. 故立名妻財. 如人娶妻, 而妻有妝奩田土, 齎以事我, 終身無違. 我得自然享用, 不致困乏. 況人成家立産, 須得妻室內助. 故曰妻財."

23 『命理約言』, 「總綱賦」: "剋我者, 陽剋陰, 陰剋陽, 爲正官. 反是則有七殺之號. 我剋者, 陽剋陰, 陰剋陽, 爲正財. 反是則有偏財之名. 生我者, 陽生陰, 陰生陽, 爲正印. 反是則有梟神之目. 我生者, 陽生陽, 陰生陰, 爲食神. 反是則有傷官之稱. 同我者, 陽見陽, 陰見陰, 是爲比肩而可用. 異我者, 陽見陰, 陰見陽, 是爲劫財而起爭."

고재민은 "현대인들은 시대의 변화와 가족구조 및 구성원간의 가족개념의 인식 변화, 그리고 물질문명의 발달에 의해 자신을 중심으로 해서 가치를 추구하고 실현하려는 개인주의적 경향이 강하다. 무한경쟁을 통해서, 의욕적·저돌적 직업 활동을 통해서 자아만족과 성취감을 맛보려하기 때문에 왕성한 직업 활동에 의한 대가를 추구하려는 傷官이나, 특정분야, 특수계통 등에서 끈기와 집념으로 최고의 경지에 오르려는 偏印, 그리고 경제 질서, 경제상황의 변동성과 직업 활동의 불확실성, 위험의 노출빈도가 잦은 현대 사회에서는 때로는 조심성과 경계심, 재물집착을 보이는 劫財 성향이 필요한 때가 있다"[24]라고 언표하고 있다.

이와 같이 사주명리학에서 十神을 현대적으로 활용하기 위해서는 예전과는 변화된 가족관계와 급속하게 변화하는 사회관계를 구체적으로 인식하고서 十神을 활용하여야 할 것으로 본다. 이제 필자는 명리원전과 논문, 전문서적을 비교하여 十神의 특성에 대해서 고찰하고자 한다.

2. 十神의 특성

1) 比肩의 특성

비견은 日干과 음양과 오행이 같은 干支이다. 비견은 독립, 주관, 자아, 고집, 배짱, 주체성을 의미 하고, 인간관계는 형제, 자매, 직장동료, 동성친구를 의미한다.

『三命通會』에서는 比肩에 대해 "무릇 月令의 建祿은 조상의 업을 얻기 어렵고, 또 평생 재물을 모으지 못하고, 도리어 질병이 많고, 수명도 짧다. 運에서 다시 比肩을

---

24 高在民, 「四柱命理의 宮星과 格局用神論 研究」, 대구한의대 박사청구논문, 2016, 79쪽.

보면 妻, 父, 자식에 해로워 손상이 있고, 재물과 벼슬이 깨어지고, 처와 자식으로 인해서 財帛을 쟁탈 당한다"[25]고 하였다.

대만의 명리학자 何建忠은 比肩에 대해 "말이나 행동이 조심스럽지만 굽히거나 굴복함이 없이 강하고 씩씩하다. 일을 처리함에 있어 그 능력이 충분하지만 서두르지 않으면서 능력껏 발휘한다. 일을 진행하는 조작성[추진력]이 우수하나 뽐내거나 교만하지 않다. 일을 대처함에 있어서 자신이 있고 두려움이 없으며 그러면서도 거칠지 않다. 타인의 간섭을 받아들이지도, 또한 간섭하지도 않으며 주동적이며 자주적이다"[26]고 하였다.

신육천은 "비견은 自我獨斷, 獨立專橫, 分離反抗, 新規創建, 單純利他, 祖業不繼, 從手空拳, 分福盛衰를 의미한다. 비견은 일간 支柱로서 일간에 참여하여 일간을 강력하게 한다. 그러므로 일간은 비견을 보고 獨立獨步의 기개를 얻고 모든 일에 出頭하는 풍이 있다. 비견은 分福을 뜻하여 흉신에 속하나, 일간이 약할 때는 支柱가 되어 매우 유효한 작용을 한다. 그러나 신강한 命은 비견의 존재를 극도로 꺼린다. 그러므로 비견을 간명하는 방법은 신강·신약을 인정하는 데에 있다. 이것을 그르치면 지대한 과오를 범하게 된다. 비견이 태과하면 자아의식이 강하고 타인과 잘 충돌하며 불화와 분리의 상태가 된다. 이런 성질을 반성하지 않으면 和風스런 사람이 못된다"[27]고 하였다.

양원석은 "비견은 독립정신이나 분리 의지가 투철하며, 다른 사람을 의식하지 않고 자기 맘대로 행동하거나 자기주장을 내세우려는 고집이 강하여 다른 사람에게 굽히지 않는 타입이다. 따라서 그로 인해 다른 사람과의 불화는 물론 쟁론을 일으키거나 비방을 받기가 쉽다. 자존심이 강하고 다른 사람에게 지배당하기를 싫어하며 의지하

---

25 『三命通會』, 「論建祿」: "凡命月令建祿, 難招祖業, 必主平生見財不聚, 卻病少壽長. 行運再見比肩, 剋妻妨父損子. 或官非破財, 或因妻孥財帛爭奪."

26 『八字心理推命學』, 「十星的含義」: "剛健但不魯莽, 富於處事能力但不急切, 富操作性但行動較慢, 遇事不懼但不兇猛, 不可侵犯的但也不隨意侵犯, 主動, 自主."

27 申六泉, 『四柱命理學大事典』, 甲乙堂, 1986, 427쪽.

지 않으려는 성격으로, 과감한 행동을 잘 취하는 결단력과 추진력 그리고 박력이 있다. 공사를 구분할 줄 알고, 뇌물을 바라지 않는 성격으로 청렴성은 강하나, 바른말을 잘하거나 자기가 싫어하는 일은 절대로 하지 않아 타인의 미움을 사는 경우가 많다. 위엄과 자존심으로 뭉쳐있고 자기위주의 지배적인 스타일이라 부부간의 사이도 원만하지 않고 다투는 일이 많다"[28]고 하였다.

박주현은 "비견은 독립성, 자주성, 자존심, 주동적, 굳세지만 무모하지 않음, 생각하면서 바로 행동함, 자기의견을 견지함, 용맹함, 독단적으로 행동하지만 무모하지는 않음, 자발적이고 자주적임, 굳건함, 침범 당하는 것을 싫어함, 명령을 받지 않음, 재물을 중시하지 않음, 비굴하지 않다"[29]고 하였다.

김학목은 "비견은 일간과 음양과 오행이 같아서 나와 동일한 방향으로 운동하므로 금전과 같은 財를 剋하여 취하는 경쟁 상대로서 남자에게는 애인을 빼앗으려는 연적이기도 하면서, 食神이나 傷官을 生하는 데에 도움을 주어 강화시키기도 한다. 형제·친구·동료로서 함께 놀고 일하는 것이니, 형제애·우정·동업·협동·분배·지출·소비를 상징한다. 比肩은 나와 같은 운동방향 곧 뜻이 서로 일치해 財星을 剋하니, 소비라면 자발적인 소비라고 할 수 있다. 甲 日干이 天干에서 甲을 만나면 정신적으로 서로 경쟁하니 일의 지연이나 번거로움으로 해석한다. 반면 地支에서 寅을 만나면 하늘이 땅에서 자신의 뿌리를 얻은 格이다"[30]고 하였다.

강헌은 "비견은 지배당하는 것을 싫어하고, 추진력은 강한데 실속이 없다. 자신과 성별이 같은 동성과 친하게 지내며, 사업을 하더라도 동성의 고객을 대상으로 하는 편이 유리하다"[31]고 하였다.

---

28 梁元碩, 『白民의 四柱命理學 개론』, 백민역학연구원, 2002, 207쪽.

29 박주현, 『사주심리학 1』, 삼명, 2007, 174-175쪽.

30 김학목, 『명리명강』, 판미동, 2016, 78쪽.

31 강헌, 『命理(심화편)』, 돌베개, 2016, 134쪽.

고재민은 "비견의 성정을 지닌 사람은 고집과 자존심이 매우 강하고 자기중심적이다. 日干과 陰陽이 같기 때문에 곧고 고지식한 성향을 보이고 틀을 중시하여 유연성과 융통성이 부족한 편이다. 일상의 모든 문제를 자신이 주도하려하며 주변의 간섭과 통제를 꺼린다. 때로는 자신의 처지와 분수를 도외시한 채 이성과 재물에 집착을 보여 천박해 보일 때가 있고 뒤끝 있는 행동을 드러내기도 한다"[32]고 하였다.

정광채는 "비견의 성정을 지닌 사람은 가장 주된 심리가 독립적이고 주체성이 강하지만, 오히려 편향적이고 자만 심리가 크다는 부정 심리로도 작용한다"[33]고 하였다.

2) 劫財의 특성

겁재는 日干과 음양은 다르고 오행이 같은 干支이다. 겁재는 경쟁, 승부, 우월감, 파재, 분리, 지배, 적극성을 의미하고, 인간관계는 형제, 남매, 직장동료, 이성 친구를 의미한다.

『三命通會』에서는 劫財에 대해 "이 格은 傷官과 같은 의미가 있는데, 命主는 눈이 크고 수염이 황금색이고, 성질이 강건하고 뜻 포부가 높고, 惻隱·慈惠한 마음이 없고, 각박하여 仁慈하지 못하고, 고질병이 있고, 부족하면 흉악하게 탐하고, 나갈까 말까 의심이 많고, 정상적이지 않은 庶出이 많고, 養子가 되고, 부친을 剋하고 처가 손상된다"[34]고 하였다.

대만의 명리학자 何建忠은 劫財에 대해 "무엇을 하겠다는 생각이 들면 곧바로 행동에 옮기며, 작업 등을 잘 처리하여 행하려는 강렬한 욕망을 가지고 있다. 충동적이며

---

32 高在民, 「四柱命理의 宮星과 格局用神論 研究」, 대구한의대 박사청구논문, 2016, 97쪽.

33 정광채, 「명리학의 십신개념에 의한 출가수행자의 성정과 적성 분석」, 대구한의대 박사청구논문, 2022, 50쪽.

34 『三命通會』, 「論陽刃」: "此格與傷官相似, 凡命值之, 主眼大鬚黃, 性剛心高, 無惻隱慈惠之心, 有刻剝不恤之意, 多帶宿疾, 貪暴不足, 進退狐疑, 偏生庶出, 離祖過房, 剋父傷妻."

육신의 욕망을 중요하게 여기지 않으면서 다치는 것도 두려워하지 않는다. <스스로 독립적> 행동으로 해결하려고 한다. …겁재는 정관[공공의 법·사려 등]에 대항하는 심리이므로 공공의 법과 규범을 중시하지 않고, 일이 진행된 상황에 지속적인 관심을 갖지 않고 심리적으로 제약을 받지도 않으며 신중하게 생각하지도 않는다. 용맹스러우나 조심성이 약하며 공격성이 있다"[35]고 하였다

신육천은 "겁재는 獨立獨行, 自我剛氣, 破財破壞, 小利大損, 兄弟親知, 朋友知己, 剋夫剋妻, 反抗不遜를 의미한다. 겁재는 독립의 신, 파재의 신으로서 명식이 中和되거나 약간 약할 때는 나 자신을 도와 길하나, 過하거나 旺하면 破財, 破緣 등 모이고 흩어짐이 무상한 흉명이다. 그래서 처신에 있어서 종속을 좋아하지 않고, 남의 밑에 있지 않으려는 경향이 있다. 그러나 스스로 수양하고 다스리는 데 힘쓰면 흉이 변하여 길이 된다"[36]고 하였다.

양원석은 "겁재는 교만, 불손, 폭력, 투쟁, 파괴, 강압적인 면이 강하고, 야심과 포부가 지나쳐 투기를 좋아하며, 요행을 믿다가 금전손실은 물론 가정과 직장을 파산시키는 흉성을 내포하고 있다. 한 마디로 말해서 겁재는 강압적이거나 폭력으로 행동하는 성격이 강하다. 겉으로는 순한 양처럼 행동하나 속으로는 자존심은 물론 교만함과 아집이 강하며 잔인하도록 냉혹한 타입이다. 그러나 다른 사람이 자신을 해치거나 억압하지 않으면 절대로 성을 내지 않는 사람이다. 끊고 맺음이 너무 분명하여 타인에게 두려움을 사게 하는 경향이 많고, '나를 따르라'는 식의 카리스마적인 통솔을 좋아하며, 자신을 따르지 않거나 복종하지 않으면 배반자 취급을 하는 단점이 있다. 장점은 리더십이 뛰어나고 무슨 일이든 결단성 있게 잘한다. 무슨 일이든지 시작하면 남에게

---

35 『八字心理推命學』, 「十星的含義」: "想到什麼就作什麼, 急切的, 有强烈的操作慾望, 衝動, 不重肉身慾望, 不怕流血, 有獨立性, 以行動解決事情. …而劫財抗挫正官, 故而劫財可爲: 不重社會公制·常規, 不將事情掛在心上, 內心從不壓抑也不思索, 强悍, 魯莽, 有攻擊性."

36 申六泉, 『四柱命理學大事典』, 甲乙堂, 1986, 127쪽.

지기를 싫어하고 승부기질이 강한 성격이며, 한편으로는 투기나 도박 등을 좋아한다. 장점으로는 솔직 담백하고 거짓 없이 살아가며, 의리와 신용을 중히 여기고, 강한 사람에게는 강하게 대항하고 약자는 보살피는 점이 있다. 때로는 너무 양보심이 많아서 멍청하거나 실속이 없다는 소리까지 듣는 경우도 있다"[37]고 하였다.

박주현은 "겁재는 경쟁, 주체, 비교하여 뒤지는 것을 싫어함, 질투심, 용맹스러움, 충동적, 섬세하게 생각하지 않음, 재물을 중시하지 않음, 지난 일을 마음에 담아두지 않음, 재물을 중시하지 않음, 법규를 무시함, 검소하지 않음, 두려움이 없음, 솔직하다"[38]고 하였다.

김학목은 "겁재는 남자일 경우 財星인 여자나 금전을 취하는 경쟁 상대이다. 겁재는 五行으로는 食神이나 傷官을 강화시켜 준다. 겁재는 나의 운동 방향을 살짝 비틀어 財星을 약탈하니 경쟁·다툼·약탈·타의적 낭비·끈질긴 승부·손재·불화·파탄을 상징한다. 겁재는 운동 방향을 약간 비틀어 버림으로써 재물을 단번에 빼앗거나 빼앗기니, 큰 부자에게는 대부분 겁재가 있다. 劫財運에는 현금 유동성이 나빠질 수 있다. 이복형제나 성이 다른 형제를 상징하기도 한다. 天干에서는 정신적으로 잔인함을 상징하는 인자로 본다. 陽干 日干에 地支 劫財는 羊刃[陽刃][39]으로서 기운이 강하게 뭉쳤으니, 전문 자격이나 기술을 이룰 수 있는 근본적인 힘이다"[40]고 하였다.

강헌은 "겁재는 日干과 陰陽이 반대이므로 비트는 힘, 즉 전복의 힘이 발생한다. 음양이 같은 比肩보다 파괴력이 강하고 폭력적인 기운을 띤다. 比肩이 남에게 구속받

---

37 梁元碩, 『白民의 四柱命理學 개론』, 백민역학연구원, 2002, 207-208쪽.

38 박주현, 『사주심리학 1』, 삼명, 2007, 180쪽.

39 金順玉, 「格局을 통해 본 職業과의 相關性 研究」, 경기대 석사청구논문, 2004, 80쪽에 의하면, 陽刃은 陽日干의 月支에 子午卯酉의 旺地가 있는 것을 말한다. 月支라는 사회적인 宮의 위치에 나와 다른 陽刃이 있는 것으로 사회적인 성공이나, 자리, 명예, 재물을 취할 수 없기에 우선적으로 羊刃을 制服해야 한다. 陽刃의 성격은 外剛內柔의 성격으로 활발하고 과단성과 강제성이 강한 것이 특정으로 수술, 살상, 충돌, 투쟁, 살인, 사기, 재산과 처자를 破殺시키는 凶神 중의 하나다.

40 김학목, 『명리명강』, 판미동, 2016, 78-79쪽.

기 싫어하는 정도라면, 劫財는 아예 새로운 질서를 만들고자 하는 힘이다. 比肩이 선명하고 단순한 반면 劫財는 표리부동한 면이 있으므로, 劫財의 경우 보다 세밀한 해석이 요구된다. 예를 들어 比肩이 강한 사람은 금방 알아보지만 劫財가 강한 사람은 오랜 기간 사귀어보지 않으면 잘 파악할 수 없다. 한편 比肩은 자신의 소유가 아닌 偏財를 剋하므로 재산상의 손실이 크지 않지만, 劫財는 안정된 재물인 正財를 剋하므로 재산상의 불안정상을 초래한다"[41]고 하였다.

고재민은 "겁재의 성정을 지닌 사람은 기본적으로 比肩과 흡사하다고 할 수 있으나 조심성과 경계심, 때로는 시기·질투를 드러내고 계산적·계획적 생활태도를 보인다. 타인에 대한 믿음이 순수하지 못하고 재물집착을 강하게 드러내며, 공동투자나 동업·금전거래 등을 꺼린다. 日干와 陰陽이 다름으로 인해서 比肩에 비해 순수함이나 담백함은 부족한 편이지만 유연함과 융통성이 있어서 적응력이 높고 주변과 갈등·충돌이 적은 편이다"[42]고 하였다.

정광채는 "겁재의 성정을 지닌 사람은 과한 열정으로 주도적으로 이끌고자 하는 지배성의 심리가 강하지만, 상대적으로 배타적이며 우월심리가 작용하기도 한다"[43]고 하였다.

3) 食神의 특성

식신은 日干이 生하는 오행이면서 日干과 음양이 같은 干支이다. 식신은 풍요, 배려, 연구, 순수, 생산, 낙천, 실천, 추진력, 건강, 활동성을 의미하고, 인간관계는 남명은

---

41 강헌, 『命理(심화편)』, 돌베개, 2016, 134-135쪽.

42 高在民, 「四柱命理의 宮星과 格局用神論 硏究」, 대구한의대 박사청구논문, 2016, 98쪽.

43 정광채, 「명리학의 십신개념에 의한 출가수행자의 성정과 적성 분석」, 대구한의대 박사청구논문, 2022, 52쪽.

장모, 여명은 딸이고, 女제자, 손아랫사람, 제자, 내가 키우는 사람을 의미한다.

『淵海子平』에서는 食神에 대해 "命 가운데 食神을 대하는 사람은 주로 재물이 많고 食福이 넉넉하다. 또한 마음 씀이 관대하고 넓을 뿐만 아니라 신체 또한 비대하며 스스로 넉넉하다고 느끼고 생활을 한다. 자식 복도 있고 수명 또한 길다"[44]고 하였다.

『三命通會』에서는 食神에 대해 "이 格은 日主와 식신이 함께 生旺하여야 하고 충파가 없어야 한다. 주인은 재물이 두텁고 식량이 풍부하고, 복이 많고, 체격이 비대하고, 유유자적하고, 자식이 있고, 수명이 길다. 사주에서 財와 食이 歲·月 上에 있으면 조부의 사업이 풍성하고, 日·時에 있으면 처복이 있다."[45]고 하였다.

대만의 명리학자 何建忠은 食神에 대해 "표현을 하지만 자신과 관련짓거나 관계적이지 않으며, 자기적 표현에 있지 않고, 참여하되 명성이나 서열에 관심두지 않는다. 연출은 하지만 잘난 체하지 않고, 주면서도 주는 것 자체의 행위만 할 뿐이며 자애롭고 집착하지 않으며 최선을 다한다. 이용 목적이나 계략 없이 사람과 작은 동물을 돌보는 마음상태를 지닌다. 여유 있는 심리상태와 물질과 자아에 집착하지 않는 심리상태를 말한다. 七殺을 剋하므로 독단적이며 차갑고 혹독함을 싫어하고, 어떤 관념에 사로잡혀 일을 추진하는 것도 좋아하지 않는다. 의식의 유동이 넓으며 언어의 유창함, 감상능력과 예술 표현능력이 좋다"[46]고 하였다.

---

44 『淵海子平』, 「論食神」: "命中帶此者, 主人財厚食豐, 服量寬洪, 肌體肥大, 優游自足, 有子息, 有壽考." 또한 『淵海子平』「相心賦」에서는 食神의 성정을 가진 사람은 "노래 부르는 것을 좋아하는[喜謳歌]" 성품과 "음식을 잘 먹을 수 있어, 신체가 풍만하고 후덕한[能飮食, 體厚.]" 외모를 지니고 있다고 하였다.

45 『三命通會』, 「論食神」: "此格要日主, 食神俱生旺. 無衝破. 主人財厚食豐. 福量寬弘. 肌體肥大. 優游自足. 有子息. 有壽考. 四柱見財食在歲月上. 祖父蔭業豐隆. 在日時妻男獲福."

46 『八字心理推命學』, 「十星的含義」: "'表現但不在乎自己的表現'; 參與, 但不計名次; 表演但沒有出風頭的意味; 付予但不計較自己的付予; 有愛心; 有'無執戀的投注力', 能無心機的關懷人類, 小動物; 常能'悠然見南山'·'物我兩忘'. 因爲食神可以剋制七殺, 而七殺爲暴躁·專制·意志·嚴苛, 故而食神亦可爲不喜獨裁·不喜嚴苛·悠遊自然·不喜自己强迫作某事. 食神也有廣大意識流動, 也有好的語文流暢力, 更有很好的欣賞性及藝術表達性."

신육천은 "식신은 학문, 교육, 예도, 기술, 식록, 捧祿, 保守, 暢氣, 음식사업, 발전, 번영, 식품판매, 식료제조, 대물중개, 복록, 풍후를 의미한다. 식신은 교양, 음식, 衣住의 신이다. 명식이 중화되고 식신격을 이루면 일생을 통하여 음식에 인연이 두터우며, 복과 수명이 완전하고 신체는 豐肥하고 너그럽고 후덕하여서, 결코 생활에 곤란이 없는 吉하고 행복한 사람이다. 단 일간이 약하면 식신을 잘 기를 수 없으므로 신강함을 원한다. 식신격이 신강하면 財를 절실히 원하고, 신약하면 인수와 비겁을 절실히 원한다."[47]고 하였다.

양원석은 "식신은 온화하고 편안한 성격으로 예의가 바르고, 풍류를 좋아하는 낙천주의자로 너그러운 마음을 지녔다. 여행을 좋아하고, 음식도 가리지 않고 잘 먹으며 대인관계가 원만하고 처세술이 뛰어나서 항상 주위의 신망이 두텁다. 의식주의 풍요로움을 지향하는 길신으로 신체와 성품도 낙천적으로 건강하며 매사에 세련미가 있다. 문학적 소질과 예술적인 감각이 뛰어나 탐미주의적인 성격이 있어 가무와 예술을 좋아하고 창작성이 있으며 올바른 소리를 잘하고 표현력이 뛰어나다. 단점으로는 적극성과 결단성이 부족한 면이 있어 진취적이거나 발전지향성이 약하기도 한다. 하늘이 무너져도 솟아날 구멍이 있다는 식으로 급한 것이 하나도 없는 한가한 사람처럼 행동해 기회를 놓치기 쉽다. 또한 매사에 다투거나 따지는 것을 싫어하는 성격으로 한발 양보하거나 손해 보는 경향이 있다."[48]고 하였다.

박주현은 "궁리, 담백함, 상상력이 뛰어남, 표현력, 호기심이 많음, 자신을 변호함, 감정에 의해 일을 처리함, 소탈함, 마음에 드는 일에 대해서 열성적임, 승리하는 것을 좋아함, 자기과시욕이 있음, 창조성이 뛰어남, 불안정, 자부심, 자신감, 남을 따라 하는 것을 싫어함, 독창적, 두려움 없이 무슨 일이든 시도 한다."[49]고 하였다.

47　申六泉, 『四柱命理學大事典』, 甲乙堂, 1986, 577, 582쪽.

48　梁元碩, 『白民의 四柱命理學 개론』, 백민역학연구원, 2002, 208-209쪽.

49　박주현, 『사주심리학 1』, 삼명, 2007, 185쪽.

김학목은 "식신은 日干의 활동력을 높여 주는 건전한 표현수단·재주·생산수단·기술을 상징한다. 이것은 偏官을 제어하여 日干을 지켜주고 생산수단이 있게 하니, 이것이 있으면 느긋하고 명랑하며 활동적이다. 食神은 나의 기운을 빠져나가게 하지만 日干과 陰陽이 맞지는 않아 傷官보다 훨씬 덜 빠져나가게 한다. 食神은 건전한 유흥과 잡기·표현력·창의력·지혜·장수·식복을 상징한다. 陰陽이 맞는 傷官이 약삭빠르고 간교한 것에 비해 陰陽이 맞지 않는 食神은 성실하고 순진하다. 여자에게는 偏官 곧 난폭한 사람에게서 나를 안전하게 지켜 주는 무뚝뚝한 아들이다. 그것이 딸이라면 그 성격이 아들처럼 씩씩하다"[50]고 하였다.

강헌은 "식신은 연구심과 호기심이 강하지고, 예술적 감수성이 있고 낭만주의이면서도 낙천성이 강하다. 온화하고 명랑하지만 느긋한 성격이다"[51]고 하였다.

고재민은 "식신의 성정을 지닌 사람은 매사에 차분하고 침착하며, 선량하고 성실한 편이다. 논리적 표현과 일관된 행동을 보이고, 타인과 대상에 대한 이해와 배려가 남달라서 이타적 성향을 보일 때가 많다. 대체로 유순하고 순수하며, 긍정적·미래지향적이다. 다만 傷官에 비해서 유연성과 융통성, 추진력과 승부욕은 부족한 편이며, 결과보다는 과정과 명분을 중시하는 타입이다"[52]고 하였다.

정광채는 "식신의 성정을 지닌 사람은 연구와 개발을 주도하고 활발하여 능률적이고 생산성을 주도하나, 그것이 주관적이기 쉽고 자신만의 세계에 도취되는 반작용이 생기기도 한다"[53]고 하였다.

---

50 김학목, 『명리명강』, 판미동, 2016, 80쪽.

51 강헌, 『命理(심화편)』, 돌베개, 2016, 139쪽.

52 高在民, 「四柱命理의 宮星과 格局用神論 硏究」, 대구한의대 박사청구논문, 2016, 100쪽.

53 정광채, 「명리학의 십신개념에 의한 출가수행자의 성정과 적성 분석」, 대구한의대 박사청구논문, 2022, 54쪽.

4) 傷官의 특성

상관은 日干이 生하는 오행이면서 日干과 음양이 다른 干支이다. 상관은 재치, 어휘력, 다재다능, 아이디어, 섭외력, 상상력, 응용성, 예술성을 의미하고, 인간관계는 남명은 장모, 여명은 아들이고, 제자, 손아랫사람을 의미한다.

『淵海子平』에서는 傷官에 대해 "傷官이 있는 사람은 예술적 재능이 많으나 오만하고 기고만장해서 항상 모든 사람들이 자기만 같지 못하다 하니, 貴人은 그를 꺼리고, 보통사람들은 그를 싫어한다. 運에서 官星을 만나면 그 禍厄은 말로 다 할 수 없고, 혹 吉神이 있어 가히 구제해 주더라도 반드시 나쁜 질병이 생겨 그 몸을 해칠 것이다. 그렇지 않으면 運에서 官事를 만난다"[54]고 하였다.

대만의 명리학자 何建忠은 傷官에 대해 "나의 기운을 상대, 외부로 흘려보내는데 그 기운에 집착하며, 표현을 하되 자신의 표현에 자신과의 관련성을 강하게 가지며 잘난 듯 명성을 좋아한다. 자신의 주장, 의견을 굳게 지키며 타인이 자신을 인정하고 칭찬해 주는 것을 매우 중요하게 여긴다. 주는 것 베푸는 것에 대해, 타인이 그것에 대해 감격하고 고마워하기를 강하게 바라는 마음을 지니고 있다. 傷官은 正官을 剋하기에 正官에 반하는 것들은 모두 상관의 심리가 된다. 예시하면 창의력, 이치와 규칙에 반하는 것, 새로움, 규정을 지키지 않고 구속을 달갑지 않게 여기는 것, 이기는 것 등을 매우 좋아하고 배반, 생동감, 변화에 능하다. 생각의 다양성으로 한 가지에 고정되지 않고 변화가 잦으며 과장하고 주관적인 성향의 심리 등을 들 수 있다"[55]고 하였다.

---

54 『淵海子平』, 「論傷官」: "傷官主人多才藝, 傲物氣高, 常以天下之人不如己, 而貴人亦憚之, 衆人亦惡之, 運一逢官, 禍不可言, 或有吉神可解, 必生惡疾以殘其軀, 不然, 運遭官事."

55 『八字心理推命學』, 「十星的含義」: "'我向外流放', 且'我與我所流放者粘合'; '表現', 但'戀執自己的表現'; 成就感; 出風頭; 喜名聲; 堅持自己的言論, 重視他人對自己的聲譽與肯定, 付予但重視自己付予的; 施恩予人卻希望別人感激. 而因爲傷官剋正官, 故而一切反正官的皆爲傷官. 列如; 創意·反理則·新鮮感·不守規定·不喜拘束·好勝·逞强·反叛·生動·富變化·不止於一點的意識流·誇大·主觀."

신육천은 "상관은 학문, 교육, 藝道, 기술, 名譽損壞, 焦燥不滿, 纖細奉仕, 風流別離, 研究企劃, 革新決斷, 愛增同居, 反抗敵對 를 의미한다. 상관은 학술과 기예의 十神으로서 예로부터 문인과 학자에게는 반드시 이 十神이 있다고 한다. 또 발명과 발견 등에 재주가 있다. 명식이 양호하면 부귀를 얻고, 그렇지 않으면 꾀하는 일은 재주는 있으나, 결과는 졸렬하기 쉽다. 자기 평가를 높이하고 나보다 나은 사람은 없다는 자만이 높으며 반항적 기풍이 강하여 덕을 잃기 쉽다. 반면 동료나 부하에게는 친절하고 철저한 봉사를 하지만 잘못 되면 가차 없고 냉정하다. 秀氣의 發露는 통변성[十神] 중에 제일이어서 발군의 지적능력을 가진 주인공이 상관격인 경우가 많은 것이 특징이다."[56]고 하였다.

양원석은 "상관은 재능과 모사가 특출하고 특히 언변이 뛰어나나, 안하무인으로 자기가 최고인 줄 착각하거나 자기주장이 너무 강하여 타인과의 시비와 쟁론을 초래함은 물론 중상모략과 오해가 따라다니는 경향이 있다. 머리는 총명하고 재주는 뛰어나나 식신과는 달리 온화하지 않고 거만하고 오만불손하며, 비밀을 간직하지 못하거나 다른 사람의 자존심을 상하게 하는 성격으로 따르는 사람은 많으나 항상 구설로 인한 화가 따르니 항상 입조심을 해야 한다. 주어진 일이나 장소에 따라 변할 수 있는 적응력과 임기응변이 좋아 무슨 일을 맡겨도 감당해낼 수 있는 능력이 있으며, 승부욕이 강하고 이해타산이 빨라 겉으로는 순진한 척하지만 자신의 목적 달성을 위해서는 독수리처럼 날쌔게 소리 없이 행동하는 경향이 있다. 매사에 비판적이거나 반항적이고, 다른 사람의 능력을 무시하거나 인정하지 않는 성격이 강해 매사를 부정적으로 보는 스타일로 청개구리 기질이 강한 독특한 성격이다"[57]고 하였다.

박주현은 "사교적, 나의 주장이 수용되어야 함, 체면 중시, 표현이 날카로움, 명성을

---

56   申六泉, 『四柱命理學大事典』, 甲乙堂, 1986, 468-469쪽.
57   梁元碩, 『白民의 四柱命理學 개론』, 백민역학연구원, 2002, 209쪽.

좋아함, 변론을 좋아함, 말이 많음, 과장된 말을 함, 공세를 취함, 꾀가 있음, 은혜를 베푸는 것을 좋아하고 그것을 자랑함, 이해력이 좋음, 자존심이 있음, 쓸데없는 일에 참견하기를 좋아함, 표현하기를 좋아함, 이기는 것을 좋아함, 변덕이 있음, 교제에 능숙함, 새로운 것을 좋아한다"[58]고 하였다.

김학목은 "상관은 식신처럼 日干이 내놓는 재주나 기술이지만, 나와 陰陽이 맞아 조화를 이루니 食神보다 훨씬 더 현란하고 화려하다. 나의 기운을 모두 빠져나가게 하면서 제멋대로 절제 없이 함부로 날뛰며 日干을 안전하게 지켜 주고 보호하는 正官을 剋한다. 자신과 집안을 화려하게 꾸미고 말을 잘하는 사람은 일단 傷官이 잘 발달된 사람이라고 보면 된다. 지나친 유흥과 잡기 천재성·불화·일반규칙이나 법규의 위반 파격적 창의력·정치적 행위·언론방송·구설·반발력을 상징하고 여자에게는 옆에서 기분을 잘 맞춰 주는 딸이다. 아들이라면 그 성격이 딸처럼 유순하다"[59]고 하였다.

강헌은 "상관은 특징이 食神과는 기질 상으로 다르게 나타난다. 食神과 傷官은 比肩과 劫財보다 더 상반된다. 傷官은 게으르지 않을 뿐만 아니라 피곤할 정도로 활동적이고 오지랖이 넓다. 성격도 낙천적이지 않고 꽤 날선 느낌이며 기존 질서에 대한 반감이 있다. 기본적으로 총명해서 번뜩이는 것이 있으나 그런 기질 때문에 가진 능력보다 낮은 평가를 받는 경향이 있다. 食傷은 모두 예술적 감수성이 뛰어난데 傷官은 특히 기획력이 뛰어나다. 사회적 약자에 관심이 많고 희생정신이나 정의감이 높아서 불의를 보면 참지 못한다. 傷官은 운동권이나 NGO에 많다 같은 의사라도 국경 없는 의사회가 상관이 강한 사람들이다"[60]고 하였다.

고재민은 "상관의 성정을 지닌 사람은 대중적·대인 지향적 생활태도를 보이고 자기 주장이나 과시욕이 강한 편이다. 타인과 대상에 대한 이해와 배려가 남다르다고 할

---

58   박주현, 『사주심리학 1』, 삼명, 2007, 191쪽.

59   김학목, 『명리명강』, 판미동, 2016, 80쪽.

60   강헌, 『命理(심화편)』, 돌베개, 2016, 139쪽.

수 있으나 食神에 비해 계산적이다. 매사에 호기심이 많고 표현력이 탁월하며 대중 친화적 성향을 보이고 승부욕과 추진력이 강하다. 결과를 중시하고 실리를 추구하며, 일정공간이나 틀에 얽매이는 것을 꺼리는 성향이어서 성장기의 日干은 부모나 윗사람 등의 간섭과 통제를 받아들이지 못하게 되며, 때로는 자유분방하고 산만해 보일 때가 많다"[61]고 하였다.

정광채는 "상관의 성정을 지닌 사람은 언변이 뛰어나고, 총명할 뿐만 아니라 다방면 으로 재주가 많기 때문에 그 능력을 인정받을 가능성이 높다. 그리고 비판적이고 승부욕도 강할 뿐만 아니라 자존심이 강하다. 또, 傷官은 뛰어난 감각과 표현으로 예술성과 창의성이 뛰어나지만, 현실에 대한 냉정한 판단력은 파괴적이 될 가능성과 현실에서 이탈하는 심리로 변할 가능성이 크다"[62]고 하였다.

5) 偏財의 특성

편재는 日干이 剋하는 오행이면서 日干과 음양이 같은 干支이다. 편재는 판단, 결정, 통치, 유통, 역마, 과감, 일시적 재물, 탐욕, 결과물, 적극성을 의미하고, 인간관계는 남명은 아버지, 애인이며 여명은 아버지, 시어머니이고, 내 말을 거부할 수 없는 입장 에 있는 사람을 의미한다.

『淵海子平』에서는 偏財에 대해 "偏財가 있으면 命主가 강개심이 많다. 재산에 대한 인색함도 심하지 않다. 오직 得地하여 그치지 않을 뿐이다. 財가 많으면 역시 官도 旺해진다. 어떤 말인가? 대개 財가 왕성하면 스스로 官도 旺하여진다. 다만 情이 있는 사람이나 속임이 많다. 대개 재물은 자기에게 이롭기도 하지만 역시 비방도 초래하는

---

61 高在民, 「四柱命理의 宮星과 格局用神論 研究」, 대구한의대 박사청구논문, 2016, 100-101쪽.

62 정광채, 「명리학의 십신개념에 의한 출가수행자의 성정과 적성 분석」, 대구한의대 박사청구논문, 2022, 56-57쪽.

것이다. 운이 旺相한 곳으로 흐르면 福祿이 많지만 太旺함은 꺼린다. 형제가 많으면 반드시 파괴되고 역시 아름답지 못하다"[63]고 하였다.

대만의 명리학자 何建忠은 偏財에 대해 "자신이 통제 가능한, 구체적인 물건과 사건을 통제하되 그러한 것들에 대해 집착 하지 않으며, 신체적 활동을 하되 신체의 편안함을 추구하지 않는 심리특성을 갖고 있다. 재물을 관리하더라도 재물을 중하게 여기지 않으며, 머릿속에서 입체도안을 회전시켜 그것의 전개도나 측면도를 꿰뚫어 볼 수 있는, 즉 공간관계 능력이 우수하다. 마음의 상과 마음의 소리를 잘 가려서 제자리에 배치하고 조직할 수 있는 능력이다"[64]고 하였다.

신육천은 "상업, 매매, 교역, 유통의 재화, 애정과 봉사, 동정심, 기세 강개, 화려함과 풍류, 둥글둥글 원만한 요령, 타향에서의 성공, 이동하여 開運함, 交友와 談話, 재물을 획득하는 교묘한 재주를 의미한다. 편재는 재물을 모으는 데 교묘한 十神으로 赤水空拳[65]으로 一代에 상당한 자산을 조성한다. 신강이 아니라도 선견지명이 있어 기회를 보는 능력이 뛰어나다. 때로는 억지를 써서 성공으로 인도하는 성질도 있다. 성공을 서두르거나 일을 지나치면 반드시 실패하여 재산을 잃게 되기도 한다. 또 刑·沖·破·害가 되면 多集多散의 命으로서 금융과 관련하여 동분서주하고 정신적으로 초췌함이 극에 이른다. 편재가 태과하면 반대로 재물을 이루지 못하고 나는 타인에 의지하여 처세한다. 가정생활에 있어서는 양자의 명이고 사회생활에 있어서는 금융기관에 근무한다."[66]고 하였다.

---

63 『淵海子平』,「論偏財」: "偏財主人慷慨. 不甚吝財, 惟是得地不止, 財豐亦能旺官, 何以言之, 蓋財盛自生官矣. 但爲人有情而多詐, 蓋財能利己, 亦能招謗, 運行旺相, 福祿俱臻, 只恐太旺兄弟, 必多破壞, 亦不美."

64 『八字心理推命學』,「十星的含義」: "'控制我所能控制的任何具體之物或事件, 但卻不執著在這個事或物上', '操作身體, 但對肉身的安適感卻有排斥之意', 雖理財, 但不重財; 可將腦中的立體圖案加以翻轉, 看出展開圖或側面圖一空間關係良好; 能將'心象'·'心聲'加以安置·編排."

65 赤水空拳이란 맨손과 맨주먹으로 아무것도 가진 게 없음을 뜻한다.

66 申六泉, 『四柱命理學大事典』, 甲乙堂, 1986, 1158쪽.

양원석은 "편재는 아이디어와 활동력이 좋고 행동이 민첩하며, 대인관계와 외교 능력이 뛰어나 사업의 귀재로서 이권을 잘 취득하나, 노력의 대가가 아닌 허황된 일확천금을 노리거나 비정상적인 재화를 탐내는 경향이 많다. 의협심과 봉사정신은 있으나 다소 허풍이 심하고, 때로는 편파적이거나 타산적이며, 비굴한 행동도 마다하지 않아 다른 사람의 비난을 받는 경우가 많거나 매사에 길흉이 상반되는 경향이 있다. 재물에 욕심이 많아 돈을 버는 일이라면 수단 방법을 가리지 않고, 돈이 적게 벌리는 일은 거들떠보지도 않거나 낭비가 심해 금전을 아낄 줄 모르는 경향이 많기도 하다. 또한 주색이나 잡기로 인한 말썽을 종종 일으키는 성격이다"[67]고 하였다.

박주현은 "통제적, 사물을 조작하고자 함, 부지런함, 서두르는 마음이 강함, 결과에 대한 집착이 강함, 참을성이 없음, 적극적, 재물의 손실을 두려워하지 않음, 관리하는 능력이 뛰어남, 입체감이 있음, 시원스러움, 명쾌함, 활동적, 미래를 중시함, 진중하지 않다"[68]고 하였다.

김학목은 "편재는 日干의 陰陽운동을 강하게 일으키지만 陰陽의 조화를 이루지 않아 이곳저곳으로 떠돌게 만드니, 직장이 불안정하고 소득이 일정하지 않은 것이다. 조직을 이탈하여 안정된 직장 없이 여기저기로 떠돌아다니며 온갖 일을 경험하니, 세상을 사는 데 총명함과 수완으로 큰 사업가가 되기도 하고, 세상에 내 것은 없다는 생각에 더 열심히 노력하고 분발하기도 한다. 또한 그것이 正印 곧 어머니를 剋하니, 아버지를 상징하기도 한다. 남자의 사주 구조에서 陰陽의 조화를 이루지 못하는 偏財가 부인이고, 陰陽이 조화로운 正財가 또 있을 경우에 바깥 여인에게 눈 돌릴 일이 자주 생겨 가정생활이 평탄하지 않다. 남자에게 財가 여러 개 있을 경우, 자식을 상징하는 官 가까이 또는 부부궁에 있는 財가 부인이다. 이것이 偏財인데 다른 곳에 正財가

---

67   梁元碩, 『白民의 四柱命理學 개론』, 백민역학연구원, 2002, 210쪽.

68   박주현, 『사주심리학 1』, 삼명, 2007, 199쪽.

또 있을 경우에 偏財 부인에게는 陰陽의 조화가 이루어지지 않아 애틋한 마음이 생기지 않고, 正財에게는 陰陽이 조화를 이뤄 가슴이 뛰니 가정생활이 평탄하지 않다"[69]고 하였다.

강헌은 "편재는 자유분방과 약자에 대한 봉사심을 의미한다. …편재는 내 몸에 지니지 않는 재물로 정재보다 안정성이 떨어진다. 편재를 투기적 재물로만 이해하면 안 된다. 편재의 중요한 본질은 한눈이 볼 수 있는 '지도', 지금시대의 용어로 말하면 기획력이다. 전체를 내려다보며 입체적으로 조망하고 어떻게 조각하고 재배치 할 것인가를 설계 할 줄 아는데, 식상의 기획과 달리 매우 현실적이다. 편재는 설계를 하다가 아니다 싶으면 바로 지우고 새로 그린다. 유머 감각이 좋고 자유롭게 행동해 인기가 많다"[70]고 하였다.

고재민은 "편재의 성정을 지닌 사람은 성격이 담백하고 비계산적이며 可否가 분명한 편이다. 승부욕과 추진력이 강하고 스스로에 대한 통제력이 강하며, 직업활동이나 사회활동 등에 따른 대가와 결과를 중시한다. 상대에 대한 지배와 통제권을 가지려는 마음이 강하여 주변의 간섭과 통제를 꺼리고, 의도한 결과가 나타나지 않았을 때는 뒤끝 있는 행동을 보이기도 한다. 이성과 재물에 대한 집착이 강하고 금전의 지출입이 불안정하며 처지와 분수에 맞지 않는 행동과 생활태도를 보일 때가 있다"[71]고 하였다.

정광채는 "편재의 성정을 지닌 사람은 활동성이 크고, 가치 판단력이 우수하여 다변적이고, 현실적인 유용성의 심리가 우수하지만, 반면에 재물에 대한 탐욕이 크고 소유심리가 강하다"[72]고 하였다.

---

69   김학목, 『명리명강』, 판미동, 2016, 81쪽.

70   강헌, 『命理(심화편)』, 돌베개, 2016, 142-143쪽.

71   高在民, 「四柱命理의 宮星과 格局用神論 硏究」, 대구한의대 박사청구논문, 2016, 102쪽.

72   정광채, 「명리학의 십신개념에 의한 출가수행자의 성정과 적성 분석」, 대구한의대 박사청구논문, 2022, 59쪽.

6) 正財의 특성

정재는 日干이 剋하는 五行이면서 日干과 陰陽이 다른 干支이다. 정재는 저축, 안정, 근면, 성실, 규격, 책임, 꼼꼼함, 분석능력, 정확성을 의미하고, 인간관계는 남명은 아내이고 여명은 손자, 나의 일을 꼼꼼하게 봐주는 사람을 의미한다.

『淵海子平』에서는 正財에 대해 "대개 正財는 나의 아내의 재물이다.[73] 여자는 재물을 가져와서 나를 섬기므로 반드시 정신이 강건한 연후에라야 그것을 향유할 수 있다. 가령 내 몸이 병들고 나약하여 떨쳐 일어나지 못하면 비록 아내의 재물[妻財]이 풍후하다 할지라도 단지 눈으로만 볼 수 있을 뿐이지, 마침내는 터럭만큼도 수용할 수 없다. 그러므로 財星은 알맞은 때를 얻어야 하는 것이지 財가 많이 필요가 있는 것은 아니다"[74]고 하였다.

대만의 명리학자 何建忠은 正財에 대해 "일간이 정신적 주체자아일 때, 그에 응대적인 정재는 내가 극을 하면서 끌어당기는 관계가 된다. 육체는 정신적 주체자아가 가장 구체적으로 통제하는 것이기 때문에 …감각적인 편안함과 식욕·성욕적 만족을 원하고, 구체적으로 통제 가능한 물상 혹은 사물에 집착한다. 현실에 있어 이익 추구를 한다"[75]고 하였다.

신육천은 "정재는 福祿名譽, 田地田沓, 資本發展, 蓄財必成, 穩健着實, 細心方正, 保守

---

73 최한주는 여기서 말하고 있는 "正財는 내 아내의 재물이다"는 내용을 『淵海子平』「挈要捷馳玄妙訣」에 담겨 있는 "財는 命을 기르는 근원이다"(財爲養命之原.)"는 내용과 연관시켜 <이것은 처에게 장가를 들면 처는 재물을 가지고 자신을 봉양한다는 의미로 보아> 결혼 후에 가정의 경제를 책임지는 주체는 아내[妻]였다고 말한다. 이는 宋代의 가정경제 운용의 일면을 보여주는 것이다. (최한주, 「十神 槪念의 淵源과 性格」, 원광대 박사청구논문, 2015, 80쪽 참조.)

74 『淵海子平』, 「論正財」: "大低正財, 吾妻之財也, 人之女齎財以事我, 必精神康强, 然後可以享用之, 如吾身方且自萎懦而不振, 雖妻財豊厚, 但能目視, 終不可一毫受用, 故財要得時, 不要財多."

75 『八字心理推命學』, 「十星的含義」: "如日干爲精神主體我時, 其所應對的正財爲'我剋且我吸', 因爲'肉體'是精神主體我最具體的控制者, …重視官覺之安適及口腹; 性慾的滿足; 對具體可控制的物象或事象之執著, 現實, 請求功能利益."

繁榮, 賢良順和를 의미한다. 정재는 금전 및 재산의 十神이다. 명식이 중화를 얻고 정재격이 되면 일생을 통하여 금전에 인연이 두텁고, 재화에 부족함이 없는 행복한 생활을 하게 된다. 그러나 일간이 약하거나 정재격이 刑·沖·破·剋이 되면 항상 재물의 소비가 많고, 많이 이루나 또한 많이 소비한다. 정재는 겁재를 보면 파괴되므로 겁재를 다스리는 정관이 救神[救應]이 된다. 이 이치로 救神이 명식 중에 있으면 부귀한 생활을 하게 되며 복록은 손안에 있다. 財가 많으면 좋지 않고, 단 1위가 있으면서 강함을 요한다. 재가 많으면 반드시 신약하므로 나는 財에 任하지 못한다. 따라서 양자의 명이 되고 처가 家權을 유지하게 된다. 또한 머무르는 집은 크나 내적으로는 파괴하는 뜻을 감추고 있다. 立志는 깨어진다고 간명한다. 재성이 공망이면 재물은 오래가지 못하고 재가 刑·沖이 되면 재물은 흩어지고 吉命이 안 된다"[76]고 하였다.

양원석은 "정재는 정당한 노력으로 얻어진 재물과 같이 도덕적이고 정의로우며, 성실과 충직함이 분명하며 사리분별과 판단력이 정확하고, 관용과 도량이 풍부하여 사회에서나 가정에서나 명예와 신의가 두터운 점이 있다. 항상 바르게 살고자 노력하며 가정을 평탄하게 사랑으로 이끌고, 직장은 천직으로 생각하고 성실하게 일하며, 검소하고 저축심이 강한 꾸준한 성격이다. 뇌물을 좋아하지 않으며 부적절한 금전관계는 하지 않고 노력한 대가만을 바라는 점은 좋다. 단점이 있다면 금전을 활용할 줄 모르거나 인색하여 약자를 돕고 싶어도 아까워서 도와주지 못하는 소심한 경향이 있다. 한편으로는 다른 사람을 믿지 못하는 경우도 많다"[77]고 하였다.

박주현은 "치밀성, 내가 제어하고 조작하며 나의 통제권을 벗어나는 것을 용납하지 않음, 근검절약, 미래를 중시함, 먹는 것에 집착함, 쉽게 만족하지 않음, 적극적, 부자가 되고 싶음, 구체화, 종교의 신비함을 믿지 않음, 시원스럽지 않고 많은 계산이

---

76 申六泉, 『四柱命理學大事典』, 甲乙堂, 1986, 953쪽.

77 梁元碩, 『白民의 四柱命理學 개론』, 백민역학연구원, 2002, 210-211쪽.

따름, 집착, 현실감이 강함, 저축, 소탐대실 한다"[78]고 하였다.

김학목은 "정재는 日干의 陰陽운동을 가장 활기차게 일으킨다. 日干이 陽干일 때 正財와 좋은 구조를 이루면 슴이 되어 더욱 좋다. 고정적이고 안정적인 소득이나 재물을 벌어 오는 활동이니, 월급과 같은 고정소득을 상징한다. 근검·절약하고 확실히 줄 것은 주고, 받을 것은 받는다. 또한 처덕이 있고 책임을 완수하며, 公과 私를 분명히 구분한다. 남자에게 正財는 陰陽이 맞는 부인이나 연인이다. 사주구조가 좋아 이것이 부인이라면, 금실이 아주 좋은 꾀꼬리 부부다. 偏財가 正印인 어머니와 부부관계로 아버지를 상징하니, 偏財와 陰陽이 다른 正財는 아버지의 형제로서 숙부나 고모를 상징하기도 한다"[79]고 하였다.

강헌은 "정재는 내 몸에 지닌 재물을 말한다. …正財의 가장 중요한 본질은 正道이다. 재물을 얻어도 正道를 걸어서 번 것만 재물로 인정하는 정신이다. 이는 선비적인 엄격한 보수주의를 의미하는데, 엄격한 보수주의란 공동체의 정의에 대한 이상주의를 전제해야 한다. 내가 성공해야 하는 이유는 공동체적 이상을 실현할 능력이 있음에서 나오는 것이지 나 자신의 명예에서 나오는 것이 아닌 것이다. 이런 정의로운 보수주의자들은 나중에 사회를 진화시키는 결정적 지렛대가 된다. …正財는 선비의 기질과 학자의 성품을 갖고 있고 안정적이고 객관적인 판단 아래 행동하는 경향이 있다. 웬만해서는 자신의 입장이나 방식을 바꾸지 않는 보수적인 성향을 띠며, 인간관계에서도 쉽게 친해지기 힘들고 한번 사귀면 오래가나 돌아서면 그걸로 끝이다. 따라서 正財는 인색함을 경계해야 한다"[80]고 하였다.

고재민은 "정재의 성정을 지닌 사람은 근면·성실하고, 계산적·계획적 생활태도를 보이며 가정과 직업 활동 등에서 안정을 우선한다. 따라서 급격하고 인위적인 변화를

---

78 박주현, 『사주심리학 1』, 삼명, 2007, 204쪽.

79 김학목, 『명리명강』, 판미동, 2016, 80-81쪽.

80 강헌, 『命理(심화편)』, 돌베개, 2016, 142-144쪽.

꺼린다. 알뜰하고 치밀하며, 고지식하고 이해타산적인 면을 보인 반면 승부욕과 추진력은 약한 편이다. 때로는 작은 것에 더욱 집착을 보일 때가 있고, 금전거래를 꺼린다."[81]고 하였다.

정광채는 "정재의 성정을 지닌 사람은 정확하고 치밀하여 구조적인 심리와 정밀성이 있다. 반면에 소극적인 심리와 회의심리가 작용하기도 한다"[82]고 하였다.

7) 偏官의 특성

편관은 日干을 剋하는 오행이면서 日干과 음양이 같은 干支이다. 편관은 강제, 개혁, 투쟁, 불법, 공격, 인내, 권력성을 의미하고, 인간관계는 남명은 자식이고 여명은 무정한 남편, 어려운 상사, 지도자, 영웅호걸, 장군, 무관, 조폭을 의미한다.

『淵海子平』에서는 偏官에 대해 "偏官은 甲木이 庚金을 보는 것과 같은 類로 陽이 陽, 陰이 陰을 보면 偏官이라 한다. 비유컨대 經에 '두 여자가 같이 살 수 없으며 두 남자가 한 곳에 살 수 없는 것과 같다'고 하였으니 짝을 이루지 못한 것이다. 대개 偏官은 七煞인데 제복됨을 요한다. 대개 편관 칠살은 소인으로 小人은 無知하여 흉폭하고 忌憚함이 없다. 마침내 노력하여 군자를 봉양하고 복역함으로써 군자를 보필함이 마땅한 것이 소인이다"[83]고 하였다.

대만의 명리학자 何建忠은 偏官에 대해 "마음속에 명령을 되새기고 있지만 그 명령을 배척하는 마음도 있다. 거리낌 없는 야생마로 연상되나 당황하지 않으며, 힘들고 어려운

---

81 高在民, 「四柱命理의 宮星과 格局用神論 研究」, 대구한의대 박사청구논문, 2016, 103쪽.

82 정광채, 「명리학의 십신개념에 의한 출가수행자의 성정과 적성 분석」, 대구한의대 박사청구논문, 2022, 62쪽.

83 『淵海子平』, 「偏官論」: "夫偏官者, 蓋甲木見庚金之類, 陽見陽, 陰見陰, 乃謂之偏官, 不成配偶, 猶如經言二女不能同居, 二男不可並處是也. 偏官卽七煞要制伏, 蓋偏官卽七煞卽小人, 小人 無 知, 多凶暴, 無忌憚, 乃能勞力以養君子, 而服役護御君子者, 小人也."

일이어도 그 압력에 굴복하지 않는다. 대중적인 관념임에도 불구하고 존경하고 받아들이며, 권위 의지력 기백은 있으나 혐오하고 의심되는 것에는 불복한다. 혼자서 결정함에 있어서는 도리를 좇아서 변화하는 성향을 지녔다. 기민함, 사나운 힘, 강한 힘을 지니고 스스로를 통제한다. 한, 자제력, 절제, 규율, 엄수, 근면, 강한 인내, 자아억압, 의리이다.”[84]고 하였다.

신육천은 “편관은 격동하여 일어나는 激發心이 있고 조급하다. 권위가 있고 완강하다. 독단적이고 전제적이며, 비범하고 영리하다. 또한 예리한 칼날이며 반항적이고, 빨리 성장하고 顯達한다. 권모술책이 있다. 거칠고 조잡하며 모험심이 강하다. 앞을 내다보는 선견지명이 있고, 끊고 맺기를 잘하는 과단성이 있다. 하루아침에 부자가 될 수 있으나 반면 가난해질 수 있다. 편관은 쉽게 인정에 끌리지 않는 기이한 十神으로 사람의 의표를 찌르는 생각을 가진 사람이다. 制伏이 좋으면 경천동지의 작용을 하고, 훈련을 잘못하면 일생 빈천을 면하기 어려우며 장수를 기대하기도 어렵다. 그러므로 편관을 대함에는 生剋·化合의 원리로 임하여야 한다. 이 이치를 이해하지 못하면 간명에 지대한 과오를 범한다. 편관과 식신, 편관과 겁재·양인, 편관과 재성, 편관과 인성, 편관과 정관의 관계 등 어느 하나도 중대한 관계가 없는 것은 없다. 이 관계에 조금이라도 잘못 된 틈이 있으면 즉시에 예리한 칼은 나를 해치게 된다. 신강하면 식신을 필요로 하고, 신약하면 인성과 양인을 필요로 한다. 편관의 간법에 큰 법이 있다고 하나 결국은 이 두 가지 법에 의하여 鑑識하는 능력을 배양함이 필요하다.”[85]고 하였다.

양원석은 “편관은 완고하고 편향된 외고집으로 강제적으로 타인을 지배하려 하거

84　『八字心理推命學』, 「十星的含義」: “‘命令掛在心裡, 但卻想排斥命令’; ‘想象一隻無拘野馬, 但荒唐不來’; ‘難事·惡勢力壓著我, 但卻不屈服’; ‘尊服於不具大衆性的觀念’; 權威·志氣·氣魄·猜疑·不服輸·專制·推移道理·機敏·暴氣·勁力·自我摧克·恨·自製·節制·規律·嚴厲·勤勞·堅忍·自我壓抑·義氣.”

85　申六泉, 『四柱命理學大事典』, 甲乙堂, 1986, 1138쪽.

나, 조직이나 단체에서 독재를 하려는 성격이 강하다. 또한 모험심이 강하고 의협심은 있으나, 성급한 언행이나 감정의 폭발로 다른 사람의 비난을 받는 경우가 많다. 영웅심리와 카리스마적인 지배심리가 있어 매사에 조급하고 의리를 지나치게 주장하는 강직한 성격으로 법을 두려워하지 않는 깡패기질이 농후하다. 예의범절은 안중에도 없고 때와 장소를 가리지 않는 자기과시형이 많은 경향이 있는 편이다. 한편으로 죽어도 비밀이나 약속을 지키거나 다른 사람에게 아쉬운 소리를 하지 않는 독한 내면을 소유자이나, 약자를 돕고 강자에게는 할 말을 다하고 대항할 수 있는 배짱과 담력을 갖춘 성격을 지니고 있다"[86]고 하였다.

박주현은 "공포심, 열등감, 나를 억압함, 스스로 자신을 괴롭힘, 나에게 명령함, 생각을 넓게 갖지 못함, 긴장함, 좌절을 당함, 순종, 대중의 의견을 따름, 충성을 다함, 양심가책, 자기강박, 보수적, 신중함, 어쩔 수 없이 복종함, 지휘를 받음, 가업을 이어감, 성가심을 당함, 고지식하고 딱딱함, 자기 자신의 주장이 없다"[87]고 하였다.

김학목은 "편관은 日干과 음양의 조화를 이루지 않아 정착하지 못하니, 불안정한 직장을 의미하고, 열광적이거나 일시적인 지지자들 혹은 구설이다. 직업으로서는 치우친 것 곧 군인·무관·경찰·검찰·특수기관·힘든 조직이나 일을 상징하고, 여자에게는 陰陽이 한쪽으로 치우쳤기 때문에 경제력·사랑·동거를 모두 주지 않고 한쪽으로 치우치게 주는 남편이나 애인이다. 남자에게는 아들로 일종의 권력·정치적 통치행위·과감성·개혁성·살인·권모술수·월권·사법이다. 여자의 四柱에서는 日支나 食傷과 같이 있는 官이 남편인데, 偏官이 남편으로 있고 正官이 또 있을 경우, 남자에게 偏財와 마찬가지로 바깥으로 눈 돌릴 일이 자주 생길 수 있다"[88]고 하였다.

강헌은 "편관은 심신 중에서 가장 입체적인 힘이다. 리더십이 강하고, 자신을 믿어

86 梁元碩, 『白民의 四柱命理學 개론』, 백민역학연구원, 2002, 211쪽.

87 박주현, 『사주심리학 1』, 삼명, 2007, 211쪽.

88 김학목, 『명리명강』, 판미동, 2016, 82쪽.

주는 상황에서는 자기가 가진 것보다 큰 힘을 발휘한다. 뛰어난 기지와 배짱이 있고, 예측 불가능한 행동으로 사건 사고가 끊이지 않는다. 의리를 중요시하고 과시욕이 있으며 분노와 과격함 때문에 반대파들의 공격을 받기도 한다. 한편 편관을 가진 사람이 우울하다면 대수롭지 않게 넘기지 말고 질병으로 간주해야 한다"[89]고 하였다.

고재민은 "편관의 성정을 지닌 사람은 원칙과 소신이 분명하고 결단성과 판단력이 탁월하며, 책임감과 의협심이 강하다. 틀을 중시하고 맺고 끊음과 옳고 그름이 확실하며, 결과에 대한 책임을 지고 뒤끝이 없으며, 명예를 소중히 하는 타입이다. 그러나 부정적일 경우에는 여유와 안정감이 없고, 피해의식이나 강박 증세를 보이고, 모난 행동과 다혈질적 성향, 그리고 공격성과 난폭성, 때로는 극단적 행동을 불사하기도 한다"[90]고 하였다.

정광채는 "편관의 성정을 지닌 사람은 급진적이며 강한 심리로 기획적이고 생산성이 우수하지만, 지배 심리의 공격성과 경쟁심리가 강하다"[91]고 하였다.

8) 正官의 특성

정관은 日干을 剋하는 오행이면서 日干과 음양이 다른 干支이다. 정관은 도덕성, 보수, 명예, 원칙, 준법, 합리성을 의미하고, 인간관계는 남명은 자식이고 여명은 남편, 자상한 상사, 지도자를 의미한다.

『淵海子平』에서는 正官에 대해 "月令에 正官을 얻었으면, 身旺하고 印綬가 있음을 기뻐한다. 예컨대 甲木이 辛金을 正官으로 쓰는 경우, 土가 官을 生함을 기뻐하고,

---

89   강헌, 『命理(심화편)』, 돌베개, 2016, 147쪽.

90   高在民, 「四柱命理의 宮星과 格局用神論 研究」, 대구한의대 박사청구논문, 2016, 104쪽.

91   정광채, 「명리학의 십신개념에 의한 출가수행자의 성정과 적성 분석」, 대구한의대 박사청구논문, 2022, 63쪽.

刑·沖·破·害됨을 가장 꺼리며, 羊刃, 七殺 등이 있으면 貧命이 된다. 만일 時干에 殺을 만난다면 이는 官殺이 混雜된 것이니, 대개 四柱 가운데 刑·沖·破·害 되었을 경우에는 貴命이 되지 못한다"[92]고 하였다.

대만의 명리학자 何建忠은 正官에 대해 "순종적이고 법을 준수하려는 행위에 집착하며, 일상적인 규율을 지키고 지나간 경험을 일상적으로 활용한다. 이치나 법칙을 꼭 따라야 하며 마음속에 담아두고 근심하며 반성하고, 때로는 피해를 당한다. 책임감 충성심이 있으며, 객관·이성적이며 어떤 일을 반복하여 융통성이 없다. 양심적이고 사회적 공론을 중시하며, 단체에서 결정된 것을 중시하고 대중을 따른다"[93]고 하였다.

신육천은 "정관은 명예와 권위, 위신과 위용을 갖는다. 착실하게 발전하며 和順隱良하다. 사업은 견실하며 세밀하고 세심하다. 수상, 두령, 인자, 篤行,[94] 근면, 보수를 의미한다. 정관은 명예와 권위의 十神이다. 명식이 중화를 얻고 정관격을 구성할 경우 一代에 성공하고 반드시 사람의 長上이 되어 명예와 부귀를 이룬다. 그러나 파격이 되는 명식과 일간이 약한 명식은 그 중대한 책임을 감당하지 못하므로 빈천하며 辛苦한 命이 된다. 정관은 상관을 보면 파괴되므로 상관을 다스리는 인수를 救神으로 한다. 인수는 이와 같이 정관을 수호하므로 護祿神이라 한다. 그러나 일간이 신강하고 정관이 약할 때 상관을 보아도 재성이 있으면 재성이 상관과 정관의 사이에서 通關神이 되므로 정관이 강하게 된다. 결과적으로 명국의 균형이 이루어져서 좋은 명이 되며 귀격이 된다. 그러므로 명식 전체의 견지에서 보지 않고 함부로 인수를 吉하다고 하거나 財를 길하다고 하는 간명은 부당하므로 변화 및 體用의 이치를 잘 판별하지

---

92 『淵海子平』,「正官論」: "於月令得之是也, 喜身旺印綬. 如甲用辛官, 喜土生官, 最怕刑沖破害, 羊刃七殺, 爲貧命. 如時干透殺, 乃官殺混雜, 蓋若四柱有刑沖破害, 皆未爲貴命看."

93 『八字心理推命學』,「十星的含義」: "順從·守法·自我強迫·守常規·常用過往的經驗與合乎理則的心·拘束·人云亦云·挂念·反省·被中傷·責任感·忠·自卑感·客觀·理性·重複某些事·刻板·良心感·重視社會公論·重視團體決定·從衆."

94 篤行이란 부지런하고 친절한 행실을 뜻한다.

않으면 안 된다. 또 정관이 많으면 도리어 貴를 잃어버린다. 이는 한 나라에 두 군주가 있거나 한 가정에 두 사람의 주인이 있으면 통제가 곤란하고 질서를 잃게 되는 이치와 같다. 여명에서 관성이 많으면 도리어 남편이 부정하다는 간명도 명식의 변화에 따라서 판단해야 한다."[95]고 하였다.

양원석은 "정관은 품위와 인격이 잘 갖추어져 있고, 자비와 도덕심이 강한 것은 물론 권위와 통솔력을 겸비한 군자와 같은 성격으로 바른 생활을 하는 사람이다. 명예와 질서를 존중하고 공정한 일처리로 항상 타인의 모범이 되며, 법도에 어긋남이 없이 부모 형제간에 화목하게 가정생활을 이끌어 자식이나 부하들이 존경하는 사람이다. 모든 일에 모범적이고 비리를 척결하는 청렴결백한 성격이 강하나, 단점으로는 융통성이 부족하여 딱딱하거나 고지식하고, 매사에 정면승부를 기피하거나 개혁을 싫어하고 두려움을 느끼는 보수적이거나 수동적인 성격이 강하다"[96]고 하였다.

박주현은 "객관성이 뛰어남, 법을 지킴, 이성적, 신용을 지킴, 규율을 중시함, 반칙을 싫어함, 학력과 명예를 중시함, 충성스러움, 지휘를 받음, 구속받기를 원함, 구습에 얽매임, 단정, 부담감, 준법정신, 여론을 중시함, 예의범절, 보수적, 질서정연함, 부지런하다"[97]고 하였다.

김학목은 "정관은 日干과 陰陽의 조화를 이루고 있어, 안정적인 직장이나 지지자들이다. 日干이 陰干일 때, 正官과 좋은 구조를 이루면 더욱 좋다. 正官은 日干과 陰陽의 조화를 이루면서 통제하는 것이니, 행정·공평무사·질서·보수·정의로운 사회·득세·단정·기초행정조직·바꿀 수 없는 규칙이다. 日干과 陰陽의 조화를 이루어 여자에게는 경제력·사랑·동거를 골고루 주는 남편이고, 남자에게는 딸이다. 여자는 正官이 四柱에 아름답게 자리 잡고 있으면 남편을 내조하며 평생을 행복하게 보낼 수 있다. 학생일

---

95   申六泉, 『四柱命理學大事典』, 甲乙堂, 1986, 939쪽.

96   梁元碩, 『白民의 四柱命理學 개론』, 백민역학연구원, 2002, 212쪽.

97   박주현, 『사주심리학 1』, 삼명, 2007, 219쪽.

경우 자존심이 강하기 때문에 공부는 실력보다 등수 그 자체를 중요하게 여긴다고 본다"[98]고 하였다.

강헌은 "정관은 명예와 관직, 안정성을 추구하며 전통과 관습을 중요시 여겨 보수적인 성향을 띤다. 눈에 보이지 않는 추상적 가치에 관심이 많고, 사려 깊고 온화한 성품이지만 속마음은 알기 어렵다. 융통성이 없으며 활동 범위가 좁다. 장수의 상징이기도 하다"[99]고 하였다.

고재민은 "정관의 성정을 지닌 사람은 성실·정직하고, 제도와 규율을 중시하며 매사에 모범적이고 순종적인 면이 강하다. 대체로 안정과 명예 지향적이며 일정공간에 안주하려는 성향이 강하여 인위적 변화를 꺼린다. 품위 단정하고 주어진 책무에 최선을 다하지만, 때로는 소심하고 틀을 벗어나지 않으려하며, 진취적·미래지향적인 면이 부족하다. 命[사주]의 구성형태에 따라서는 의타적 생활태도를 드러내며 게으르고 소극적이다"[100]고 하였다.

정광채는 "정관의 성정을 지닌 사람은 조직적인 구도와 자율성을 지닌 활동을 하지만, 자학적이고 수축적인 심리가 강하다"[101]고 하였다.

9) 偏印의 특성

편인은 日干을 生하는 오행이면서 日干과 음양이 같은 干支이다. 편인은 직관, 영감, 장인의식, 외골수, 활인능력, 고독성을 의미하고, 인간관계는 계모, 이모, 무정한 상사,

---

98 김학목, 『명리명강』, 판미동, 2016, 83쪽.

99 강헌, 『命理(심화편)』, 돌베개, 2016, 147쪽.

100 高在民, 「四柱命理의 宮星과 格局用神論 研究」, 대구한의대 박사청구논문, 2016, 105쪽.

101 정광채, 「명리학의 십신개념에 의한 출가수행사의 성정과 적성 분석」, 대구한의대 박사청구논문, 2022, 65쪽.

종교인, 활인업에 종사하는 사람을 의미한다.

『淵海子平』에서는 偏印에 대해 "倒食[偏印]이라는 것은 財神을 冲하는 것을 말한다. …財神의 취용을 크게 꺼리며, 食神의 取用도 또한 꺼린다. …무릇 命 중에 이것[倒食이 있는]을 범한 자는 尊長이 나를 制剋하는 것과 같아서 자유를 얻을 수 없다. 일을 함에 있어서 나아가고 물러남에 후회하고 게을러서 시작은 있고 끝은 없다. 財의 근원은 여러 번 성공하고 여러 번 패하며, 용모도 기울어졌고 신체도 왜소하다. 담력은 겁쟁이고 마음만 다급해서 대부분 일의 성공이 없다"[102]라고 하였다.

대만의 명리학자 何建忠은 偏印에 대해, "근본을 지키고 만족할 줄 알면서도 강한 욕망이 있고, 봉하고 가려 두어도 표현하고 싶어 하며, 담백하나 명예를 생각하고, 관념을 단순화하면서도 복잡한 사례를 생각한다. 고독하다. 타인이 자신에 대해 관심 갖고 간섭하며 침범하는 것을 싫어하고, 자신도 타인에게 관심 갖고 간섭하고 침범하는 것을 좋아하지 않는다. 타인의 의사에 반박을 하지 않을지라도 그 의사를 쉽게 받아들이지 않으며, 종교심은 있으나 늘 망상도 조금은 가지고 있다. 수양이 된 것처럼 보이나 인정에 통하지 못한다. 동정심이 넉넉하지 않으며 속박 없이 자유롭지 못하고 이야기 나누는 것을 좋아하지 않는다"[103]고 하였다.

신육천은 "편인은 學術技藝, 九流醫卜, 偏生偏得, 임기응변, 해태방만, 懈怠放慢, 有始無終, 文秀親書, 刻薄不測을 의미한다. 편인은 모든 일에 요령이 좋고 선견지명이 있어서 기회를 보는 데에 민첩한 특질이 있다. 예로부터 대표적인 고독한 星神이며

---

102 『淵海子平』, 「論倒食」: "夫倒食者, 冲財神之謂也. …用財神大忌見之, 用食神亦忌見之, …凡命中犯此者, 猶尊長之制我身, 不得自由也. 作事進退悔懶有始無終, 財源屢成屢敗, 容貌敧斜, 身品矮小, 膽性心慌, 凡事無成也."

103 『八字心理推命學』, 「十星的含義」: "'知足中帶些奢望', '封閉中帶此表達態', '淡泊中想出小名', '善於類化中卻想多取事例', 孤獨, '不願被人侵犯, 也不願侵犯人', '不願關心人, 也不願被人關心', '雖不反駁別人的意見, 但也不願意接納', '有宗教心, 但常生小的妄想', '看來有修養, 但不通人情'. 又因偏印克食神, 故而有偏印的人, 不富同情心, 不能悠遊自然, 不喜言談."

흉성의 하나이다. 이는 편인이 관살을 盜氣하고 여자에게 있어서는 식신인 子息星을 파괴하기 때문이다. 그러나 신약한 命에서는 나는 편인에 의지하여 처세하므로 인수를 대신하여 좋은 능력을 발휘하는 十神으로 버리기 어려운 한 면도 있다. 편인은 또 '흰 봉황이 안개를 吐하는 象'으로 비유하므로 예술의 神이다. 문학과 기예에 관계하는 사람은 이 神이 있는 것이 당연하다. 다만 음양의 이치는 正을 좋아하고 偏을 꺼리는 이유에서 편인을 두려워하는 사람이 많으나 그것은 子平의 精理를 잘 모르는 까닭이다. 그 통변성의 변화에 능통하지 않으면 사람을 해치는 결과만 된다. 이것은 상관에 있어서도 마찬가지이며 편관에 있어서도 마차가지이다"[104]고 하였다.

양원석은 "편인은 매사에 기회주의적인 성격이 강하고, 자기 것만 챙기거나 다른 사람의 몫을 파괴하는 흉성으로서 사기와 허례허식이 강하여 고독을 초래하거나 외로운 성격을 지니고 있다. 어느 때는 성인군자와 같고, 어느 때는 소인배와 같아 종잡기 힘든 성격으로 불평불만이나 의심이 많아서 가족이나 친구 간에 친하게 지내기 힘들고, 대인 관계가 불안함은 물론 신경이 예민하고 히스테리가 심하여 때로는 다른 사람에게 불쾌감을 주기도 한다. 다방면에 재능은 많지만 뚜렷한 자신의 능력개발에 소홀하거나 한 가지 일에 전념하지 못하고 항시 다른 것에 눈을 돌리니 행동과 마음이 역시 불안한 경향이 있고, 초지일관 하는 자세가 필요하다"[105]고 하였다.

박주현은 "신비, 의심, 신비한 영역에 대한 공부를 좋아함, 추상적, 신앙심, 표현력이 유창하지 않음, 보수인 수용성, 고독감, 수동적, 불신감, 원하지 않는 것의 수락, 활발하지 않음, 괴팍함, 의욕이 적음, 정교하지 않음, 독거, 활기가 부족함, 냉담하여 전혀 관심이 없음, 고립, 욕망이 적음, 무리를 떠나 홀로 지냄, 깊은 통찰력, 추상적이다"[106]고 하였다.

---

104 申六泉, 『四柱命理學大事典』, 甲乙堂, 1986, 1151-1152쪽.
105 梁元碩, 『白民의 四柱命理學 개론』, 백민역학연구원, 2002, 212-213쪽.
106 박주현, 『사주심리학 1』, 삼명, 2007, 225쪽.

김학목은 "편인은 食神을 剋하기 때문에, 偏官이 日干을 마음대로 제어하여서 모든 것이 정지되어 답답하고 암울한 세월을 뜻한다. 食神이 剋을 당해 팔다리를 사용하지 못하고 살아가야 하므로 눈치가 발달하고, 인문학과 같은 일반적 분야가 아닌 의약이나 이공계 또는 예술에서 신통한 기술이나 기능을 발휘할 수 있다. 陰陽이 치우쳐 집중력이 강하기 때문에 순간적으로 힘을 사용하는 승부에 강하고, 종교나 철학과 같은 전문 분야에서 발달한다. 부가적으로 설명한다면 官星을 중심으로 할 경우, 印星은 官星의 食傷 곧 여자에게 남자의 食傷으로 사용될 수도 있다"[107]고 하였다.

강헌은 "편인은 사고방식이 독특하고, 하고자 하는 일에는 결단력과 실천 의지가 강하다. 하지만 그 외의 부분에서는 의존성이 강하고 변덕이 심하다. 특수한 영역에서 비상한 결과를 내지만, 스트레스에 취약해 노이로제, 편집증에 걸리기 쉽다. 종교, 명상 등 영성적 영역에 관심이 많고 그 분야에서 두각을 나타내기도 한다."[108]

고재민은 "편인의 성정을 지닌 사람은 여유와 안정감이 부족하고, 사물과 대상에 대한 아집과 편견이 있고, 객관적 판단력이 떨어지는 편이다. 그러나 특정분야·특수계통의 학문이나 기술 분야에 심취하고, 끈기와 집념을 앞세워 그 방면에서 성공하는 사례가 많다. 논리적 사고가 강하고, 주관이 분명한 편이다. 외골수적·자기본위적이고, 때로는 이기적 성향을 드러내기도 하며 유연성과 융통성, 포용력과 대중성이 부족한 편이다"[109]고 하였다.

정광채는 "편인의 성정을 지닌 사람은 판단력이 빠르므로 분석적이고 직관성이 뛰어나지만, 냉소적이고 가학심리가 강하게 작용한다"[110]고 하였다.

---

107 김학목, 『명리명강』, 판미동, 2016, 83쪽.

108 강헌, 『命理(심화편)』, 돌베개, 2016, 150쪽.

109 高在民, 「四柱命理의 宮星과 格局用神論 硏究」, 대구한의대 박사청구논문, 2016, 107쪽.

110 정광채, 「명리학의 십신개념에 의한 출가수행자의 성정과 적성 분석」, 대구한의대 박사청구논문, 2022, 68쪽.

10) 正印의 특성

정인은 日干을 生하는 오행이면서 日干과 음양이 다른 干支이다. 정인은 자애, 포용, 학문탐구, 문서, 계획, 자격증, 육영성을 의미하고, 인간관계는 어머니, 유정한 상사, 나를 도와주는 사람, 자비심 많은 종교인을 의미한다.

『淵海子平』에서는 正印에 대해 "印綬가 있는 사람은 지혜와 사려가 있고, 일생동안 질병이 적다. 배불리 먹고 풍후하게 살며, 이미 이루어 놓은 財祿을 누릴 수 있다"[111]고 하였다.

대만의 명리학자 何建忠은 正印에 대해 "번거롭고 혼잡한 것을 단순화하기를 좋아하고, 사물의 공통관계를 구하며, 복잡함의 차이를 단순하게 한다. 정밀함과 분화력이 풍부하지 못하며, 명성을 담담하게 인식한다. 내적으로 약삭빠르지 않으며 안정을 추구하고 평범하고 일정함을 지킨다. 정서력과 감동적인 것에 둔하며, 유창함도 부족하나 분수를 알고 만족할 줄 안다. 잘 통하지 않으나 너그럽고 듬직하며 다른 의견이 없다. 수양이 되고 자애로우며 사랑이 있다"[112]고 하였다.

신육천은 "정인은 學問敎育, 藝道技術, 慈悲福壽, 名譽富榮, 宗敎僧道, 質素儉約, 聰明多智, 律義善良, 圓滿長壽, 飮食衣住, 正母尊親, 手上援者를 의미한다. 정인은 교양의 十神이다. 명식이 중화를 얻고 인수격이 될 때는 대체로 일생을 통하여 吉한 일이 많고 흉한 일은 적은 행복한 命이다. 또 신약한 명식도 정인격의 경우는 그렇게 해로움

---

111 『淵海子平』, 「論印綬」: "印綬之人智慮, 一生少病, 能飽食豊厚, 享見成財祿." 만민영, 『三命通會』, 「論印綬」에서도 이와 유사하게 "印綬가 있는 사람은 총명하고 지혜가 많으며, 性情은 慈惠롭고, 말을 잘하며, 선량하여 받을 것은 늦춰주고, 용모는 풍만하고 후덕하다"(此格柱聰明, 多智慧, 性慈惠, 語善良遲納. 體貌豊厚.)라고 기술하고 있다.

112 『八字心理推命學』, 「十星的含義」: "<正印可以爲>: 化繁爲簡(反覆雜化), 喜類化, 求得事物共同關係, 凡事看得差不多, 缺乏精細性及分化力, 看淡名聲, 內含不靈·穩定, 守常, 缺乏情緒力, 缺乏感觸力, 缺乏流暢性, 是知足·獃滯·厚重·沒有意見·有修養·慈祥的."

이 없으므로 정인은 正母의 十神이다. 다만 여명에서 정인은 자식성인 상관을 극하고 또 남편성인 관살의 기세를 盜氣하므로 조금은 고독한 象이다. 그러나 이것도 명식이 좋은 경우는 그렇지 않다"[113]고 하였다.

양원석은 "정인은 학문과 재능 및 인의를 존중하고, 인정이 많고 종교적인 자비심과 봉사정신이 많은 사람으로 전통을 살리고 명예를 지키려는 선비기질이 강한 보수적인 성격을 지닌다. 어머니와 같이 편안하고 지혜로우며 단정하나, 단점은 자신의 실력을 너무 믿고 타인을 무시하거나 외골수적인 편협한 생각으로 다른 사람과의 마찰이 생기는 경향이 많다. 매사에 계획과 설계는 좋으나 실천력이 약하고 행동이 느리거나 게으른 경향이 있어 항상 다른 사람보다 솔선수범하는 자세를 지녀야 한다"[114]고 하였다.

박주현은 "직관력, 수용성, 보수적, 교육을 받음, 안정적, 순수, 포용성, 자상함, 자발적이지 않음, 어른을 존중함, 선량, 간소화, 말이 적음, 쉽게 만족함, 교양적, 발전성이 부족함, 나태함, 자비심이 있다"[115]고 하였다.

김학목은 "정인은 보편적이고 안정적인 학문이나 문서다. 傷官을 剋하여 正官이 활발하게 움직이게 한다. 陰陽의 조화를 이루어 내 偏印 어머니에게 의지할 수 있으니 당당하다. 문서 형태의 재산·자격증인허가·도덕성·학문성·정통성·적당한 제어·조절력·학자·선비적 기질·예절·덕망이다. 四柱 자체에 印星이 발달했을 경우에는 팔다리를 움직이지 않는 것이니, 게으른 사람으로 보면 된다. 남녀 모두 어머니에 대한 의타심이 강해 자신이 직접 일을 하기 보다는 남에게 의지하거나 남을 시켜서 처리하려고 한다. 결혼한 남자의 경우에 가만히 앉아있으면서 모든 일을 부인에게 시킨다고 보면 된다"[116]고 하였다.

---

113   申六泉, 『四柱命理學大事典』, 甲乙堂, 1986, 1151-1152쪽.

114   梁元碩, 『白民의 四柱命理學 개론』, 백민역학연구원, 2002, 213쪽.

115   박주현, 『사주심리학 1』, 삼명, 2007, 231쪽.

116   김학목, 『명리명강』, 판미동, 2016, 83-84쪽.

강헌은 "정인에 대해 인품이 고상하고 예의와 품위를 지키는 성격이다. 그러나 온유해 보이는 겉모습과 달리 쇠고집이며, 자신의 정신적 고결함과 만족에 가장 우선 순위를 두어 고독할 수 있다. 소심하고 내성적이며, 배움에 대한 열정과 뛰어난 상상력이 있지만 어려움에 잘 대처하지 못하고 주변의 비판에 예민하다. 행동하지 못하고 생각만 하다가 기회를 놓치기도 한다"[117]고 하였다.

고재민은 "정인의 성정을 지닌 사람은 여유와 안정감이 있고, 주변의 간섭과 통제를 자연스럽게 받아들이는 수용성이 강한 편이다. 다만 안정을 우선하는 생활태도로 인해서 승부욕과 추진력이 부족하고, 현실에 안주하려는 다소 무사안일의 전형을 보이기도 한다"[118]고 하였다.

정광채는 "정인의 성정을 지닌 사람은 학문에 관심이 많고, 탐구에 몰입하고 예술성이 있지만 자신만의 세계에 심취하는 폐쇄성으로 되기 쉽고, 깊은 사색은 극단심리로 작용하기도 한다"[119]고 하였다.

앞의 내용을 토대로 하여 十神의 특성을 요약하여 기술한 내용을 보면, 김기승은 "① 比肩은 긍정심리로는 독립적 주체성을 나타내고 부정심리로는 편향적 자만 심리를 드러낸다. ② 劫財는 긍정심리로는 주도적 지배성을 나타내고 부정심리로는 배타적 우월 심리를 드러낸다. ③ 食神은 긍정심리로는 창의적 관조성을 나타내고 부정심리로는 주도적 도취 심리를 드러낸다. ④ 傷官은 긍정심리로는 감각적 예술성을 나타내고 부정심리로는 파격적 이탈 심리를 드러낸다. ⑤ 偏財는 긍정심리로는 다변적 유용성을 나타내고 부정심리로는 탐욕적 소유 심리를 드러낸다. ⑥ 正財는 긍정심리로는 구조적 정밀성을 나타내고 부정심리로는 소극적 회의 심리를 드러낸다. ⑦ 偏官은 긍정심리로

---

117 강헌, 『命理(심화편)』, 돌베개, 2016, 150쪽.

118 高在民, 「四柱命理의 宮星과 格局用神論 研究」, 대구한의대 박사청구논문, 2016, 108쪽.

119 정광채, 「명리학의 십신개념에 의한 출가수행자의 성정과 적성 분석」, 대구한의대 박사청구논문, 2022, 70쪽.

는 기획적 생산성을 나타내고 부정심리로는 공격적 경쟁 심리를 드러낸다. ⑧ 正官은 긍정심리로는 조직적 자율성을 나타내고 부정심리로는 자학적 수축 심리를 드러낸다. ⑨ 偏印은 긍정심리로는 분석적 직관성을 나타내고 부정심리로는 냉소적 가학 심리를 드러낸다. ⑩ 正印은 긍정심리로는 학문적 탐구성을 나타내고 부정심리로는 폐쇄적 극단 심리를 드러낸다"[120]고 하였다.

그리고 박서연은 "① 比肩은 자아독립성이 강하고 협조력이 있으며, ② 劫財는 강한 자존심과 열정적이며 氣가 강하다. ③ 食神은 생산능력과 연구성이 강하고, ④ 傷官은 표현능력이 우수하고, 지혜롭고 총명하다. ⑤ 偏財는 取財능력과 가치판단력이 우수하고, ⑥ 正財는 근면성실하고 저축성과 실리를 추구한다. ⑦ 偏官은 책임감이 강하고 強權과 통제력이 뛰어나고, ⑧ 正官은 正法과 名譽와 名利를 수호한다. ⑨ 偏印은 발상력과 순발력, 그리고 예체능력이 우수하며, ⑩ 正印은 자비와 효성이 깊고 학문과 예술성이 우수하다. 그리고 이러한 사주명리의 천성은 살아가는데 있어서 긍정적으로 작용하기도 하고 부정적으로 작용하기도 하면서 개개인의 존재성을 드러내게 된다"[121]고 하였다.

3. 통변에서의 十神의 적용

사주명리학에서 看命하는 방법은 四柱의 여덟 글자를 日干과 다른 干支들과 서로 어떠한 연관관계를 맺고 있는가를 보는 十神으로 환원해서 분석하는 것이다. 다시 말해, 十神은 日干을 기준으로 열 개의 天干들과 五行生剋과 陰陽의 관계를 함께 적용

---

120 김기승, 『사주 심리치료학』, 창해, 2011, 338-340쪽.
121 박서연, 「四柱命理에 나타난 天性의 可變性 연구」, 경기대 석사청구논문, 2011, 4쪽.

시켰을 때 나타나는 개념들인데, 比肩, 劫財, 食神, 傷官, 偏財, 正財, 偏官, 正官, 偏印, 正印 등으로 구성된다. 이러한 十神은 제각각 상징적인 의미를 지니며 그 陰陽, 五行과 더불어 사주해석의 중요한 기능을 담당한다. 十神은 命主의 가족관계[六親]와 사회관계를 의미한다.

제3장 1, 2절의 내용을 바탕으로 사주 통변에서의 十神의 의미를 어떻게 적용할 것인가에 대한 내용을 필자의 관점에서 정리해 보면 다음과 같다.

1) 比肩의 통변 적용

比肩의 주요어는 동료·협력이며 긍정적 의미로는 주체성, 독립성으로 쓰이고 부정적 의미로는 자만심, 독불장군 의식을 드러낸다. 직업으로는 독립사업가나 프리랜스가 적성에 맞고 회사조직 내에서 업무는 물류창고, 보관 업무에 적합하다. 인간관계는 형제, 자매, 직장동료, 동성친구를 의미한다.

2) 劫財의 통변 적용

劫財의 주요어는 경쟁·정보이며 긍정적 의미로는 경쟁심, 적극성으로 쓰이고 부정적 의미로는 우월감, 질투심을 드러낸다. 직업으로는 자유직업이나 전문기술자가 적성에 맞고 회사조직 내에서 업무는 경호, 안전업무에 적합하다. 인간관계는 형제, 남매, 직장동료, 이성친구를 의미한다.

3) 食神의 통변 적용

食神의 주요어는 기술·건강이며 긍정적 의미로는 추진력, 연구력으로 쓰이고 부정적 의미로는 자아도취, 유시무종을 드러낸다. 직업으로는 연구직이나 의식주 직종이 적성에 맞고 회사조직 내에서 업무는 홍보, 생산관리업무에 적합하다. 인간관계는 남명은 장모, 여명은 딸이고, 제자, 손아랫사람을 의미한다.

4) 傷官의 통변 적용

傷官의 주요어는 아이디어·재주이며 긍정적 의미로는 상상력, 어휘력, 섭외력으로 쓰이고 부정적 의미로는 수다, 거만함을 드러낸다. 직업으로는 예능이나 언어 분야 직종이 적성에 맞고 회사조직 내에서 업무는 연구, 생산관리업무에 적합하다. 인간관계는 남명은 장모, 여명은 아들이고, 제자, 손아랫사람을 의미한다.

5) 偏財의 통변 적용

偏財의 주요어는 풍요·결정이며 긍정적 의미로는 판단력, 결정력, 통치력으로 쓰이고 부정적 의미로는 탐욕, 성급함을 드러낸다. 직업으로는 사업가가 적성에 맞고 회사조직 내에서 업무는 자금, 회계, 판매 업무에 적합하다. 인간관계는 남명은 아버지, 애인이며 여명은 아버지, 시어머니이고, 내 말을 거부할 수 없는 입장에 있는 사람을 의미한다.

6) 正財의 통변 적용

正財의 주요어는 안정·재물이며 긍정적 의미로는 분석력, 관리력으로 쓰이고 부정적 의미로는 소극적, 결벽증을 드러낸다. 직업으로는 금융업, 봉급생활자가 적성에 맞고 회사조직 내에서 업무는 총무, 통계 업무에 적합하다. 인간관계는 남명은 아내이고 여명은 손자, 나의 일을 꼼꼼하게 봐주는 사람을 의미한다.

7) 偏官의 통변 적용

偏官의 주요어는 권력·불법이며 긍정적 의미로는 자아중심, 인내력으로 쓰이고 부정적 의미로는 공격적, 공포심을 드러낸다. 직업으로는 군인, 경찰, 법조인이 적성에 맞고 회사조직 내에서 업무는 인사, 노무, 감사 업무에 적합하다. 인간관계는 남명은 자식이고 여명은 무정한 남편, 애인이고, 어려운 상사, 지도자를 의미한다.

8) 正官의 통변 적용

正官의 주요어는 명예·합법이며 긍정적의미로는 준법적 사고, 도덕성으로 쓰이고 부정적 의미로는 고집, 구태를 드러낸다. 직업으로는 공무원, 교육자가 적성에 맞고 회사조직 내에서 업무는 총무, 관리 업무에 적합하다. 인간관계는 남명은 자식, 여명은 남편이고, 자상한 상사, 지도자를 의미한다.

9) 偏印의 통변 적용

偏印의 주요어는 지식·활인능력이며 긍정적 의미로는 직관력, 창조력으로 쓰이고 부정적 의미로는 냉소적, 괴팍함을 드러낸다. 직업으로는 의사, 예술가, 종교인이 적성에 맞고 회사조직 내에서 업무는 기획 업무에 적합하다. 인간관계는 계모, 이모, 무정한 상사, 종교인, 활인업에 종사하는 사람을 의미한다.

10) 正印의 통변 적용

正印의 주요어는 교육·서류이며 긍정적 의미로는 포용력, 자애심으로 쓰이고 부정적 의미로는 폐쇄적, 게으름을 드러낸다. 직업으로는 교육자, 공무원이 적성에 맞고 회사조직 내에서 업무는 교육 업무에 적합하다. 인간관계는 어머니, 유정한 상사, 나를 도와주는 사람, 자비심 많은 종교인을 의미한다.

앞의 내용을 도표로 정리하면 다음과 같다.

표 10. 十神의 통변적용

十神	주요어 (key-word)	의미		직업	회사 부서	인간 관계
		긍정적	부정적			
比肩	동료 협력	주체성 독립성	자만심 독불장군	독립사업가 프리랜스	물류창고 보관업무	형제, 자매 직장동료 동성친구
劫財	경쟁 정보	경쟁심 적극성	우월감 질투심	자유직업 전문기술자	경호 안전업무	형제, 남매 직장동료 이성친구
食神	기술 건강	추진력 연구력	자아도취 유시무종	연구직 의식주직	홍보 생산관리	男: 장모 女: 딸 제자 손아랫사람
傷官	아이디어 재주	상상력 어휘력 섭외력	수다 거만함	예능 언어분야직	연구 생산관리	男: 장모 女: 아들 제자 손아랫사람

十神	주요어 (key-word)	의미		직업	회사 부서	인간 관계
		긍정적	부정적			
偏財	풍요 결정	판단력 결정력 통치력	탐욕 성급함	사업가	자금 회계 판매	男: 아버지, 애인 女: 아버지, 시어머니 내 말을 거부할 수 없는 입장에 있는 사람
正財	안정 재물	분석력 관리력	소극적 결벽증	금융업 봉급생활자	총무 통계	男: 아내 女: 손자 나의 일을 꼼꼼하게 봐주는 사람
偏官	권력 불법	자아중심 인내력	공격적 공포심	군인 경찰 법조인	인사 노무 감사	男: 자식 女: 무정한 남편, 애인 어려운 상사 지도자
正官	아이디어 재주	상상력 어휘력 섭외력	수다 거만함	예능 언어분야직	연구 생산관리	男: 자식 女: 남편 자상한 상사 지도자
偏印	지식 활인능력	직관력 창조력	냉소적 괴팍함	의사 예술가 종교인	기획	계모, 이모 무정한 상사 종교인 활인업에 종사하는 사람

十神	주요어 (key-word)	의미		직업	회사 부서	인간 관계
		긍정적	부정적			
正印	교육 서류	포용력 자애심	폐쇄적 게으름	교육자 공무원	교육	어머니 유정한 상사 나를 도와주는 사람 자비심 많은 종교인

그리고 십신 개념에 의거해서 자기 자신[我]을 중심으로 가족관계도를 나타내면 다음 도표와 같다.

표 11. 남명 가족관계도[122]

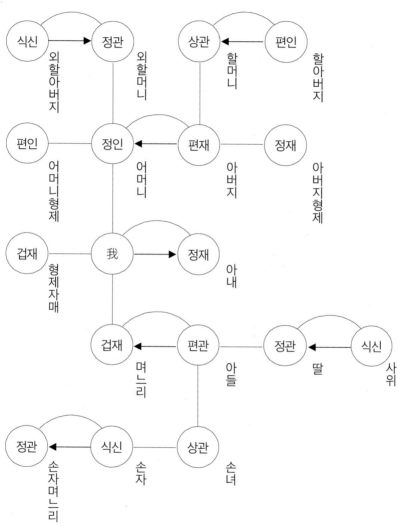

⌒ : 간합관계
── : 비화관계
→ : 상극관계

---

122 申六泉, 『四柱命理學大事典』, 甲乙堂, 1986, 812쪽.

표 12. 여명 가족관계도[123]

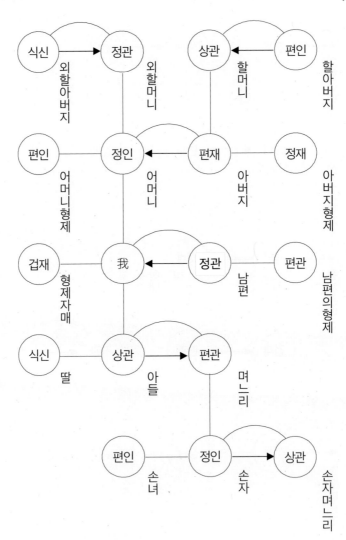

_____

123　申六泉, 『四柱命理學大事典』, 甲乙堂, 1986, 812쪽.

제4장 用神

1. 用神의 의미

1) 用神의 개념

秦始皇이 鄒衍[1]의 五行相勝說을 채택하여 실제로 현실정치에서 실행한 조치에서 어느 정도이긴 하지만 사주명리학적 의미의 用神을 사용한 사례를 볼 수 있다. 이와 관련하여 『史記』「秦始皇本紀」에는 다음과 같이 기술하고 있다.

"秦始皇이 五德의 처음과 끝의 순서를 추론하여 전하길, 周나라는 火德을 얻었는데, 秦나라는 周나라의 德을 대신했으니 <周나라의 火德이> 이기지 못하는 바를 따라야 한다. 이제는 水德이 시작함으로써 한 해의 시작을 바꾸었으니, 조정의 하례식도 저절로 모두 10월 초하루가 된다. 의복과 깃발 및 부절은 모두 黑色을 숭상한다."[2]

---

1 鄒衍(생몰연대 미상)은 중국 戰國 말기 때 齊나라 稷下에서 활동했던 대표적인 학자이다. 陰陽消息의 이치를 연구하여 土·木·金·火·水의 五行相勝說을 근거로 하여 五德終始說을 주장하면서 왕조 교체의 정당성을 확보하였다. 五德終始說은 전국시대 말기, 즉 秦의 중국의 통일을 눈앞에 두고, 쇠락한 周왕조의 존재를 대신할 새로운 통일국가의 출현을 설명하려는 이론이라고 볼 수 있다. 이 이론에서는 周를 火德으로 배치하고, 秦을 水德로 배치하고 있다.

위의 인용문에 대해서 박동인은 "五行相勝說에 따라 周나라 火德이 이기지 못하는 水德을 채택한 것과 正月을 겨울이 시작되는 孟冬인 10월로 잡은 것, 의복과 깃발 및 정절을 모두 물[水德]의 색깔인 黑色을 숭상한 것은 매우 형식적이고 외재적인 모습을 지닌다는 것이다. 무슨 특별한 의미를 지니고 있기보다 신비적인 의식이나 의례 같은 느낌을 주는 것들이다. 그러나 후대의 董仲舒 등이 주장하는 改制라는 차원을 이것에 대입시켜 추론해 보면, 이러한 형식은 새로운 왕조가 탄생했음을 온 세상에 告하는, 그리고 그 왕조의 출현은 필연적으로 등장할 수밖에 없는 것이라는 의미를 백성에게 현시해 주는 역할을 수행하는 것이다"[3]라고 언표하고 있다. 이를 사주명리학적 의미로 해석하면 秦始皇은 새로운 왕조의 정당성을 백성들에게 알려주기 위해 새 왕조에 필요한 五行인 水를 '用神'으로 사용한 것이다.

사주명리학에서 사용하는 用神의 일반적인 의미는 日干이 사용[用]하는 神을 뜻한다. 사주팔자를 하나의 人格體로 간주했을 때, 用神은 팔자의 주체인 日干이 제 역할을 다할 수 있도록 하는 五行과 十神을 말한다. 즉 用神은 한 개인의 사주팔자가 지니고 있는 '陰陽의 균형'과 '五行의 구비와 조화' 등을 파악한 후, 사주팔자의 주체인 日干에게 필요한 五行과, 그리고 그 五行을 日干을 기준으로 해서 相生하거나 剋制하는 관계를 나타내는 十神이 그 역할을 한다.

사주명리학은 사주팔자와 運에 나타난 天干과 地支의 배합을 근거로 해서 한사람의 富·貴·貧·賤, 가족관계, 吉·凶·禍·福을 비롯한 제반 상황을 해석하는 이론이라고 할 수 있다. 命[四柱]과 運의 해석에 있어서 매우 중요한 판단기준이 되는 것이 用神이다. 먼저 명리원전에 있어서 사용된 用神이란 개념을 살펴보면, 唐代『李虛中命書』에서

---

2   『史記』, 「秦始皇本紀」: "始皇推終始五德之傳, 以爲周得火德, 秦代周德, 從所不勝. 方今水德之始, 改年始, 朝賀皆自十月朔. 衣服旌節旗皆上黑."

3   박동인, 「鄒衍의 五行相勝說과 相生說의 구조와 함의」, 『철학연구』 제84집, 철학연구회, 2009, 97-98쪽.

"먼저 上은 맑고 下는 탁함을 얻었더라도, 나중에 下의 탁함이 上으로 升越하면 맑아진다. 먼저 上의 가볍고 맑은 氣를 취하면 用神의 복이 된다"[4]라는 구절에서 처음으로 用神이라는 용어를 찾아 볼 수 있다. 위의 인용문에서는 上을 天干으로 下를 地支로 생각하며, 天干의 가볍고 맑은 氣를 취하여 用神으로 삼으면 福이 된다고 기술하고 있다.

그리고 '用神'이라는 단어는 『淵海子平』「繼善篇」에서는 有用之神이라는 용어로, 「論大運」에서는 月之用神이라는 용어로 用神을 다음과 같이 기술하고 있다.

"用神은 손상되어서는 안 되고, 日主는 강건하고 왕성해야 한다. 月令에 官이 있으면 傷함이 불가하고, 財가 있으면 劫함이 불가하고, 印이 있으면 破함이 불가하고, 무릇 사주 속의 有用之神은 손해를 입으면 아니 된다."[5]

"月令은 天元이다. 運을 月上으로부터 취하여 起算하는 것이다. 나무와 싹을 비유컨대, 나무에서 싹을 보면 그 이름을 알 수 있다. 月之用神으로 그 格을 알 수 있다."[6]

『適天髓』「配合」에서는 "天干과 地支가 서로 배합되어 있는데, 그 진퇴의 機[틀]를 자세하고 분명하게 해석하면, 사람의 禍福과 災祥을 판단할 수 있다"[7]라고 하였다. 이 구절은 干支의 配合을 잘 살펴야 사람의 吉·凶·禍·福을 알 수 있다고 하면서 用神에 대해서 간접적으로 기술하고 있다. 그리고 『適天髓』「體用」에서는 抑扶의 개념으로

---

4 『李虛中命書』,「卷中」: "先上淸而得之下濁, 後下濁而升越上淸. 先取上之輕淸爲用神之福."

5 『淵海子平』,「繼善篇」: "用神不可損傷, 日主最宜建旺. 如月令有官不可傷, 有財不可劫, 有印不可破, 凡柱中有用之神, 不可損害也."

6 『淵海子平』,「論大運」: "月令者, 天元也. 今運就月上起. 譬之樹苗, 樹之見苗, 則知名. 月之用神, 則知其格."

7 『適天髓』,「配合」: "天干地支, 相爲配合, 仔細推詳其進退之機. 則可以斷人之禍福災祥矣."

用神에 대해서 다음과 같이 기술하고 있다.

"日主를 體라 하고 提綱을 用이라 한다. 日主가 旺하다면, 提綱에 있는 食神·財·官이 모두 나의 用神이 된다. 日主가 弱하다면, 提綱에서 日主를 도와주는 것이 그 强神을 억제하면 또한 모두 나의 用神이 된다."[8]

위의 인용문의 내용은, 日干의 身强身弱에 따라서 抑扶의 이치로 用神을 쓴다는 것이다. 『三命通會』의 내용 중에 安東[9]의 杜謙[10]이 저술한 『玉井奧訣』에 나오는 '專執 用神, 切詳喜忌'(오로지 用神을 잡아, 喜·忌를 잘 살펴야한다.)라는 구절에 대한 주석이 있는데, 그 내용은 다음과 같다.

"오로지 一位로 잡은 用神이 尊長이 되고, 權神이 되고, 號令이 되고, 本領이 되고, 倚托이 되니, 이것은 소홀히 할 수 없는 것이며, 이것을 잡아 推命해야 한다."[11]

위의 인용문의 내용은, 사주팔자의 해석은 오로지 用神을 잡아서 해야 한다는 것을 강조하고 있는 것이다. 또한, 『適天髓闡微』에서는 體와 用을 서로 살펴서 用神을 정하라는 내용을 다음과 같이 기술하고 있다.

---

8   『適天髓』, 「體用」: "有以日主爲體, 提綱爲用. 日主旺, 則提綱之食神財官皆爲我用. 日主弱, 則提綱有 物幫身以制其强神者亦皆爲我用."

9   중국 遼寧省 丹東市의 옛 이름이다.

10 明代에 동명이인의 杜謙이 있는데, 景泰 5년(서기 1454년)에 進仕가 된 杜謙(1419-?)이 있고, 또 다른 한 명은 嘉靖 35년(서기 1556년)에 進仕가 된 杜謙(생몰연대 미상)있다. 『玉井奧訣』의 저자 杜謙은 이 두 사람 중 누구인지 분명치 않다.

11 『三命通會』, 「玉井奧訣」: "專執一位用神爲尊長, 爲權神, 爲號令, 爲本領, 爲倚托, 此非小可, 執此推 之."

"體란 形象氣局을 이르는 말이다. 만약 形象氣局이 없다면, 곧 日主가 體가 되고, <體가> 쓰는[用] 것은 用神이 된다. 體가 쓰는[用] 것 이외의 또 다른 用神이 있는 것은 아니다. …用神은 日主가 기뻐하는 것으로 처음부터 끝까지 依賴하는 神이다."[12]

"命[四柱] 내의 用神은 妻財子祿과 窮通壽夭의 모든 것이 用神 한 글자에 의해 정해진다."[13]

"이 章은 오류를 바로 잡는 요령이다. 반드시 天干地支의 배합에 관하여 상세히 추리하여서 衰·旺·喜·忌의 이치를 자세히 살펴야한다. 사주의 干支는 보지 않고, 오로지 奇格이나 神殺 등으로 망령되게 논한다면, 禍·福과 吉·凶이 적중되지 않는다. 명리의 지극한 이치는 오직 用神에 있다. 財, 官, 印綬, 比劫, 食傷, 梟, 殺, 모두 用神으로 될 수 있는데, 그 명칭이 아름답다고 해서 좋은 것도 아니고, 惡하다고 해서 나쁜 것도 아니다. 日主의 衰旺을 분석하고, 用神의 喜忌에 따라 억제할 것은 억제해 주고, 도와 줄 것은 도와주어서, 이른바 없애거나 남겨서 잘 배합시켜 준다면, 運의 좋고 나쁨이 명백하게 드러날 것이며, 禍·福·災·祥에 대해서 영험하지 않는 일이 없게 된다."[14]

위의 인용문에서 보면, 『適天髓闡微』에서는 사람의 吉·凶·禍·福을 알기 위해서는

---

12 『適天髓闡微』,「體用」: "體者形象氣局之謂也. 如無形象氣局, 卽以日主爲體用者用神也. 非體用之外別有用神也. …用神者, 日主所喜, 始終依賴之神也."(任鐵樵(원수산 찬집), 『適天髓闡微』, 進源文化, 2011, 116쪽에 의하면, '卽以日主爲體用者用神也.'라는 구절이 體라는 글자와 用자 사이에 방점없다. 위의 인용문처럼 해석하려면, '卽以日主爲體, 用者用神也.'라고 적어서 體라는 글자와 用자 사이에 방점을 넣어주는 것이 옳다고 본다.)

13 『適天髓闡微』,「子女」: "命內用神, 不特妻財子祿, 而窮通壽夭, 皆在用神一字定之."

14 『適天髓闡微』,「配合」: "此章乃闢謬之要領也. 配合干支, 必須正理, 搜尋詳推, 與衰旺喜忌之理. 不可將四柱干支置之弗論, 專從奇格異局神殺等類妄譚, 以致禍福無憑, 吉凶不驗. 命中至理, 只存用神. 不拘財官印綬比劫食傷梟殺, 皆可爲用, 勿以名之美者爲佳, 惡者爲憎. 果能審日主之衰旺, 用神之喜忌, 當抑則抑, 當扶則扶, 所謂去留舒配, 取裁碻當, 則運途否泰, 顯然明白, 禍福災祥, 無不驗矣."

干支의 配合을 잘 살펴서 十神이 좋은 것인지 나쁜 것인지를 가리지 말고, 抑扶의 이치로 用神을 정해야 한다고 기술하고 있다. 그리고 淸代 徐春台의 『窮通寶鑑』「三秋乙木」에서는 用神을 다음과 같이 기술하고 있다.

"대체로 化合格은 모두 所生하는 神을 用神으로 삼으므로 <合해서> 金으로 변한 것은, 戊土를 用神으로 삼는 데, 특히 丙火, 丁火가 불길이 왕성해서 <化>格을 파괴하는 것을 두려워한다."[15]

위의 인용문에서는, 金과 火를 통관하는 土를 用神으로 삼는 내용을 기술하고 있는데, 이에 대해서는 '제4장 3. 4) 通關用神'에서 구체적으로 고찰하고자 한다. 그리고 淸代 陳素庵[16]은 『命理約言』에서 用神에 대하여 다음과 같이 기술하고 있다.

"命을 몸에 비유한다면 用神은 몸의 정신이 된다고 할 것이니, 정신이 튼튼하면 身旺하고, 정신이 미약하면 몸도 쇠약한 것이니, 정신이 길게 존재하면 몸도 따라서 사는 것이고, 정신이 무너져 없어지면 몸도 따라서 죽는 것이다. 命을 본다는 것은, 한마디로 用神을 보는 것일 뿐이다."[17]

위의 인용문에서 보면, 命[四柱]을 보는데 있어 사람의 몸과 精神에 비유하여 用神의

---

15 『窮通寶鑑』,「三秋乙木」: "凡化合格, 皆以所生之神爲用, 化金者, 戊爲用神, 特忌丙丁煅煉破格."

16 陳素庵(1605-1666)는 中國 明末, 淸初 사람이다. 자는 彦昇이고 本名은 陳之遴으로 알려져 있다. 1637년 33세에 급제하여 官吏가 되었고, 明과 淸의 조정에서 벼슬을 하였다. 저서로는 1658년에 저술한 『滴天髓輯要』가 있고, 『命理約言』이 있다. 『命理約言』에서는 사주명리학의 핵심을 잘 정리하고 있고, 陰陽同生同死設을 주장하고 있다. 『命理約言』은 1933년 韋千里에 의해 『精選命理約言』으로 출판되었다.

17 『命理約言』,「看用神法」: "命譬之身, 用神譬之身之精神, 精神厚則身旺, 精神薄則身衰, 精神長存則身生, 精神壞盡則身死. 看命者, 看用神而已矣."

중요성을 강조하고 있다. 그리고 앞 절에서 고찰해 보았듯이, 『子平眞詮』「論用神」에서 用神은 다른 명리원전에서 말하는 日干 중심의 用神과는 달리 月令[18]에서 구한 格[格局]을 의미하고, 格局 그 자체가 用神[格局用神]이라고 한다.

다음으로 현대 명리학자들이 用神에 대해서 서술한 내용을 보면 먼저 백영관은 『四柱精說』에서 用神에 대해서, "用神은 사주팔자의 陰陽 및 五行의 조화를 위해 소용되는 六神을 말한다. 가령 사주가 심히 身弱이면 日主를 生助하는 六神이 필요하고, 身旺이면 반대로 日主를 억제하거나 왕성한 기운을 누출시키는 六神이 필요한데, 이것이 用神이다. 이 用神의 사주상의 위치, 강약 및 어느 六神에 해당하느냐에 의하여 운명의 吉·凶·禍·福이 결정되므로, 用神은 숙명감정상의 관건이다. 그러므로 用神을 모르고서는 사주를 풀 수 없다"[19]라고 기술하고 있다.

그리고 고재민은 用神에 대해 中和의 개념을 도입해서 用神에 대해서, "첫째, 日干의 강약면에서 中和의 十神을 찾을 수 있다. 生扶하는 印星과 比劫의 작용에 따라서 体神[我神]의 강약이 구분되고, 그에 따라서 中和하는 十神을 用하게 되는데, 대체로 抑扶用神을 말한다. 둘째, 月令의 계절과 기후를 중심으로 原局 전체의 陰과 陽의 기세면에서 中和의 十神을 찾을 수 있다. 陽 日干(특히 甲乙丙丁)이 陽月(특히 巳午未月)에 生하면 陽氣의 세가 강하고, 陰 日干(특히 庚辛壬癸)이 陰月(특히 亥子丑月)에 生하면 陰氣의 세가 강하기 때문에 中和하는 陰, 또는 陽을 取用하게 되는데, 대체로 調候用神을 말한다. 셋째, 사주전체의 구조면에서 평형과 조화를 이루는 十神을 찾을 수 있는 데, 대체로

---

18 「月令」은 전국시대 陰陽五行家의 주요한 저작 중의 하나이다. 『呂氏春秋』「十二紀」가 있는데, 각 기의 제1편에서는 한 달의 천문과 기후 그리고 여타의 상황만을 서술하고 있다. 이러한 상황에 입각하여 농업 생산 방면에서 마땅히 해야 할 일들과 통치자가 종교적 방면에서 실천해야 할 활동들이 결정된다. 모두 십이기이므로 이러한 것들은 당연히 12편이 있으며, 그것을 종합하면 1년 12달의 월력이 된다. 漢代 사람들은 이 12달의 월력을 『禮記』 속에 편입시켜 「月令」이라 하였다.(梁啓超·馮友蘭 외(김홍경 옮김), 『음양오행설의 연구』, 신지서원, 1993, 283-284쪽 참조.)

19 白靈觀, 『四柱精說』, 明文堂, 2015, 108쪽.

格局用神이나, 外格의 專旺用神을 말한다고 볼 수 있다.”[20]라고 세 가지측면으로 나누어 기술하고 있다.

한편, 정대붕은 「명리학에서 월지중심의 간명법과 격국운용에 관한 연구」에서 用神에 대해서, “日干看命法은 命主 자신을 뜻하는 日干을 보필하는 有用之神을 중요하게 여기므로 日干의 吉·凶·禍·福에 관심을 가지게 된다. 그러나 月支看命法은 日干인 體에 대하여 사회궁인 月支, 즉 格局을 用으로 하고 다시 月支, 즉 格局을 用의 體로 하여 이에 대하여 格局을 수호하는 相神을 用의 用으로 선출하므로 명주의 사회활동무대를 중요시하고 사회적 지위와 貴賤에 관심을 가지게 된다”[21]라고 有用之神과 月之用神으로 나누어서 기술하고 있다.

앞에서 고찰해 보았듯이, 用神은 기본적으로 日干의 身强身弱 여부와 사주를 구성하고 있는 陰陽과 五行의 調和, 不調和의 관계 및 五行의 太過, 不及의 관계에서 日干이제 역할을 다할 수 있도록 보좌하는 五行 또는 十神을 말한다. 이러한 用神에 대한 내용을 두 가지 관점으로 나누어 볼 수 있다. 『淵海子平』「繼善篇」 등 다수의 명리원전에서 말하는 有用之神은 日干 중심의 用神이고, 月之用神은 『子平眞詮』에서 말하는 格局用神이다. 다시 정리하자면, 日干을 기준으로 보는 '日干 중심의 用神'[22]과 月支를

---

20 高在民, 「四柱命理의 宮星과 格局用神論 研究」, 대구한의대 박사청구논문, 2016, 134쪽.

21 鄭大鵬, 「명리학에서 월지중심의 간명법과 격국운용에 관한 연구」, 공주대 박사청구논문, 2013, 73쪽.

22 『淵海子平』「繼善篇」에서의 有用之神이라는 용어는 명확한 해석은 알 수 없지만, 「論大運」에서의 月之用神이라는 용어와는 다름을 알 수 있다. 鄭大鵬, 「명리학에서 월지중심의 간명법과 격국운용에 관한 연구」, 공주대 박사청구논문, 2013, 3쪽에 의하면, 日干을 체신으로 삼을 때 用神이라고 하면 日干에게 쓰임이 있는 有用之神이라는 의미와 月令用事之神 즉 格局이라는 의미가 있다고 하면서, 日干에게 쓰임이 있는 神을 '有用之神'이라고 하였다. 그리고 鄭守浩, 「四柱命理學의 行運推論法에 관한 研究」, 대구한의대 박사청구논문, 2014, 27쪽에 의하면, 用神을 도출하는 방법에는 크게 日干을 中心으로 하는 '平衡用神'과 月令을 중심으로 格局을 정하여 用神을 정하는 格局用神이 있다고 하였다. 선행 연구물에서 日干을 중심으로 쓰임이 있는 神을 '有用之神', '平衡用神'이라고 말하고 있는데, 이 책에서는 '日干 중심의 用神'이라는 용어로 통일해서 사용하고자 한다.

기준으로 보는 '格局用神'[23]으로 나누어 볼 수 있는 것이다.

2) 用神의 중요성

일반적으로 사주명리학에서 "用神은 성격, 직업, 재물, 명예, 권력, 지위, 건강, 질병, 사고, 시험, 승진, 퇴직, 취업, 결혼, 자녀, 애정, 성공, 실패, 이동, 기타 인생사의 여러 가지 吉·凶·成·敗의 해석에서 판단의 기준과 근거가 된다."[24] 한 사람의 사주를 판단함에 있어 用神이 잘 구성되어 있으면 그 사람은 運命이 순탄하고, 用神이 없거나 힘이 약하면 그 사람은 運命이 순탄하지 못하다고 본다. 따라서 한 개인을 看命하는데 있어 중요한 기준이 되는 것이 用神이기 때문에 사주팔자에서 用神을 찾는 일은 매우 중요하다. 用神이 日干에게 필요한지 여부와 用神이 八字에서 온전하게 작용하는지 여부를 알아야지만 한사람의 運命을 제대로 읽어 낼 수 있는 것이다. 일간이 필요로 하는 用神과 그 用神의 의미를 제대로 알지 못하면 한 사람의 吉·凶·禍·福을 읽어 낼 수 없다. 『命理約言』「看用神法」에서는 用神의 중요성에 대해서 다음과 같이 기술하고 있다.

> "命에는 用神이 아주 중요한 것인데, 이 用神 보는 법, 역시 抑扶의 법칙에 벗어나지 않는다."[25]

23　『子平眞詮』에서는 月支의 本氣 또는 月의 支藏干에서 透干한 十干에서 '格'을 구하거나, 地支의 '局'에서 '格'을 구하는 것을 '格局'이라 한다. 또『子平眞詮』에서는 格局과 用神을 陽刃格과 祿劫格을 제외하고는 같이 보아서 일반적으로 '格用'이라고 표현하고 있다.(李康大·林正基·金哲完, 『알기 쉬운 자평진전 上』, 동창, 2016, 113-115쪽 참조.)

24　박영창, 「呂氏 命理學의 用神論 고찰」, 『東方論集』 제3집, 동방대학원대학교, 2010, 77쪽.

25　『命理約言』, 「看用神法」: "命以用神爲緊要, 看用神之法, 不過扶抑而已."

그리고 徐樂吾[26]도『子平眞詮評註』에서 用神의 중요성에 대해 다음과 같이 언표하고 있다.

"用神이란, 팔자 가운데서 소용되는 神이다. 神이라 함은, 財, 官, 食, 印, 偏財, 偏官, 偏印, 傷官, 比劫, 陽刃 등을 말한다. 팔자를 보고 旺弱과 喜忌를 살펴서, 혹 扶하고 혹은 抑하는 것이 일반적인데, 이렇게 抑扶하는 神이 바로 用神이다. 그러므로 用神이란 팔자의 중추인 것이다. 用神을 정확하게 가려내지 못하고는, 정확한 명리의 판단을 내릴 수 없다. 그러므로 命을 評하는 사람은 用神을 정하는 것을 가장 중요하게 여겨야한다."[27]

한편, 박재완은 用神의 중요성에 대해 "사주의 원리를 판별하는 일차적인 과정은 먼저 用神을 가려내는 일이다. 用神이란 사주팔자 중에서 나[日主]를 위해 제일 귀중한 역할을 하는 干支를 말한다. 그러므로 사주에 있어 用神을 가려내는 일은 가장 중요한 일로서, 龍을 그릴 때에 어려운 일이 눈을 그리는 것처럼 用神을 가려내는 일은 명리에서 가장 어려운 과제이다."[28]라고 언표하고 있다.

양원석은 "用神이란 사주의 쓰임새요 핵심이며, 吉·凶·禍·福을 결정하는 작용의 주체이다. 사주의 주인에 해당하는 日主를 보호하고 때로는 통제하며, 日主의 위임을 받은 통치자로서 格局과 運路를 주관하고 운용하는 역할을 담당한다. 한마디로 말해 사주팔자 중에서 가장 필요한 것으로서 日主를 위해 제일 중요한 일을 하는 것이

---

26 徐樂吾(1886-1948)은 대대로 벼슬을 하던 世族 출신인데, 袁樹珊, 韋千里와 더불어 중국 근대의 대표적 명리학자로 평가한다. 그의 저서로는『滴天髓徵義』,『子平眞詮評註』,『窮通寶鑑評註』,『子平粹言』,『造化元鑰評註』,『滴天髓補註』,『古今名人命鑑』 등이 있는데,『子平粹言』에서는 用神을 정하는 다섯 가지의 원칙을 제시하고 있다.

27 『子平眞詮』,「論用神」<註>: "用神者, 八字中所用之神也. 神者, 財, 官, 食, 印, 偏財, 偏官, 偏印, 傷官, 劫刃是也. 八字中察其旺弱喜忌, 或扶或抑, 卽以扶抑之神用神. 故用神者, 八字之樞紐也. 所取用神未眞, 命無準理. 故評命以取用神爲第一要義."

28 朴在玩,『命理要綱』, 역문관서우회, 1999, 81쪽.

用神이다."[29]라고 기술하고 있다.

유경진은 用神이 어떠한 사항을 판단하는 데 도움이 되는지에 관해, "첫째, 用神은 富貴貧賤의 판단기준이 된다. 用神이 뚜렷하고 建旺하면 富貴하고, 用神이 미약하거나 다른 干支에 의해서 被剋되어 無力하게 되면 貧賤하게 된다. 運에서도 用神이 힘을 얻으면 그 運에 富貴하게 되고, 運에서 用神을 剋하거나 用神을 合해서 힘이 약화되면 그 運에 貧賤하게 된다. 둘째, 用神은 六親 판단의 기준이 된다. 六親의 吉·凶·禍·福을 판단함에 있어서도 用神이 판단 기준이 되기 때문에 아주 중요하다. 셋째, 用神은 吉凶夭壽의 판단기준이 된다. 用神은 그 사람의 運命을 대표하는 것이기 때문에, 用神이 뚜렷하면 吉한 일이 많고 凶한 일이 적을 것이고, 用神이 뚜렷하고 大運에서 用神을 도우면 그 運에는 건강하게 지낼 수 있다. 用神을 도우는 運이 늦도록 들어온다면 무병장수 할 것이고 用神을 도우는 運이 오지 않고 忌神이 運에 도래한다면 그 運에는 건강도 나빠지고 사고가 발생하거나 단명하게 된다. 이렇게 用神은 吉凶과 健康의 판단 기준이 된다"[30]라고 언표하고 있다.

用神은 사주팔자 중에서 日干에게 가장 필요한 것으로서 日干을 위해 제일 중요한 일을 하고 있다. 이어서 필자는 사주명리학에서의 日干의 의미를 고찰하고자 한다.

2. 사주명리학에서의 日干의 의미

사주명리학을 공부하는 사람이라면 누구나 들어보았겠지만, 사주팔자에서 태어난 日干이 중심이 되는데, 日干이 언제나 '나 자신'[身]이 된다. 日干은 사주 命式에서

---

29 梁元碩, 『白民의 四柱命理學 개론』, 백민역학연구원, 2002, 402쪽.
30 유경진, 「命理學 用神導出의 方法論에 관한 研究」, 동방대학원대 박사청구논문, 2009, 12-13쪽.

태어난 날의 天干을 말하는데, 이를 '日元, 日主, 命主, 我, 我神'이라 말하기도 한다. 日干은 개인 그 자체이다. 따라서 그 命式을 대표하고 상징하며 인격이 돌아가는 곳이다. 달리 말해, 사주명리학의 看法을 살핌에 있어서는 모든 星神의 중심이고 근본적인 중추인 것이다. 그러므로 看法의 첫째는 日干을 중심으로 나머지 三干 四支가 어떠한 작용을 하는가를 추구하는 것이라고 흔히 말한다.[31] 이처럼 日干이 사주의 중심에 있다는 말은 日干이 吉凶 판단의 중심에 있다는 것을 뜻한다.

사주명리학 이론은 日干의 旺衰나 强弱이 태어나면서부터 이미 결정되어져 있다는 것을 전제하고 있을 뿐만 아니라 大運과 歲運에 의하여 旺衰나 强弱이 가감이 되어서 현재의 日干을 形象하고 있는 것이다. 日干이 旺强하면 능히 곤란을 돌파하고 능히 運命을 개척할 수 있어 日干은 다른 氣運을 적극적으로 활용 할 수 있지만, 日干이 衰弱하면 곤란을 돌파하고 運命의 개척하기 위하여 다른 氣運의 生助가 필요하다고 본다. 이렇게 자신의 운명을 개척해나가기 위해서 日干에 필요한 다른 氣運을 '用神'이라고 말한다. 즉, 用神이란 사주 命式에서 陰陽五行의 旺衰强弱과 寒暖燥濕의 상태를 조화롭게 하기 위해 日干에게 필요한 五行과 十神을 말한다.

사주 命式에서 用神의 위치와 강약, 그리고 用神이 어떤 十神에 해당하느냐에 따라서 運命의 吉·凶·禍·福이 결정되므로 用神을 모르고서는 사주를 看命할 수 없는 것이다. 따라서 사주명리학에서는 吉·凶·禍·福의 열쇠를 쥐고 있는 用神의 연구가 매우 중요한 것이다. 이제 필자는 日干 중심의 用神에 관해서 抑扶用神, 病藥用神, 調候用神, 通關用神, 專旺用神 등의 내용을 주요 명리서를 통해 고찰하고자 한다.

---

31   申六泉, 『四柱命理學大事典』, 갑을당, 2013, 869쪽 참조.

3. 日干 중심의 用神

南宋의 徐升은 徐子平의 子平命理의 관법을 계승하면서 특히 日干을 중심으로 生剋 관계를 분석해 내는 十神이론을 체계화시켰다. 年柱를 중심으로 운명을 판단하던 古法 四柱學과 달리 日干과 다른 글자들과의 관계를 해석하는 新法四柱學 이론을 전개한 徐升은 『淵海子平』「論日爲主」에서 日干을 중심으로 사주를 看命하는 방법에 대해서 다음과 같이 언표하고 있다.

"日을 爲主로, 年은 根本이요, 月은 提綱이며, 時는 輔佐가 된다. 日을 위주로 日에 더해지는 甚度, 혹 身旺한가, 혹은 身弱한가 등을 살펴보는 것이 중요하다. 또 地支에 어떠한 格局이 있는지 살피고, 金·木·水·火·土의 數를 살피고, 그 후에 月令 中에 金·木· 水·火·土 중에 어떤 것이 旺한지를 본다. 또 歲運은 어떤 것이 旺한지 살피고, 그 다음은 日支[日下]를 소상하게 살피는데, 이런 것이 바로 한 방면으로 치우친 이론을 취하지 않는 것이다."[32]

위의 인용문에 잘 나타나 있듯이, 命[四柱]를 잘 看命하기 위해서는 日干을 중심으로 사주 命式과 運을 잘 살펴야 한다. 그러한 연후에 <사주명리학에서는> 자신의 운명을 개척해나가기 위해서는 用神이라는 개념을 명확하게 해야 한다는 입장을 취하고 있다. 한 개인이 어느 시점에서 避凶趨吉을 하기위해 자신의 사주팔자와 運에서 오는 陰陽五行의 生剋制化에 따른 조화와 균형의 이치를 알아내어 자신에게 필요한 用神이 무엇인지 잘 알 수 있다면 자신의 운명을 더 나은 방향으로 개척해 나갈 수 있다고

---

32 『淵海子平』,「論日爲主」: "以日爲主, 年爲本, 月爲提綱, 時爲輔佐. 以日爲主, 大要看日加臨於甚度, 或身旺, 或身弱. 又看地支有何格局, 金木水火土之數, 後看月令中金木水火土, 何者旺. 又看歲運有何 旺, 却次日下消詳, 此非是拘之一隅之說也."

보기 때문이다.

사주명리학에서는 日干이 너무 强하면 자만하고, 너무 弱하면 해야 할 일을 못하는 경향이 있다. 따라서 日干이 弱하면 日干을 生助하는 자가 用神이 되고, 또 日干이 너무 旺盛하면 그 왕성한 기운을 剋하거나 洩氣해서 조화시키는 자가 用神이 되는데, 이를 抑扶用神이라 한다.

한편, 날씨가 너무 건조하거나 냉하고 습하면 사람이 피곤하고 풍토병을 초래하듯이, 사주에서도 냉습하면 건조하게 하는 자가 필요하고, 건조할 때는 냉습하게 하는 자가 필요하다. 이러한 역할을 하는 것을 調候用神이라 한다.

그리고 사주에서 日干을 生助하거나 제일 중요하게 작용하는 五行이나 十神 있는데, 그 五行이나 十神을 剋破하는 자를 病이라 하고, 그 病을 剋破하여 없애주는 五行이나 十神을 藥神이라 한다. 이를 病藥원리에 따른 用神[藥神]이라 한다.

다음으로 사주에서 五行이 강약으로 대치하거나 상하가 불통일 때 중간에서 막혀있는 것을 通關시켜주는 五行을 通關用神이라 한다.

또한 사주의 기세가 한쪽으로 치우쳐 있어서 그 五行의 기세에 순응하는 專旺用神[順應, 從旺用神]이 있다.

그리고 사주에서 月支를 기준으로 정해진 格名으로써 用神을 삼는 것을 格局用神이라 한다. 格局에 필요한 相神은 格局을 보고 日干에게도 필요한 用神[相神]을 찾는다[33]는 개념이다.

앞에서 열거한 用神에 대해 다시 요약하자면, 抑扶用神에서는 주로 강약의 中和를 맞추는 것이 用神이 되고, 調候用神에서는 한난조습을 조절하기 위해 필요한 글자가

---

33 『子平眞詮』을 읽으면서 가장 유의해서 봐야 할 단어 중의 한 글자가 '用'의 해석이다. 이것은 '格局用神으로 쓴다', '相神으로 쓴다', '사용한다'라는 세 가지 의미로 사용되고 있는데, 문장의 문맥에 맞추어 잘 해석하여야 할 것이다.(李康大·林正基·金哲完, 『알기 쉬운 자평진전 上』, 동창, 2016, 48쪽 참조.)

用神이 되고, 病藥用神에서는 病을 제거하는 藥이 用神이 되고, 通關用神은 대립된 두 五行의 싸움을 해소하는 것이 用神이 되고, 專旺用神은 강한 세력을 이루고 있는 것이 用神이 되고, 格局用神[順逆用神]은 月支를 기준으로 정한 것이 用神이 된다.

유경진은 用神에 대해 "正格[34]의 用神은 强弱과 寒熱의 균형을 이루는데 가장 핵심이 되는 五行 혹은 六神이고 變格의 用神은 從하는 五行, 혹은 六神이다"[35]라고 말하고 있다. 이는 주로 正格 사주에서는 抑扶用神, 病藥用神, 調候用神, 通關用神을 用神으로 정하고, 變格 사주에서는 專旺用神을 따른다는 의미이다.

한편, 徐樂吾는『子平眞詮評註』에서 다섯 가지 用神 取用法을 기술 하였고, 후에『子平粹言』「明體立用」에서도 用神을 정하는 다섯 가지 원칙을 정립하여 抑扶用神, 病藥用神, 調候用神, 通關用神, 專旺用神을 정하는 방법을 밝혀 놓았는데, 필자는 이를 기준으로 삼아 다섯 가지 用神을 먼저 살펴보고, 그 다음으로 沈孝瞻의『子平眞詮』에서 日干과 月支를 기준으로 정립한 格局用神에 관해 고찰하고자 한다.

1) 抑扶用神

日干이 강하면 이를 억제하고 日干이 약하면 이를 도와주어서 균형을 이루게 해야 한다. 이렇게 抑扶하는 것이 用神이 될 때를 抑扶用神이라 한다.『淵海子平』에서는 抑扶用神의 개념을 간접적으로 밝히고 있다.[36] 그리고『適天髓』「體用」에서 "중요한

---

34 『子平眞詮』에서는 格을 크게 正格과 雜格으로 나누고 있는데, 正官格, 財格, 印綬格, 食神格, 偏官[七煞]格, 傷官格, 陽刃格, 建祿月劫格 등을 正格[內格]으로 분류하였고, 秀氣格, 化氣格, 倒沖格, 朝陽格, 合祿格, 從財格, 從煞格, 井欄叉格, 刑合格, 遙合格[丑遙巳格・子遙巳格] 등을 雜格[外格, 變格]으로 분류하였다. 秀氣格[專旺格, 一行得氣格]에는 曲直格, 炎上格, 稼穡格, 從革格, 潤河格이 있고, 化氣格[化格]에는 甲己合化土格, 乙庚合化金格, 丙辛合化水格, 丁壬合化木格, 戊癸合化火格으로 구분하고 있다.(沈孝瞻[서락오 평주],『子平眞詮評註』, 武陵出版社, 2015, 4,5卷 참조.)

35 유경진,「命理學 用神 導出의 방법론에 관한 연구」, 동방대학원대 박사청구논문, 2008, 11쪽 참조.

것은 夫할 것인가, 抑할 것인가 그 마땅한 바를 얻는 것이다"[37]라고 기술하고 있고,
『命理約言』「看用神法」에서는 抑扶用神이라는 용어에 대해서 다음과 같이 기술하고
있다.

"命에는 用神이 아주 중요한데, 이 用神 보는 법 역시 抑扶의 이치에서 벗어나지 않는
다. 무릇 약한 것은 마땅히 도와주어야 하는데, 이 도와주는 것이 바로 用神이다. 도와주는
것이 太過할 때는 그 도와주는 것을 억제하는 것이 用神이 되고, 도와주는 것이 不及할
때는 그 도와주는 것을 다시 도와주는 것이 用神이 된다. 무릇 강한 자는 억제함이 마땅한
데, 그 억제하는 것이 用神이 된다."[38]

위의 인용문에 잘 나타나 있듯이, 『命理約言』에서는 命에는 用神이 아주 중요한데,
이 用神 보는 법 역시 抑扶의 이치에서 벗어나지 않는다고 하면서 抑扶用神을 찾는
방법에 대해서 다음과 같이 기술하고 있다.

"推命할 때 먼저 日干을 살피어, 혹 得時했는지, 혹은 失時했는지, 혹 得勢했는지, 혹은
失勢했는지, 아랫자리[下坐]의 地支가 무엇인지, 옆에 있는 天干은 무엇인지를 보며, 日干
에 대한 生剋이나 抑扶가 어떠한지를 안 후, 이어서 나머지 세 개의 天干과 네 개의

---

36 『淵海子平』, 「論五行生剋制化各有所喜所害例」: "金旺得火, 方成器皿. 火旺得水, 方成相濟. 水旺得土,
方成池沼. 土旺得木, 方能疏通. 木旺得金, 方成棟梁."(金이 왕성한데 火를 얻으면, 그릇을 이룬 것이
다. 火가 왕성한데 水를 얻으면, 서로 구제함을 이룬다. 水가 왕성한데 土를 얻으면, 연못을 이룬
다. 土가 왕성한데 木을 얻으면, 바야흐로 소통한 것이다. 木이 왕성한데 金을 얻으면, 나라의
동량이 될 것이다.) 앞의 인용문에서 보면, 日干이 旺하면 官星을 능히 취할 수 있어서 관직에
나아가 나라의 동량이 된다고 보았다.

37 『滴天髓』, 「體用」: "要在扶之抑之得其宜."

38 『命理約言』, 「看用神法」: "命以用神爲緊要, 看用神之法, 不過扶抑而已. 凡弱者宜扶, 扶之者, 卽用神
也. 扶之太過, 抑其扶者爲用神, 扶之不及, 扶其扶者爲用神. 凡强者宜抑, 抑之者卽用神也."

152 사주명리학에서의 십신과 용신

地支를 보아 日干에 대한 生剋과 抑扶가 어떠한지를 보는 것이 변하지 않는 法이라 하겠다. …이렇게 하나하나 연구를 확실히 한 연후에 官殺도 쓰고 財印도 쓰고 食傷도 쓰는데, 그 强弱에 따라 쓸 것은 쓰고 버릴 것은 버리면 자연히 세밀하고 오차가 없어져 철저히 꿰뚫게 됨으로 헤매지 않을 것이다. 이것이 看命하는 第一의 要訣이라 하겠다."[39]

위의 인용문을 보면, 사주를 看命할 때 가장 먼저 관찰하게 되는 日干을 중심으로 타 干支와의 强弱의 문제와 生剋, 抑扶의 문제를 정확하게 지적할 수 있어야 한다고 언급하고 있는데, 이러한 견해는 현대 명리학의 用神論에 큰 영향을 끼쳤다. 그리고 『子平粹言』「扶抑用神之取用法」에서는 抑扶用神을 다음과 같이 기술하고 있다.

"약한 것을 돕는 것은 내가 수용하는 神이 너무 약해서 그러하는 것이다. 강한 것을 억제하는 것은 수용하는 神이 너무 강해서 나의 用神이 되지 않고 도리어 적이 되니, 制裁하고 누르면, 나에게 用神이 될 수 있기 때문이다."[40]

예① 丙 乙 辛 辛 (坤命)
　　 戌 亥 丑 丑
　　 戊 丁 丙 乙 甲 癸 壬 (大運)
　　 申 未 午 巳 辰 卯 寅

예①은 抑扶의 사례이다. "乙日生이 丑월에 출생하고, 丑중 辛金이 透出하여 심히

39　『命理約言』, 「看命總法二」: "推命先看日干, 或得時, 或失時, 或得勢, 或失勢, 下坐某支, 緊貼某干, 於日干生克扶抑何如, 隨看余三干及四支, 於日干生克扶抑何如, 此恒法也, …如此一一研究的確, 然后用之爲官殺, 爲財印, 爲食傷, 其是强是弱, 當用當舍, 自然精當無差, 洞澈不惑矣, 此看命第一要訣也."

40　『子平粹言』, 「扶抑用神之取用法」: "扶弱者, 我所需用之神太弱而扶之也. 抑强者, 需用之神太强, 不爲我用, 反爲我敵, 裁之抑之, 方能爲我所用也."

旺하나, 時上 丙火가 戌 중 丁火에 着根하여 잘 制金하고 있어 用神이 된다. 선행 壬癸運에 波瀾萬丈하다가 후행 南方運에 夫子興隆하여 五福이 俱全하다가 一入申運에 殺旺하여 황천객이 되고 말았다."[41] 앞의 사례에서 보면, 사주팔자 중에서 金이 강하여서 火[用神]로 눌러주는[抑] 경우이다. 그리고 命主가 身强하면 食傷, 財星, 官星이 用神이 된다. 印星이 太過하여 身强하면 食傷[때로는 財星]이 用神이 되고, 比劫이 太旺하여 身强하면 官星으로 制伏하거나 食傷으로 洩氣를 한다. 그리고 命主가 身弱하면 印星이나 比劫이 用神이 된다. 食傷, 官星이 太旺하여 身弱하면 印星이 用神이 되고, 財星이 太旺하여 身弱하면 比劫이 用神이 되는데, 이를 抑扶用神이라고 한다.

2) 調候用神

사람은 누구나 계절의 寒暖의 영향을 받고 태어난다. 사주팔자 내에서 月令을 계절과 기후를 중심으로 볼 때, 金水의 日干이 冬節에 生하거나, 木火 日干이 夏節에 生하면 기후가 너무 차갑거나 뜨거우므로 기후를 조절하는 것이 시급해진다. 이때 기후를 조절하는 것이 用神이 되는데, 이를 調候用神이라고 한다. 명리원전 중에서 『窮通寶鑑』[42]은 '기후'개념을 통해 <日干에게 필요한> 調候用神이라는 개념을 잘 추론하고 있다. 그리고 사주명리학에 있어서는 月令이 중요한 개념인데, 『窮通寶鑑』은 月令개념이 충실하게 기술되어 있다. 十干을 12달에 따른 기후의 변화를 설명하고 또한 다른 干支들의 상황에 陰陽消息을 중심으로 이론을 전개하고 있는데, 그 내용을 보면 다음과 같다.

---

41 李錫暎, 『四柱捷徑 卷四』, 韓國易學教育學院, 2009, 176쪽.

42 『窮通寶鑑』은 『欄江網』과 『造化元論』을 원전으로 해서 淸代 徐春台에 의해 재편집되었고 나중에 徐樂吾가 평주했다. 『欄江網』은 누가 지었는지는 알려져 있지는 않고, 淸代초기 康熙皇帝시대에 日官의 손에 입수되어 『造化元論』이라고 이름을 바꾸었다. 다만 책에 인용된 사주의 주인공들이 明代의 유명인사들의 사주가 기록된 것을 볼 때, 明代의 저작이라고 추측할 수 있을 뿐이다.

"正月 甲木은, 初春에 오히려 차가운 기운이 있으므로, 丙火를 얻고 癸水가 透出하면, 富貴가 雙全한다."[43]

"十二月 甲木은, 하늘의 기운이 차갑고 얼어 있으므로, 木의 성질이 극도로 차가우니, 생기의 象이 發하지 않는다. 먼저 庚金을 사용해서 甲木을 쪼개어, 丁火를 이끌 수 있으면, 비로소 木火通明의 象을 얻을 수 있다. 그러므로 丁火는 그[庚金] 다음이다."[44]

"二月 乙木은, 陽氣가 점차로 상승하는 시기이므로, 나무가 차갑지 않다. 丙火로써 군주를 삼고, 癸水로써 신하를 삼는다."[45]

위의 인용문에 잘 나타나 있듯이, 『窮通寶鑑』에서는 춥고 더운 기후 개념을 통해서 사주의 전체적인 상황을 설명하고 이를 근거로 해서 필요한 用神을 추론하고 있다. 한편, 『子平粹言』「調候之取用法」에서도 調候用神에 대해 다음과 같이 기술하고 있다.

"五行이 生剋하는 이치는 본래 기후가 相勝하고 相制하는 것의 대명사이다. 겨우 生剋만을 말해서는 그 변화를 다 표현하기 부족해서, 반대로 生剋하는 이치까지 포함시켜야 한다. 비유하자면 土가 金을 生할 수 있으나, 여름철의 마른 土는 金을 生할 수 없으니, 水를 얻어 물기가 있어야 土가 젖어 金을 生한다. …실질적으로 말하자면 여름철은 水가 없어서는 안 되고, 겨울철은 火가 없어서는 안 되는 것이다. 조금 生하는 것으로는 生이 될 수 없으며, 剋하고 洩氣하는 것도 生이 되는 것이다. 이것이 바로 『滴天髓』에서 '아이가

---

43 『窮通寶鑑』,「論木」:"正月甲木, 初春尚有餘寒, 得丙癸透, 富貴雙全."

44 『窮通寶鑑』,「三冬甲木」:"十二月甲木, 天氣寒凍, 木性極寒, 無發生之象. 先用庚劈甲, 方引丁火, 始得木火有通明之象. 故丁次之."

45 『窮通寶鑑』,「三春乙木」:"二月乙木, 陽氣漸升, 木不寒矣. 以丙爲君, 癸爲臣."

어머니를 生한다'는 의미이다. 調候가 필요한 때에는 오직 調候를 중점으로 삼고, 여유가 있는 것은 놔두고 천천히 논하고, 시급한 것을 먼저 하기 때문이다."[46]

예② 壬 己 乙 丁 (乾命)
　　申 巳 巳 巳
　戊 己 庚 辛 壬 癸 甲 (大運)
　亥 子 丑 巳 寅 卯 辰

예②는 調候의 사례이다. "初夏의 己土 日干이 年·月·日 地支에 巳火 印綬가 局을 이루고 年上에 丁火가 透干하니 초여름의 메마른 전답이므로 물이 그립다. 그러므로 時上의 壬水가 透出하여 申에 長生하니 메마른 전답에 호수의 물을 끌어다 潤土하니 富를 득함이 분명하다. 그래서 壬大運 辛巳年에 壬水 用神을 補하니 통신사업으로 젊은 나이에 크게 성공하였다."[47] 앞의 사례에 잘 나타나 있듯이, 命主가 겨울生이면 추우니 따뜻한 하게 해주어야 하며, 여름生은 더우니 시원하게 해주어야 하고, 燥하면 적셔주고, 濕하면 말려주어야 한다. 즉 겨울生은 火를 用神으로 하고 여름生은 水를 用神으로 삼는 것을 말한다. 이처럼 사주 命式에서 계절의 寒暖燥濕을 살펴서 用神을 정하는 것을 調候用神이라고 한다.

46　『子平粹言』,「調候之取用法」: "五行生剋之理, 本是氣候相勝相制之代名詞, 僅言生剋, 不足以盡其變, 乃有反生剋之理. 譬如土能生金, 而夏令燥土, 不能生金, 得水潤之土潤金生. …質言之, 夏令不可無水, 冬令不可無火. 不僅相生爲生, 剋洩亦爲生. 此即滴天髓兒能生母之義也. 在需要調候之時, 只以調候爲重, 其餘槪置緩論, 先其所急也."

47　金甲植,『命理要決』, 무학동양운명철학연구원, 2014, 274-275쪽 참조.

3) 病藥用神

身弱한 사주일 때 日干을 生助하거나, 사주 내에서 제일 중요한 작용을 하는 五行이나 十神을 傷하게 하는 것이 있는데, 이를 가리켜서 病神이라고 한다. 이런 病神을 제거하는 것이 藥神이다. 이런 경우에 藥神으로 用神을 취하게 되는데, 이를 病藥用神이라 한다. 明代 張楠[48]은 『命理正宗』에서 病藥說에 대해서 다음과 같이 기술하고 있다.

"어떤 것을 병이라 일컫는가? 原命의 팔자 중에 害神이 있음을 말하고, 어떤 것을 또 약이라 하는가? 팔자의 原命을 害하는 글자가 있는데, 한 글자를 얻음으로써 <害하는> 그것을 제거하는 것을 말한다."[49]

그리고 『適天髓闡微』「地支」에서도 病藥說에 대한 내용을 다음과 같이 기술하고 있다.

"만약 사주가 旺하여 넘치는 것은 沖을 해서 제거시키고, 쇠약해서 부족한 것은, 合이나 生助해 주어야 아름답게 된다. 이런 경우 사주에 沖이나 合하는 神이 없다면, 세운에서 暗來하여 沖이나 合하면 더욱 기쁠 것이다. 무릇 병이 있는데 좋은 약을 얻음으로서 生하는

---

48 張楠(?-?)은 字가 神峯이고 號가 西溪逸叟이며, 臨川縣 사람이다. 淸代 擁正 년간(1722-1735)에 간행된 『古今圖書集成』「星命部名流」에 明代의 유명 술사들에 대한 기록이 있는데, 거기에 張神峯의 이름이 있다. 이를 보면 張神峯이 직업적 술사로 명성이 있었음을 알 수 있다. 그의 저서로 알려진 『命理正宗』은 動靜說, 蓋頭說, 六親說, 病藥說로 유명하다. 이 책은 淸 道光 庚寅(1830)년에 총 여섯 권으로 간행되었는데, 『神峯通考』 혹은 『神峯闢謬』라고도 한다.

49 『命理正宗』,「病藥說類」: "何以爲之病, 原八子中原有所害之神也, 何以爲之藥, 如八子原有所害之字, 而得一字以去之謂也."

것이다."⁵⁰

위의 인용문에 잘 나타나 있듯이, 病藥說은 병이 있을 때, 그 병이 되는 글자를 제거하는 글자가 用神이 되고, 병이 제거되는 運에 發福한다는 이론이다. 『子平粹言』「病藥之取用法」에서는 病藥用神에 대한 다음과 같이 기술하고 있다.

   "『五言獨步』에서 '병이 있으면 장차 貴하게 되고, 傷함이 없으면 奇[운수가 나쁨, 不遇함.]를 바르게 할 수 없으며, 格에서 병을 제거하면, 財祿이 서로 따른다.' …너무 强하거나 너무 弱한 것은 병이고, 돕거나 억제하는 것이 바로 약이다. …병에 따라 약을 사용하는 경우에 원국에 바로 필요에 적합한 用神이 있는데 다른 天干이 제재하면, 이것이 병이다. 필요한 神을 쓸 수 없을 때, 마땅히 병을 제거하는 것으로 用神을 삼는다. 이것이 약이다. …병을 제거하는 것이 약이다. 원국에 있으면 종신토록 복을 얻고, 大運에서 만나면 그 오년이나 십년동안 이익을 얻는다."⁵¹

   예③ 甲 丁 己 壬 (乾命)

      辰 丑 酉 戌

      丙 乙 甲 癸 壬 辛 庚 (大運)

      辰 卯 寅 丑 子 亥 戌

---

50 『適天髓闡微』,「地支」: "若旺而有餘者, 沖去之, 衰而不足者, 會助之爲美. 如四柱無沖會之神, 得歲運暗來沖會尤爲喜也. 蓋有病得良劑以生也."

51 『子平粹言』「病藥之取用法」: "五言獨步云,'有病方爲貴, 無傷不是奇, 格中如去病, 財祿自相隨.' …太强太弱, 病也. 扶之抑之, 藥也. …病與藥之用, 乃原局有適合需要之用神, 而爲別干所制, 是爲之病. 不能用需要之神, 而須以去病之神爲用, 是爲之藥. …去病之藥, 原局有之, 終身獲福, 大運遇之則此五年十年獲其益."

예③은 病藥의 사례이다. "이 사주는 丁火 日干이 酉月에 태어나 日主 失時에 金生得土로서 財[金]가 旺하고 己土가 透出되어 日干 丁火가 洩氣가 甚하다. 그러나 丁火가 死하지 않는 것은 戌中 丁火로 通根하였고, 또 時干에 甲木이 辰中 乙木에 着根하여 生火하는 믿음이 있다. 이와 같이 되어 사주를 교량 하여볼 때, 土金이 旺하고 木火가 弱하므로, 弱한 것은 扶하여야 하는 것이니 年上 壬水가 甲木을 生하여 官印相生으로 貴星인데, 그만 中間 己土가 剋壬水하여 가로막고 있다. 필요한 貴星을 作用할려고 할 때에 吉星을 制함을 병이라 하는 것인즉, 己土가 병이 된다. 然인데, 병을 제거하는 자가 약이니, 己土를 制하는 時上 甲木을 약으로 用神으로 결정하게 된다. 고로 大運 甲寅, 乙卯에 大富貴가 된 사주이다."[52] 앞의 사례에서 보면, 命主가 身弱하면 日干를 生해주는 五行을 用神으로 삼는데, 그 五行을 剋하는 五行을 病神이라 하고, 다시 그 病神을 剋制하는 五行을 藥神으로 삼고 있다. 이를 病藥用神이라 한다.

4) 通關用神

사주팔자 중에서 두 五行이나 十神이 대치하여 強弱을 분별하기 어려울 경우에는 이들을 화해를 시켜야 한다. 이럴 때는 통관의 묘를 살려서, 대치하고 있는 두 五行이나 十神을 통관시키는 五行이나 十神이 用神이 되는데, 이를 通關用神이라고 한다. 通關用神에 대해서는 『滴天髓』「通關」에서 다음과 같이 기술하고 있다.

"天氣는 하강하고자 하고, 地氣는 상승하고자 하니, 相合·相生·相和를 원하기 때문이다. 木土에는 火가 필요하고, 火金에는 土가 필요하며, 土水에는 金이 필요하고, 金木에는 水가 필요한 것이니, 모두 牛郎과 織女가 有情함이다."[53]

---

52   李錫暎, 『四柱捷徑 卷四』, 韓國易學教育學院, 2009, 178쪽.

"통관이란 剋制하는 神을 이끌어서 통하게 해주는 것이다. …만약 殺이 중첩되면 印星을 좋아 하는데, 殺이 투출되어 있을 때 印星 역시 투출 되어 있거나 煞이 地支에 있을 때 印星 역시 地支에 있으면, 이는 바르게 유통이 되었으니, 마디 밖에서 따로 가지를 生할[달리 쓸데없는 것을 만들] 필요가 없다."[54]

그리고 『子平粹言』「三通關之取用法」에서는 通關用神에 관해 다음과 같이 기술하고 있다.

"통관은 日主외에 대치하는 두 神의 세력이 균등하여 輕重과 親疏가 서로 대등함으로 취사 할 수 없을 때, 오직 그 기운을 관통하는 것으로 일치시켜, 나에게 쓰일 수 있게 하는 것이다."[55]

예④ 丙 丁 甲 癸 (乾命)

　　午 卯 子 酉

　丙 丁 戊 己 庚 辛 壬 癸 (大運)

　辰 巳 午 未 申 酉 戌 亥

예④는 통관의 사례이다. "이 사주는 天干과 地支에 모두 殺印相生이고, 印星이 日干을 生하고 時에는 祿旺이 있으며, 더욱 묘한 것은 地支에 <子·午·卯·酉의> 四沖이

53　『滴天髓』,「通關」: "天氣欲下降, 地氣欲上升, 欲相合相和相生也. 木土而要火, 火金而要土, 土水而要金, 金木而要水, 皆是牛郞織女之有情也."

54　『滴天髓闡微』,「通關」: "通關者, 引通剋制之神也. …若殺重喜印, 殺露印亦露煞藏印亦藏, 此顯然通達, 不必節外生枝."

55　『子平粹言』,「三通關之取用法」: "通關者, 日主之外, 兩神對峙, 勢均力敵, 輕重親疏相等, 不能有所取捨, 惟有貫通其氣, 使歸於一致, 方能爲我所用也."

도리어 四助가 된다. 金이 水를 보니 木을 剋하지 않고 水를 生하며, 水가 木을 보니 火를 剋하지 않고 木을 生하니, 이들이 자연히 서로 떨어지지도 않고 붙어있지도 않아서, 중간에 막고 있는 물건이 없는 것이니, 日干은 弱한 가운데에서 旺으로 변했다. 運에서 水를 만나도, 도리어 木을 生하고, 金을 만나도 도리어 水를 生하니 印綬가 傷하지 않아서 秋闈[56]에 급제를 하고 벼슬이 관찰사에 이르렀다."[57] 앞의 사례에 잘 나타나 있듯이, 통관이 用神의 기준이 될 만큼 중요한 의미가 있다고 보는 것은 양대 세력이 대립하고 있을 경우에 둘 사이를 통관시켜야 命이 淸해지기 때문이다. 앞에서 살펴본 바와 같이, 사주 내에서 서로 剋하는 五行이 비슷한 세력을 갖고 있을 때, 이를 소통시켜주는 五行을 用神으로 삼는다. 즉 金과 木이 싸울 때 水를 用神으로 삼는다거나, 火와 水가 싸울 때 木을 用神으로 삼아, 水生木, 木生火시켜서 싸움을 말려주는 五行을 用神으로 삼는데, 이를 通關用神이라고 한다.

5) 專旺用神

사주 내에 가장 많은 五行이 있으면 그 五行을 따라서 用神을 삼는 경우가 있다. 대세를 거역하는 것은 자연의 이치를 거역하는 것이라는 이유로서 주로 從格[58] 사주에

---

56 秋闈란 秋節의 科擧인데, 주로 武科가 많았다.

57 『滴天髓闡微』, 「通關」: "此造天干地支, 皆殺生印, 印生身時歸祿旺, 尤妙四沖反爲四助, 金見水不剋木而生水, 水見木不剋火而生木, 此自然不隔不占, 無阻節之物, 日主弱中變旺. 運遇水, 仍能生木, 逢金仍能生水, 印綬不傷, 所以秋闈早捷, 仕至觀察."

58 從旺格은 사주의 전부 또는 대부분이 比劫으로 이루어지고, 官煞의 剋制가 없고 印星이 있으면 比劫이 왕성하므로 대세에 따라 그 旺한 五行[比劫]을 따르는 사주를 말하고, 運에서 그 旺한 五行[比劫]을 만나면 吉하다. 그러나 運에서 相剋이 되는 五行[官煞]을 만나면 凶하다. 從强格은 사주의 전부 또는 대부분이 印星이 가득하고, 財의 剋制가 없을 때 대세에 따라 그 旺한 五行[印星]을 따르는 사주를 말하며, 運에서 그 旺한 五行[印星]을 만나면 吉하다. 그러나 運에서 相剋이 되는 五行[財]을 만나면 凶하다. 從兒格은 사주의 전부 또는 대부분이 食傷이 가득하고, 印星의 剋制가 없고, 또한 官煞을 沖하지 않는 사주이다. 運에서 그 旺한 五行[食傷] 또는, 財를 만나면

서 氣勢에 순응하는 것을 用神으로 정한다. 이를 專旺用神이라한다. 『淵海子平』「論偏官」에서는 "대개 법을 지나치게 하는 것은 법이 없음과 같으니, 비록 사납기가 이리와 같아서 능히 制伏할 수 없다고 하더라도, 이는 또한 오로지 制伏만을 말할 수 없는 것이다"[59]라고 하였고, 『滴天髓』「順逆」에서는 "順과 逆은 같지 않다. 逆이 불가할 경우에는 그 기세에 順해야 한다"[60]라고 것은 대세 따르는 것을 말하는 것이다. 그리고 『滴天髓闡微』「體用」과 「從象」에서 從格四柱의 用神에 대해 다음과 같이 기술하고 있다.

"旺한 것은 누르고, 弱한 것은 도와준다는 것이, 비록 바뀌지 않는 법이긴 하지만, 不易[[바뀌지 않는 것] 중에도 變易[변하는 것]이 있으니, 오직 깊이 살펴야 할 것은 <원문 끝에 있는> '得, 其, 宜'[그 올바름을 얻는다.] 세 글자일 뿐이다. 旺한 자를 눌러주되 누르기가 불가하다면, 반대로 도와주고, 약자는 도와주되 돕기가 불가하다면, 도리어 눌러야 한다. 이것이 명리의 眞機이며, 五行이 뒤바뀌는 妙한 용법인 것이다. 대개 旺함이 極에 달하면 눌러줘야 하나, 그렇게 하다가 도리어 반격의 피해를 입게 되니, 즉 그 강함을 따라서 도와주는 것이 오히려 옳은 것이다. 극히 弱한 자는 도와줘야 하지만, 도와줘봐야 별 소득이 없는 경우에는, 그 弱한 것은 剋하는 것이 오히려 옳다."[61]

吉하다. 그러나 運에서 相剋이 되는 五行[印星, 官煞]을 만나면 凶하다. 從官煞格은 사주의 전부 또는 대부분이 官煞이 가득하고, 食傷의 剋制가 없어야 한다. 運에서 그 旺한 五行[官煞] 또는, 財를 만나면 吉하다. 그러나 運에서 印星, 比劫, 食傷을 만나면 凶하다. 從財格은 사주의 전부 또는 대부분이 財가 가득하고, 比劫의 剋制가 없는 사주를 말한다. 運에서 그 旺한 五行[財] 또는, 食傷이나 官煞를 만나면 吉하다. 그러나 運에서 印星, 比劫을 만나면 凶하다.(白靈觀, 『四柱精說』, 明文堂, 2015, 132-136쪽 참조.)

59 『淵海子平』, 「論偏官」: "蓋盡法無法, 雖猛如狼, 不能制伏矣, 是又不可專言制伏."

60 『滴天髓』, 「順逆」: "順逆不齊也. 不可逆者, 順其氣勢而已矣."

61 『滴天髓闡微』, 「體用」: "旺則抑之, 弱則扶之, 雖不易之法, 然有不易中之變易者, 惟在審察得, 其, 宜 三字而已矣. 旺者抑之, 如不可抑, 反宜扶之, 弱者扶之, 如不可扶, 反宜抑之, 此命理之眞機, 五行顚倒 之妙用也, 蓋旺極者抑之, 抑之反激而有害, 則宜從其强而扶之. 弱極者扶之, 扶之徒勢而無功, 則宜從其

"從强者는 사주에 印綬가 가득하고 比劫도 겹쳐서 있는 경우이며, 日主 또한 當令을한 상황에서, 財星이나 官殺의 기운은 터럭만큼도 없을 경우에는, 두 사람의 마음이 하나가 되어서, 强하기가 極에 달했으니, 順은 옳으나 逆은 불가하다. 그래서 比劫의 運으로 흐르는 것은 吉하고, 印綬運도 역시 좋다. 食傷運은 印綬에게 沖剋을 받으니 반드시 凶하고, 財官運은 旺神을 건드려서 노하게 하니, 大凶이다. 從氣者는 財星, 官星, 印綬, 食傷등을 논하지 않고, 그 기세가 木火에 있다면, 運은 木火의 運을 좋아하고, 氣勢가 金水에있다면, 運도 金水로 가는 것을 필요하다. 이와 반대면 반드시 凶하다."[62]

위의 인용문에서 알 수 있듯이, 任鐵樵는 『適天髓闡微』에서 從格四柱의 用神에 대해서 자신의 생각을 피력하고 있는데, 이는 專旺用神과도 그 의미가 비슷하다. 그의 從格이론은 현대 명리학에서도 從旺格, 從强格, 從兒格, 從官煞格, 從財格 등으로 看命에 활용하고 있다. 그리고 『子平粹言』「體用之變參考滴天髓微義及補註」에서는 專旺用神에 대해 다음과 같이 기술하고 있다.

"體와 用의 변화는, 전체 원국의 기세가 한쪽으로 치우쳐 왕성해서 日干이 月令과짝하는 것을 근본으로 할 수 없으면, 전체 원국의 기세를 근본으로 한다. 用은 體의 변화에따르고, 抑扶로 用神을 삼지 못한다. 마땅히 기세에 따라 기세 중 특별한 것을 用神으로한다. …대략 세 가지 (甲)專旺, (乙)從旺, (丙)合化로 나눈다."[63]

弱而抑之."

62 『滴天髓闡微』, 「從象」: "從强者, 四柱印綬重重, 比劫疊疊, 日主又當令, 絶無一毫財星官殺之氣, 謂二人同心, 强之極矣, 可順而不可逆也. 則純行比劫運則吉, 印綬運亦佳, 食傷運, 有印綬沖剋必凶, 財官運, 爲觸怒旺神, 大凶. 從氣者, 不論財官印綬食傷之類, 如氣勢在木火, 要行木火運, 氣勢在金水, 要行金水運. 反此必凶."

63 『子平粹言』, 「體用之變參考滴天髓微義及補註」: "體用之變者, 全局氣勢偏旺于一方, 不以日干配月令爲主, 而以全局氣勢爲主. 用隨體變, 不以抑扶爲用. 而以順其氣勢爲用特順氣勢之中. …約分爲三, (甲)專旺, (乙)從旺, (丙)合化."

예⑤ 乙 乙 辛 辛 (乾命)

　　酉 酉 丑 巳

　癸 甲 乙 丙 丁 戊 己 庚 (大運)

　巳 午 未 申 酉 戌 亥 子

예⑤는 專旺의 사례이다. "이 사주는 日干 乙木이 丑月에 났고, 地支에는 金局이 된 상황에서 天干에는 辛金이 둘이나 透出이 되었으니, 從殺格이 틀림없다. 戊戌運에서 벼슬이 수석으로 진급되어 몸이 翰苑에 머물렀는데, 丁酉大運과 丙申大運에서는 火가 截脚이 되고 金이 得地를 하여 벼슬은 연속해서 상승했다. 乙未運이 되자 金局을 깨고 木이 뿌리를 얻는 바람에 죽었다."[64] 앞의 사례에서 보면, 사주의 기세가 한쪽으로 치우쳐 있어서 그 세력을 거역하는 것이 불가능하다면 오로지 그 氣勢에 순응하는 도리 밖에 없다. 따라서 그 氣勢에 순응하는 것을 用神으로 정한다. 일반적으로 從格과 秀氣格[專旺格, 一行得氣格]과 化氣格[化格][65]은 모두 이 원칙을 따르게 되는데 이를 專旺用神이라고 한다.

　이어서 日干과 月支를 기준으로 정해지는 格局用神의 내용에 대해서는 '제5장 『子平眞詮』의 格局用神과 相神'에서 구체적으로 고찰하고자 한다.

64　『滴天髓闡微』,「從象」: "乙木生於季冬, 支全金局, 干透兩辛, 從殺斯眞. 戊戌運連登甲第, 置身翰苑, 丁酉丙申, 火截脚而金得地, 仕版連登. 乙未運, 沖破金局, 木得蟠根, 不祿."『禮記』,「曲禮下」: "天子死曰崩, 諸侯曰薨, 大夫曰卒, 士曰不祿, 庶人曰死."(천자의 죽음을 붕, 제후는 훙, 대부는 졸, 선비는 불록, 서민은 사라고 각각 이른다.)

65　化氣格은 日干를 중심으로 時干 또는 月干과 合이 되고, 合이 된 五行이 사주의 대부분을 이루고 있으면 化氣格이 된다. 즉, 甲己合化土格은 甲木 日干이 時干이나 月干에서 己土를 만나고 사주 대부분이 土로 이루어진 경우를 말한다. 같은 논리로 乙庚合化金格, 丙辛合化水格, 丁壬合化木格, 戊癸合化火格이 있다. 일반적으로 化氣格은 合化하는 五行이 旺할수록 좋게 보기 때문에 그 五行이 月支에 해당하면 格이 좋아지게 된다. 運에서 合化한 五行을 生助하는 運을 만나게 되면 吉하나, 剋制하는 運을 만나게 되면 凶하다고 보고 있다.

제5장 『子平眞詮』의 格局用神과 相神

1. 格局의 개념

格局에 대한 관법은 『命通賦』, 『淵海子平』, 『命理正宗』, 『命理約言』, 『子平眞詮』, 『滴天髓闡微』 등 子平命理學에서 중요한 요소로 자리매김하고 있다. 일반적으로 말해서 '구조와 장식' 또는 '짜임새와 격식'을 의미하는 '格局'은 '格'과 '局'을 합친 용어이다. 사주명리학에 있어서 '格'이 日干과 月支 地藏干[月令]에 해당하는 글자와의 관계에서 특징 지워지는 사주의 주체가 가지는 품격이나 성격[천성]을 의미한다면,[1] '局'은 사주전반 기세의 판국이나 국면을 뜻하며 地支가 會[三合]하여 특정한 세력이 된 것이다. 그리고 格局은 그 '짜임새와 격식'에 의해서 命主의 성격이 형성되고, 格을 이룬 十神의 작용 또는 영향에 의해 日干의 심리특성과 행동 및 생활태도가 드러난다고 할 수 있어[2] 중요한 의미를 지니고 있다. 그리고 格局을 알아야 相神을 찾을 수 있는 것이고, 相神은 格局에 맞게 정해지는 것이 원칙이다.

『子平眞詮』에서의 格局用神은 '月令用事之神'이라고 말할 수 있다. 『子平眞詮』에서

---

1   李康大·林正基·金哲完, 『알기 쉬운 자평진전 上』, 동창, 2016, 120쪽 참조.

2   高在民, 「四柱命理의 宮星과 格局用神論 硏究」, 대구한의대 박사청구논문, 2016, 130쪽 참조.

는 月支 地藏干 즉 月令에 의해 格이 정해지기 때문이다. 그래서 沈孝瞻은 格局을 구성할 때 月支 本氣위주로 정하는 것을 원칙으로 하면서 日干의 강약보다 格局의 順用과 逆用, 成格과 敗格을 더욱 중시하였다. 이제 日干과 月支를 기준으로 정해지는 格局用神의 내용을 고찰해 본다.

『淵海子平』「正官格」과 「雜氣財官詩訣」에서는 月支에서 格을 취하고 있음을 알 수 있는데, 그 내용은 다음과 같다.

"<正官格은> 月上에 正官이 있을 때를 말한다. 時上에 財星이 겸해 있으면 眞貴人이다. 沖을 두려워하고 傷官과 七殺을 보는 것을 꺼리고, 大運에서도 또한 꺼린다."[3]

"雜氣는 財官이 月宮에 있고, 天干에 透干하면 비로소 풍요하게 된다."[4]

한편, 『命理約言』「看命總法一」과 「看月令法一」에서는 看命할 경우에 日干의 五行이 무엇인가를 먼저 살펴본 후에 그것과 月支의 五行과의 상호관계를 살펴보면서 格을 취해야 한다는 내용을 다음과 같이 기술하고 있다.

"사주를 배열해 놓고, 먼저 日干의 五行이 무엇인가를 본 후에, 月支의 五行과 상호관계를 살피는데, 혹 月支가 나를 生하는지 剋하는지, 혹은 내가 月支를 生하는지 剋하는지를 본다. 月支의 本氣가 天干에 透出했다면, 예를 들어 寅中의 甲木이나, 午中의 丁火가 透干했다면 바로 透出한 그것으로 格을 취한다. 그런데 正官, 食神, 偏財, 偏印格이라면 生助함이 마땅하고, 偏官, 傷官格이면 마땅히 制化시켜야한다. 만약 本氣가 透干하지 않았거나 剋을

---

3 『淵海子平』, 「正官格」: "月上有官星者是也. 時上兼有財星者, 眞貴人. 怕相沖忌見傷官七殺, 大運亦然."
4 『淵海子平』, 「雜氣財官時訣」: "雜氣財官在月宮, 天干透露始爲豊."

당했다면, 예를 들어 月支가 寅일 때 甲木을 쓰지 않고, 나머지 地藏干인 丙火나 戊土를 쓰고, 午火의 경우에도 마찬가지로 丁火를 쓰지 않고 己土를 쓴다. 만일 그 地藏干의 神[十神]이, 透干하지 않았거나 剋을 당했다면, 月支에서 格을 취하지 않고, 다른 干支에서 세력이 왕성한 자를 찾아서 格을 취한다."[5]

"格局은 먼저 <月支에서> 當令한 것을 취하고, 다음에 得勢한 것에서 취한다."[6]

그리고 『滴天髓闡微』「八格」에서도 먼저 月令을 본 후, 天干에 透出된 十神을 用神으로 쓴다는 내용을 다음과 같이 기술하고 있다.

"八格은 명리이론 중 가장 올바른 이론이다. 먼저 月令을 보고 어느 地支를 얻었는가를 본 다음, 天干에 어떤 十神이 透出되었는가를 본다. 다시 어떤 글자가 司令되었는가를 연구해서 格의 眞假를 정한다. 그런 다음에 用神을 취하고 淸濁도 분별하게 된다. 이것이 바로 진실로 거쳐야 하는 올바른 이치의 순서이다."[7]

지금까지 명리원전에서의 格局用神의 변천과정에서 보았듯이 月令에 의해 格이 정해진다. 그리고 子平命理를 계승하고 있는 『子平眞詮』은 格局用神과 相神이라는 독특한 관법을 만들어 내었다. 그리고 月支를 기준으로 格局을 정하는 내용을 다음과

---

5 『命理約言』,「看命總法一」: "列下四柱, 先看日干是何五行, 隨看月支, 或是生我剋我, 或是我生我剋. 如月支本氣透於天干, 寅透甲, 午透丁, 即取爲格. 係正官, 食神, 偏財, 偏印, 卽宜生之助之, 係偏官, 傷官, 卽宜制之化之. 若本氣未透遭剋, 則寅不用甲, 而用所藏之丙戊, 午不用丁, 而用所藏之己. 若所藏之神, 又不透遭剋, 則不用月支, 而用別干支之勢盛力旺者爲格."

6 『命理約言』,「看月令法一」: "格局先取當令, 次取得勢."

7 『滴天髓闡微』,「八格」: "八格者, 命中之正理也. 先觀月令所得何支, 次看天干透出何神. 更究司令以定眞假. 然後取用, 以分淸濁. 此實依經順理."

같이 기술하고 있다.

　　"오늘날 사람들은 오로지 提綱[月令]을 주로하고, 연후에 사주의 간지를 가지고 글자 하나하나를 모두 月令에 귀속시켜서 喜忌를 보는 것을 모른다. 심지어 正官格이 印綬를 찬 것[正官佩印]을 보고 官印雙全이라 여겨 印綬格이 正官을 쓰는 것과 같이 논한다. 財格에 食神이 透出한 것을 보면, 財가 食神의 生助를 만났다 여기지 않고, 食神이 財를 生한다고 여겨 食神格에서 財를 生하는 것과 동일하게 여긴다. 偏印格인데 食神이 透出한 것을 보면, 身[日干]을 洩氣하는 秀氣로 생각하지 않고, 梟神[偏印]이 食神을 파괴하여 나쁜 것으로 여겨 마땅히 財를 써서 制伏해야 한다고 생각하여, 食神格인데 梟神[偏印]을 만난 것과 똑같이 논한다. 七煞格이 食神의 制伏을 만나고 印星이 透出된 것을 보면, 食神을 제거하여 七煞을 보호한다고 생각하지 않고, 煞印相生이라 여겨 印綬格에 七煞이 있는 것과 똑같이 논한다. 게다가 七煞格에 陽刃이 있는데, 陽刃이 身[日干]을 도와 七煞을 制伏하였다고 여기지 않고 七煞로써 陽刃을 制伏하는 것이라 여겨 陽刃格에 七煞이 있는 사주와 똑같이 논한다. 이것은 모두 月令을 알지 못하고 망령되이 用神을 정한 까닭이다."[8]

　　위의 인용문에서 잘 나타나 있듯이, 『子平眞詮』에서는 月支가 比劫인 경우가 아니면 전적으로 月支에서 格局을 정해야 한다. 그런 다음에 四吉神格인지 四凶神格[9]인지를 보고 順用할 것인지, 逆用할 것인지 결정하여 格局에 필요한 相神을 정해야 한다는

8　　『子平眞詮』, 「論用神」: "今人不知專主提綱, 然後將四柱干支, 字字統歸月令以觀喜忌. 甚至見正官佩印, 則以爲官印雙全, 與印綬用官者同論. 見財透食神, 不以爲財逢食生, 而以爲食神生財, 與食神生財同論. 見偏印透食, 不以爲洩身之秀, 而以爲梟神奪食, 宜用財制, 與食神逢梟同論. 見煞逢食制而露印者, 不爲去食護煞, 而以爲煞印相生, 與印綬逢煞者同論. 更有煞格逢刃, 不以刃可幫身制煞, 而以爲七煞制刃, 與陽刃露煞者同論. 此皆由不知月令而妄論之故也."

9　　『子平眞詮』에서 말하는 四凶神格은 四凶神과 서로 다르니 혼동하지 않아야 한다. 四凶神格은 煞·傷·劫·刃[七煞·傷官·劫財·陽刃]이고, 四凶神은 煞·傷·梟·刃[七煞·傷官·梟神·陽刃]이다. 梟神은 偏印을 말한다.(李康大·林正基·金哲完, 『알기 쉬운 자평진전 上』, 동창, 2016, 272쪽 참조.)

입장을 취하고 있다.

그러므로 格局은 오로지 月支를 중심으로 정하여야 하며 日干의 身强身弱이나, 이에 따른 抑扶에 관한 사항은 고려하지 않고 格局을 정해야 된다는 뜻이다. 다시 말하자면, 日干의 身强身弱과 抑扶 등은 格局이 정해진 다음 그 格局에 맞는 相神을 정할 때에 살펴보아야 한다는 것이다.

2. 『子平眞詮』에서의 格局用神의 특징

본 절에서는 『子平眞詮』에서의 格局用神의 특징에 관해 고찰하고자 한다. 이에 관해 좀 더 구체적으로 말하면, 八字用神專求月令, 格局을 順用하거나 逆用하는 이유, 相神의 역할, 建祿格과 月劫格은 用神으로 취하지 않는다는 점, 相神과 大運에 따른 成格과 敗格의 변화, 合과 合而不合에 의한 변화, 忌[忌神]에 의한 成中有敗와 救應에 의한 敗中有成 등에 관한 내용이다.

1) 八字用神專求月令

『子平眞詮』에서는 格局用神을 오직 月令에서 구한다는 취용법을 제시하면서 格局을 정하는 기준이 月支라고 말하고 있다.[10] 이미 明代 『適天髓』에서도 月令의 중요성을 提綱[11]으로 비유하면서 강조하였는데,[12] 沈孝瞻 역시 月令의 중요성을 인정하여 格局用

---

10 『子平眞詮』, 「論用神」: "八字用神, 專求月令. 以日干配月令地支, 而生剋不同, 格局分焉."(八字의 用神은 오로지 月令에서 구한다. 日干을 月支에 대조하면, 生하고 剋하는 현상이 사주마다 다르니, 이로써 格局이 나누어진다.)

11 『淵海子平』, 「繼善篇」: "欲知貴賤, 先觀月令乃提綱."(귀천을 알려면, 먼저 월령인 제강을 보아야 한다.)

神의 선정을 月令에 기반을 두어 구해야 한다고 주장하였다. 이렇듯, 月令의 중요성은 『適天髓闡微』로 이어져 더욱 강조하여 오면서[13] 오늘날의 子平命理學에서도 여전히 큰 영향력을 발휘하고 있다.

2) 順用과 逆用

『子平眞詮』의 格局 운용에 있어 가장 큰 특징은 八正格을 四吉神格[財·官·印·食]과 四凶神格[煞·傷·劫·刃]으로 구분하여 順用[14]과 逆用[15]으로 운용해야 한다는 것에 있다. 그리고 格局 운용 시 順逆이 잘 이루어지고 배합이 마땅하면 어떠한 사주이던지 간에 다 貴格이 될 수 있다고 말한다. 또한 順用과 逆用이 잘되면 成格이 되고, 그렇지 못하면 敗格[破格]이 된다고 기술하고 있다. 順用이라 함은 四吉神格을 相生을 통해서 보호할 때를 말하고, 逆用이라 함은 四凶神格을 制化할 때를 말한다. 한편, 『子平眞詮』이 다른 명리서에 비해 새로운 점은 吉神格과 凶神格을 구별하고 그에 따라서 相神을 정하고 있다는 것이다.

---

12 『適天髓』, 「月令」: "月令乃提綱之府. …令星乃三命之至要."(月令이란 提綱의 본부이다. …令星[月令]은 三命에서 가장 중요한 곳이다.)

13 『適天髓闡微』, 「月令」: "月令者, 命中之至要也. 氣象格局用神, 皆屬提綱司令."(月令은 사주 가운데서 지극히 중요한 곳이다. 氣象·格局·用神 모두가 提綱의 司令에 속해 있기 때문이다.)

14 四吉神格은 그 格을 生해 주는 相神과 四吉神格이 生하는 相神을 기뻐하고, 이러한 관계를 順用이라고 한다.(李康大·林正基·金哲完, 『알기 쉬운 자평진전 上』, 동창, 2016, 116쪽 참조.)

15 四凶神格의 逆用은 해당하는 四凶神格을 剋하는 것이 기본이지만, 剋하는 것이 명조에 없을 경우에는 四凶神格이 生하는 것으로 逆用을 삼기도 한다. 즉 七煞格이 印星을 보아서 化煞하는 것, 傷官格이 財星을 보아 生財하는 것, 祿劫格이나 陽刃格이 食傷을 보아서 財星을 生하는 것 등이 있다.(李康大·林正基·金哲完, 『알기 쉬운 자평진전 上』, 동창, 2016, 116쪽 참조.)

3) 相神

『子平眞詮』에서의 相神은 格局用神을 보필하여 成格이 되도록 돕는 十神을 말하기 때문에, 이때의 相神은 타 명리서의 喜神 개념과 비슷하다고 볼 수 있다. 月令에서 이미 格局用神을 얻었다면 다른 곳에는 반드시 相神이 있다고 한다. 이는 마치 임금이 재상의 보필을 받음과 같아서 相神은 格局用神을 보필하게 된다는 것이다. 相神에 대해서는 본장 4절 '『子平眞詮』의 相神'에서 다시 구체적으로 논한다.

4) 建祿月劫은 用神 取用不可

『子平眞詮』에서는 建祿格과 月劫格은 用神으로 취하지 않는다.[16] 예를 들면, '木' 日干이 寅卯月에 生하면 日干과 月支가 동일한 五行이므로 格局用神으로 취할 수 없다는 것이다. 이때는 財星이나 官星, 食傷 등이 透干하였거나 地支에서 方合이나 三合[三會]이 이루었을 때, 그것을 用神으로 취해야 한다고 말한다.

『子平眞詮』에 의하면, 建祿格과 月劫格의 경우 格局用神으로 취할 수 없고, 天干에 透出하거나 地支에 會合한 '財', '官', '煞', '食'을 用神으로 취한 경우[17]에는 格[格局]으로는 인정하고 있다. 그 내용은 다음과 같다.

16　『子平眞詮』, 「論建祿月劫」: "祿卽是劫, 或以祿堂透出卽可依以爲用者非也."(祿은 곧 比劫이니, 혹 祿堂이 透出하여 바로 의지할 만해서 用神으로 삼는 것은 옳지 않다.) 그리고 이 내용은 『滴天髓闡微』「八格」에서도 같은 입장을 취하고 있다. "若月逢祿刃, 無格可取, 須審日主之喜忌, 另尋別支透出天干者, 借以爲用."(만약 月支에 祿刃[比肩·劫財]이 있는 경우에는 格을 잡을 수 없는데, 모름지기 日主의 喜忌를 살펴 다른 地支에서 天干에 透出된 十神을 用神으로 빌려 쓰게 되는 것이다.)

17　建祿格과 月劫格의 경우에는 印星을 用神으로 정하지 않는다. 그 이유는 月支의 기운을 얻은 日干이 이미 旺强하기 때문에 食傷, 財星, 官煞에서 用神을 찾아야 한다는 것이다. 이러한 입장은 抑扶의 논리가 적용된 것이다.

"그러나 또 月令에 用神이 없는 것도 있으니, 그러한 경우에는 어떻게 해야 하는가? 예컨대, 甲·乙木이 寅·卯月에 生하여 日干과 月令<의 五行>이 동일하다면, 本身<日干과 동일한 五行>은 用神으로 삼을 수 없으니, 반드시 사주에 財星, 官煞, 食神[食傷]이 天干에 透出하고, 地支에서 會合함이 있고 없음을 보고, 달리 用神을 잡아야 한다. 그러나 끝까지 月令으로써 주로 삼고, 그런 뒤에 用神을 찾으니, 이것은 建祿이나 月劫의 格으로, 用이 아니지만 用神의 자리에 나아간다."[18]

위의 인용문에서 보면, 『子平眞詮』에서는 建祿과 月劫은 用神이 될 수 없고, 天干에 透干하거나 地支에서 會合한 財·官·煞·食이 用神이 된다. 建祿格과 月劫格은 用神으로서의 역할은 인정되지 않지만 格의 명칭은 가져가서 格의 지위는 유지하고 있다. 일반적으로 현대 명리학에서는 建祿格은 比肩格으로, 月劫格은 劫財格으로 칭하고 있다.

5) 成格과 敗格

『子平眞詮』에서는 <사주팔자에서 吉神格은 順用하고 凶神格은 逆用을 하는 가운데> 相神은 사주가 成格이 되게 하는 역할을 한다. 그리고 忌[忌神]에 의해 成格이 다시 敗格이 되는 경우가 있고,[19] 救應[20]에 의해 敗格이 다시 成格이 되는 경우가[21]

---

18 『子平眞詮』,「論用神」: "然亦有月令無用神者, 將若之何. 如木生寅卯, 日與月同, 本神不可爲用, 必看四柱有無財官煞食透干會支, 另取用神. 然終以月令爲主, 然後尋用, 是建祿月劫之格, 非用而卽用神也."

19 『子平眞詮』,「論用神成敗救應」: "成中有敗, 必是帶忌."(成格 가운데 敗格이 있는 것[成中有敗]은 반드시 忌[忌神]를 지니고 있다.)

20 『子平眞詮』,「論用神成敗救應」: "八字妙用, 全在成敗救應. 其中權輕權重, 甚是活潑."(八字의 神妙한 운용은 모두 <格局의> 成敗와 救應에 달려 있다. 그 가운데서 輕重을 저울질하면 <그 신묘한 운용이> 매우 활발하게 될 것이다.)

있다고 말한다. '成中有敗'에 관해 다음과 같이 기술하고 있다.

"傷官이 변화하여 財가 되면 格이 이루어진다. 그러나 辛金이 亥月에 生하고 丁火가 透出하여〈相神으로〉쓰이게 되었을 때, 〈亥가〉 卯未와 會合을 하여 財가 되면, 곧 그 財로 七煞을 돕게 되니, 成格에서 敗格이 된다."[22]

위의 인용문을 다음과 같은 命式으로 표시할 수 있다.

○ 辛 丁 ○
未 卯 亥 ○

辛金 日干이 亥月에 태어나 傷官格을 이루고 있는데, 天干에 丁火[七殺]가 있어 傷官 帶煞[23]이기 때문에 成格으로 볼 수 있다. 그런데 地支에 卯未가 있어 月支 亥水와 三合[木局]을 이루고 있어 用神이 변화하게 되어서 財格이 된 경우이다. 이렇게 天干에 七煞이 있으면 財星格에 七煞을 만난 경우에 해당되어 財가 七煞을 生하여 日干을 剋하게 됨으로 인해 敗格이 되는 것이다. 그리고 '救應'에 의해 '敗中有成'이 되는 경우에 대해서는 다음과 같이 기술하고 있다.

"煞刃局이 食神을 만나면 格이 무너진다. 그러나 庚金이 酉月에 生하고, 年干이 丙火이

---

21 『子平眞詮』, 「論用神成敗救應」: "敗中有成, 全憑救應."(敗格가운데 成格이 있는 것[敗中有成]은 전적으로 救應에 의지하고 있다.)

22 『子平眞詮』, 「論用神因成得敗因敗得成」: "化傷爲財, 格之成也. 然辛生亥月, 透丁爲用, 卯未會財, 乃以黨煞, 因成得敗矣."

23 『子平眞詮』, 「論用神成敗救應」: "或傷官帶煞而無財, 傷官格成也."(혹은 傷官格이 七煞을 지니지만 財星이 없으면, 傷官格이 이루어진다.)

고 月干이 丁火인데, 時上[時干]에서 壬水를 만나면, 食神이 官을 合하고 七煞을 보존하여, 官과 煞이 混雜하지 않고, 煞刃局이 淸해지니, 이것은 敗格에서 成格이 되는 것이다."[24]

위의 인용문을 다음과 같은 命式으로 표시할 수 있다.

壬 庚 丁 丙

○ ○ 酉 ○

庚金 日干이 酉月에 태어나 陽刃格을 이루고 있는데, 陽刃格에서 <陽刃格은 格과 用神이 다르므로> 七煞[丙火]을 用神으로 쓰는 경우에 食身[壬水]을 만나게 되면, 壬水가 丙火를 剋하므로 敗格이 된다. 그러나 時上[時干]에 壬水가 月干에 있는 正官 丁火와 合을 이루고[25] 七煞을 남김[合官留煞]으로서 官煞混雜을 해소하기 때문에 사주의 格이 더욱 좋아지면서 成格이 되는 것이다.

앞에서 살펴 본바와 같이 『子平眞詮』에서는 格局用神의 운용에는 成中有敗는 필히 忌[忌神]가 있기 때문이고, 敗中有成은 救應이 있기 때문이라고 하면서, 사주의 妙用은 모두 다 成敗와 救應에 달려 있으니 그 輕重을 잘 살펴서 응용하라고 기술하고 있다.

---

24 『子平眞詮』,「論用神因成得敗因敗得成」: "煞刃逢食, 格之敗也. 然庚生酉月, 年丙月丁, 時上逢壬, 則食神合官留煞, 而官煞不雜, 煞刃局淸, 是因敗得成矣."

25 沈孝瞻이 이 구절에서 月干에 있는 丁火가 時干에 있는 壬水와 合을 한다고 한 것은 『子平眞詮』,「論十干合而不合」: "蓋隔於有所間也. 譬如人彼此相好, 而有人從中間之, 則交必不能成. 假如甲與己合, 而甲己中間, 以庚金隔之, 則甲豈能越剋我之庚而合己."(대개 가로 막는 것이 있어서 떨어져 있기 때문이다. 비유하자면 사람이 피차간에 서로 좋아하더라도, 어떤 사람이 중간에서 그 사람들을 가로막는다면, 그 교제는 반드시 이루어질 수 없는 것이다. 가령 甲과 己는 合이 되지만, 甲木과 己土 중간에 庚金으로써 그 甲己를 가로막아 서로 떨어지게 한다면, 甲木이 어찌 자신을 剋制하고 있는 庚金을 넘어가서 己土와 合할 수 있겠는가?)라고 한 구절과는 맞지 않는다고 볼 수 있으나, 이때는 필자의 견해로는 시간의 壬水는 일간 庚金의 生을 받은 경우라서 월간 丁火와 合을 할 수 있다고 본다.

한편, 『子平眞詮』에서는 成格과 敗格이 大運이 진행되면서 계속 바뀔 수 있기 때문에 大運에 따른 格局用神의 변화를 면밀히 살펴야 한다.[26] 변화에 따른 成格과 敗格은 너무 많기 때문에 일일이 다 예를 들 수 없다. 格局의 成敗여부는 會合과 변화에 따라서 成敗가 갈리게 되니 用神의 변화를 자세히 고찰해야 한다.[27] 成格과 敗格에 대해서는 본장 4절 '『子平眞詮』의 相神'에서 구체적으로 고찰한다.

6) 合과 合而不合

『子平眞詮』에서는 天干의 合[28]에 대해 '合化'와 '合去'[29]라는 용어를 사용하여 기술

---

26 李康大·林正基·金哲完, 『알기 쉬운 자평진전 上』, 동창, 2016, 148쪽 참조. 그리고 같은 책 198쪽에 의하면, 『子平眞詮』의 格局論은 月支 支藏干의 透干에 의한 '格'과 月支와 관련된 會局의 '局'으로 이루어지는 변화와 日干과의 관계로 형성되며 따라서 運의 흐름에서는 月을 기점으로 시작하는 大運만이 『子平眞詮』에서 말하는 用神의 成敗와 변화에 영향을 미치는 것이고 歲運이하 月運과 日運은 格局論과는 관계가 없고 格局을 전제로 전개되는 미시적인 통변의 단계에서 적용되는 것으로 읽어야 한다.

27 『子平眞詮』, 「論用神成敗救應」<註>: "成格破格, 程式繁多, 亦有因會合變化而成敗者. 參觀用神變化節."(成格과 破格은 공식이 번잡하고, 변화가 많다. 會合과 변화에 따라서 성패가 갈리게 된다. 用神變化章을 참고해서 보라.)

28 합이란 五行이 다른 두 종류 이상의 天干 또는 地支가 서로 결합하는 경우이다. '合'이 된 후에는 본래의 기능이 없어지거나[合去], 五行의 속성이 변하는[合化] 경우가 있다. 속성이 변하는 경우는 합이 되는 天干 또는 地支만을 보고 판단하지 말고 주위의 다른 干支를 잘 살펴 판단하여야 된다. 合에는 天干에는 天干五合이 있고, 地支에는 三合, 方合, 六合이 있다. 일반적으로 合去가 되면 합하여 둘의 기능은 없어지게 되고, 合化가 되면 둘이서 같은 행동을 하게 된다.

29 天干이 '合去'가 되었을 때, 그 합을 이룬 十神이 用神이나 相神과 같은 중요한 존재라면, 敗格이 되기 쉽다. 반대로 그 '合'한 十神이 忌神이라면, 합으로서 忌神이 제거되어 좋은 사주가 된다. 『子平眞詮』에서는 四吉神은 합을 하면 기능이 제거되니[合去] 凶하게 되고, 반면에 四凶神은 합을 하면 凶함이 사라지니 吉하게 된다고 보고 있다. 만약 運에 의해 吉神이나 凶神이 '合去'되면, 그 運의 기간 동안은 합으로 인한 吉凶이 생기게 된다. 또 '合去'된 十神의 의미에 따라 다양한 吉凶의 통변을 하게 된다. 예를 들면 己土가 財星인 사주에서, 己가 甲에 의해'合去'되었다면, 財星에 凶함을 유추할 수 있는데, 재물의 손실이나 妻로 인한 곤란함, 또는 위장질환 등의 凶함이 있을 수 있다. 正官의 '合去'로 인한 凶함이라면, 직장에서의 난관이나 관재구설, 坤命에는 남편과의 불화나 이별, 乾命에는 자식에 관한 곤란함 등이 있을 수 있다.(沈孝瞻, 서상덕 옮김, 『子平眞詮

하고 있는데, '合化'는 十干의 서로 다른 陰과 陽이 배합함으로써 이루어지는데,[30] 甲己合化土로부터 시작하여 相生의 순서[土生金, 金生水, 水生木, 木生火, 火生土]로 乙庚合化金, 丙辛合化水, 丁壬合化木, 戊癸合化火가 된다.[31] 이러한 天干의 '合化'에 대해 徐樂吾는 주위의 다른 干支들의 영향에 따라서 그 작용이 일어난다고 하였다.[32] '合去'에 대해, 『子平眞詮』「論十干合而不合」에서는 "합이면서도 <실상은> 합이 되지 않는 것이 있다"[33]라는 입장을 취하면서, 다음과 같이 기술하고 있다.

　　"또 합이지만 합으로서 논하지 않는 경우도 있는데, 어떠한 것인가? <그것은> 本身의 합이다. 무릇 五陽干이 正財를 만나고 五陰干이 正官을 만남에 다 합을 이룬다. 다만 이 本身인 十干이 그것과 합하면 合去가 되지 않는다. 가령 乙木이 庚金 正官을 쓰는 경우에, 日干인 乙木이 庚金과 합을 이루면, 이것은 나의 正官이고 이것은 내가 그것과 합을 하니 어찌 合去가 되겠는가? 만약 庚金이 年干에 있고 乙木이 月干에 있으면, 月干의 乙木이 먼저 가서 庚金과 합하여, 日干은 오히려 합할 수 없으니, 이것이 合去된 것이다."[34]

精解』, 관음출판사, 2011, 61-62쪽 참조.)

30　『子平眞詮』, 「論十干配合性情」: "合化之義, 以十干陰陽相配而成."

31　『子平眞詮』, 「論十干配合性情」: "是以甲己相合之始, 則化爲土, 土則生金, 故乙庚化金次之. 金生水故, 故丙辛合化水又次之. 水生木, 故丁壬化木. 又次之, 木生火, 故戊癸化火又次之, 而五行遍焉."

32　『子平眞詮』, 「論十干配合性情」<註>에서 보면, 주위의 다른 干支들의 영향에 의한 '合化'에 대한 설명을 하고 있는데, 그 예시 命式은 다음과 같다.
　　甲　戊　辛　丙
　　寅　寅　卯　午
　　"丙辛合而不化."(丙辛이 '合'하지만 <水로> 化하지 않는다.)
　　庚　丙　戊　癸
　　寅　午　午　巳
　　"戊癸相合, 支臨巳午, 必然化火. 作爲劫論."(戊癸가 서로 '合'을 할 때, 地支에 巳午가 있으니 반드시 火로 化한다. 劫財로 논하게 된다.)라고 기술하고 있다.

33　『子平眞詮』, 「論十干合而不合」: "有合而不合者."

34　『子平眞詮』, 「論十干合而不合」: "又有合而不以合論者, 何也. 本身之合也. 蓋五陽逢財, 五陰遇官, 俱是作合. 惟是本身十干合之, 不爲合去. 假如乙用庚官, 日干之乙, 與庚作合, 是我之官, 是我合之, 何爲

위의 인용문에 잘 나타나 있듯이, 沈孝瞻은 日干의 合을 本身의 合으로 보아 '合去'라고 보지 않고 있다.[35] 陽日干은 항상 자신의 正財와 天干에서 合을 하고, 陰日干은 항상 자신의 正官과 天干에서 合을 한다. 이렇게 日干이 天干에서 正財나 正官과 合을 하고 있으면, 이것은 日干의 '合去'가 아니고 日干이 그 合하는 十星에 대한 가치 나타낸 것이다.[36] 그렇지만 만약 日干 乙木과 더불어 比肩 乙木이 月干에 또 존재하면서 庚이 또 年干에 있을 경우에는 '合去'로 본다. 그리고 '合而不合'은 형식적으로는 合이 이루진 것 같지만 실제로는 合이 되지 않는 경우를 말하는데 『子平眞詮』에서는 다음과 같이 기술하고 있다.

"가령 甲과 己는 合이 되지만, 甲木과 己土 중간에 庚으로써 그 甲己를 가로막아 서로 떨어지게 한다면, 甲이 어찌 자신을 剋制하고 있는 庚을 넘어가서 己와 合할 수 있겠는가? 이것은 그 형세에 제어되어 그런 것이니, 合이기는 하나 감히 合하지 못하니, 있으나 없는 것과 같다. …또 서로 떨어진 위치가 너무 먼 것도 있다. 예컨대, 甲이 年干에 있고, 己가 時干에 있으면, 마음은 비록 서로 부합하더라도, 처한 자리가 서로 떨어져 있어서, 마치 사람이 天의 남쪽에 있고, 地의 북쪽에 있어서 서로 合할 수 없는 것과 같다."[37]

合去. 若庚在年上, 乙在月上, 則月上之乙, 先去合庚, 而日干反不能合, 是爲合去也."

35 李康大·林正基·金哲完, 『알기 쉬운 자평진전 上』, 동창, 2016, 58쪽에 의하면, "新法四柱學에서 日干 위주라는 의미는 生年月日時로 이루어지는 하나의 사주에서 日干인 나[我]를 기준으로 六親 관계가 결정 되고, 그 六親들의 生剋制化나 合·刑·沖·破·害에 따른 吉·凶·過·福과 富·貴·貧·賤의 귀속처가 日干이라는 것을 의미한다. 그리고 日干은 사주가 이루어내는 결과의 '受動的 最終 歸結 處'가 되는 것이지, 日干에게 유리하다고 특정한 글자를 剋하거나 合하고, 日干이 원하지 않는다고 사주에서 일어나는 특정한 상황을 피할 수 있는 그러한 능동적 행위를 할 수 있는 주체는 아니다. 따라서 기본적으로 日干은 天干의 合에 있어서도 능동적으로 간여를 하여 天干合을 방해할 수 없다고 보아야 한다"라고 언표하고 있다.

36 李康大·林正基·金哲完, 『알기 쉬운 자평진전 上』, 동창, 2016, 64쪽 참조.

37 『子平眞詮』, 「論十干合而不合」: "假如甲與己合, 而甲己中間, 以庚間隔之, 則甲豈能越剋我之庚而合 己. 此制於勢然也, 合而不敢合也, 有若無也. …又有隔位太遠, 如甲在年干, 己在時上, 心雖相契, 地則 相違, 如人天南地北, 不能相合一般."

위의 인용문에서 보면, 合而不合 경우는 합하고자 하는 두 天干 사이에 방해하는 天干이 있거나, 합하고자 하는 두 天干의 거리가 멀어서 떨어져 있는 경우 합이 이루어지지 않는다고 보고 있다.

7) 成中有敗와 敗中有成

『子平眞詮』에서는 格局이 成格과 敗格이 되어도 바뀔 수 있기 때문에 用神의 변화를 면밀히 살펴야 한다. 『子平眞詮』에서는 格局用神의 운용에 있어서 '成中有敗'는 필히 忌[忌神]가 있기 때문이고, 敗中有成은 救應이 있기 때문이라고 한다. 이제 『子平眞詮』에서 말하고 있는 '成中有敗'에 대해서 고찰해 보자.

"成中有敗는 필히 꺼리는 것[忌神]이 있기 때문이고, 敗中有成은 救應이 있기 때문이다. 무엇을 꺼리는 것을 지닌다고 하는가? 예컨대 正官格이 財를 만나면서 傷을 만나거나, <혹은> 正官이 합을 당한 경우, 혹은 財가 旺하여 正官을 生하는데 다시 傷官이 있어 正官이 合을 하는 경우, 印星格에 食神이 透出하여 洩氣하는데 다시 財가 透出된 경우, 七煞이 透出하여 印星을 生하고 있는데 다시 財가 透出하여 印星을 제거하고 七煞만 남는 경우, 食神格에 七煞과 印星이 있는데 또 다시 財를 만나는 경우, 七煞格이 食神의 制伏을 받고 있는데 다시 印星이 있는 경우, 傷官生財인데 財가 合을 한 경우, 印綬格인데 그 印星이 傷함을 만난 경우, 陽刃格에 正官이 透出했으나 <正官이> 傷함을 당한 경우, <陽刃格>에 七煞이 透出했으나 <七煞이> 合이 된 경우, 建祿月劫格에 正官이 透出하고 다시 傷官<의 剋>을 당하거나, <建祿月劫格에> 財가 透出하고 다시 七煞을 만나는 경우, 이러한 것들은 모두 '꺼리는 것'을 지닌다고 말한다."[38]

---

38 『子平眞詮』, 「論用神成敗救應」: "成中有敗, 必是帶忌. 敗中有成, 全憑救應. 何謂帶忌. 如正官逢財而又逢傷, 透官而又逢合, 財旺生官而又逢傷逢合, 印透食以洩氣, 而又遇財露, 透煞以生印, 而又透財, 以

위의 인용문에 의하면, 成中有敗인 사주에는 반드시 꺼리는 忌[忌神]가 있다. 예를 들면, 正官格에 財가 있는데 傷官도 있어 正官을 傷하게 하는 경우와, 正官格에 透出한 正官이 合去되면 敗格이 된다. 또 財格에 財가 왕성하여 正官을 生하는데, 傷官이 있거나 正官이 合去되면 敗格이 된다. 그리고 印綬格에 食神이 透出하여 相神의 역할을 하고 있는데 財星이 透出한 경우와, 印綬格에 七煞이 透出하여 그것이 印星을 生하고 있을지라도 財가 동시에 透出한 경우에는 財가 印星을 傷하게 하니 敗格이 된다. 食神格에 七煞과 印星이 있는데 또 다시 財가 있는 경우에도 敗格이 되는 것이다.

한편, 七煞格에 七煞이 食神의 制伏을 받고 있는데 印星이 있는 경우에도 敗格이 된다. 傷官格에 傷官生財를 하는데 財가 合去되는 경우와, 傷官格에 印星을 쓰는데 財가 있으면 敗格이 된다. 그리고 陽刃格에 正官이 透出했으나 正官이 손상되는 경우와, 陽刃格에 七煞이 透出했으나 七煞이 合去되면 敗格이 된다. 이밖에 또 建祿月劫格에 正官이 透出했으나 傷官이 있는 경우와, 建祿月劫格에 財가 透出했으나 七煞이 있으면 敗格이 되는 것이다. 이제 『子平眞詮』에서 말하고 있는 '敗中有成'에 관해 고찰해 보자.

"무엇을 救應이라 하는가? 예컨대 正官格이 傷官을 만났는데 印星이 透出하여 傷官을 해소하거나, <正官格에> 七煞이 섞여 있는데 合煞하여 그것을 淸하게 하거나, <正官格에> 刑·沖이 있어도 會合으로 해소하거나, 財格이 劫財를 만났는데 食神이 透出하여 劫財를 변화시키거나, <財格이> 正官을 生하여 劫財를 制伏하거나, <財格이> 七煞을 만났을 때 食神이 制煞하여 財를 生하거나, 財를 보존하고 七煞을 合去하거나, 印綬格이 財를 만나는데 劫財가 있어서 이를 해소하거나, 財를 合去하여 印綬格을 보존하거나, 食神格이 梟神[偏印]을 만났는데 七煞로 나아가[棄食就煞] 格을 이루거나, 혹은 財를 生하여 食神을 보호

去印存煞, 食神帶煞印而又逢財, 七煞逢食制而又逢印, 傷官生財而財又逢合, 佩印而印又遭傷, 陽刃透官而又被傷, 透煞而又被合, 建祿月刦透官而逢傷, 透財而逢煞, 是皆謂之帶忌也."

하거나, 七煞格이 食神의 制伏을 만나는 경우, 印星이 七煞을 보호하는데 財가 있어서 印星을 제거하고 食神을 보존하거나, 傷官生財하는데 七煞이 透出했으나 七煞이 合去되거나, 陽刀格에 官煞을 用神으로 하고 傷食을 지니는데, 重한 印星으로써 官煞을 보호하거나, 建祿月劫格이 正官을 用神으로 하는데 傷官을 만나지만 傷官이 合去되거나, 財를 用神으로 하는데 七煞이 있지만 七煞이 合去되는 것, 이러한 것들을 救應이라고 한다."[39]

위의 인용문에 잘 나타나 있듯이, 敗中有成인 사주에는 반드시 救應이 있다. 예를 들면 正官格에 傷官이 있지만 印星이 透出하여 傷官을 제거하는 경우와, 正官格에 正官과 七煞이 섞여 있지만 合煞하여 正官만 남겨서 淸하게 된 경우와, 正官格에 刑·沖이 있지만 會合으로 해소하는 경우에는 成格이 된다. 또 財格에 劫財가 있지만 食神이 透出하여 劫財를 변화시키는 경우와, 財格에 劫財가 있지만 正官이 있어 劫財를 제거하는 경우와, 財格에 七煞이 있지만 食神이 制煞하고 生財를 하는 경우와, 財格에 七煞이 있지만 合煞하여 財를 보존하는 경우에도 成格이 되는 것이다. 그리고 印綬格에 財가 있지만 劫財가 있어 財를 剋制해 주는 경우와, 印綬格에 財가 있지만 財를 合去하여 印星을 보존하는 경우에는 成格이 되는 것이다.

한편, 食神格에 偏印이 있지만 七煞이 있어, 偏印이 七煞을 化煞하고 日干을 生助하여 食神을 보존하는 경우와, 食神格에 偏印이 있지만 食神生財로 財가 偏印을 제거하여 食神을 보호하면 成格이 되는 것이다. 그리고 七煞格에 食神이 制煞하는데, 印星이 있어 食神을 손상하려 하지만, 財도 있어 印星을 剋制하고 食神을 구하는 경우에도 成格이 되는 것이다. 또 傷官格에 傷官生財를 하는데, 七煞이 透出되어 있더라도 合煞

---

39 『子平眞詮』, 「論用神成敗救應」: "何謂救應. 如官逢傷而透印以解之, 雜煞而合煞以淸之, 刑沖而會合以解之, 財逢劫而透食以化之, 生官以制之, 逢煞而食神制煞以生財, 或存財而合煞, 印逢財而劫財以解之, 或合財而存印, 食逢梟而就煞以成格, 或生財以護食, 煞逢食制, 印來護煞, 而逢財以去印存食, 傷官生財透煞而煞逢合, 陽刀用官煞帶傷食而重印以護之, 建祿月劫用官, 遇傷而傷被合, 用財帶煞而煞被合, 是謂之救應也."

하는 경우에는 成格이 된다. 그리고 陽刃格에 正官이나 七煞을 用神으로 하는데, 食神이나 傷官이 있어 用神[七煞]을 손상하려고 하지만, 旺한 印星이 있어 食傷을 제거하고 用神[七煞]을 보존하는 경우에는 成格이 된다. 建祿月劫格에 正官을 用神으로 하는데, 傷官이 있지만 傷官이 合去되는 경우와, 建祿月劫格에 財를 用神으로 하는데, 七煞이 있지만 七煞이 合去되면 成格이 되는 것이다. 다음으로 필자는 『子平眞詮』에서의 格局의 내용과 取運法에 대해서 고찰해 본다.

3. 『子平眞詮』에서의 格局의 분류

일반적으로 사주명리학의 格局에는 여러 가지 분류가 있지만, 『子平眞詮』에서는 '正官格, 財格, 印綬格, 食神格, 偏官[七煞]格, 傷官格, 陽刃格, 建祿月劫格' 등의 八格으로 분류하고 있다.[40] 따라서 본 절에서는 『子平眞詮』에서 <內格으로 보고 있는> 八格과 그 取運法을 중심으로 하여 고찰해 보고자 한다.

1) 正官格

正官은 日干을 剋하는 十神이고 日干과 陰陽이 다른 五行이다. 正官의 상징은 관직을 의미하기도 하지만 한 개인의 규범, 가치관, 명예 등을 나타내기도 한다. 그래서 命[四柱]에서는 보호하고 손상되지 않아야 하는 대상으로 중요하게 여기고 있다. 月支가 正官이거나 月支 地藏干 중 正官이 天干에 透出하였다면 正官格이라고 한다.[41]

---

40 상기 분류는 『子平眞詮』「卷四」와 「卷五」에 담긴 내용에 의거한 것이다.

41 高在民,「四柱命理의 宮星과 格局用神論 研究」, 대구한의대 박사청구논문, 2016, 57쪽에 의하면, "正官格은 月支 地藏干의 正官이 안정된 상태에서 月干(때로는 年干)에 드러나서 合이나 沖, 剋破

『子平眞詮』에서는 正官을 四吉神 중에 하나로 보고 正官이란 것은 마땅히 존중해야 할 것으로 보고 군주와 아버지에 비유를 하고 있다. 그리고 命[四柱]에서도 正官이 日干을 적절히 제압하고, 사주가 균형을 유지한다면 귀한 사주가 된다. 『子平眞詮』에서는 正官格을 四吉神格 중에 하나로 보고 다음과 같이 기술하고 있다.

"正官은 身을 剋하니, 비록 七煞과 다름이 있다 하더라도, 결국 그것의 制伏을 당하는데, 어찌하여 刑·沖·破·害를 간절히 꺼리고 正官을 존중함이 이와 같은가? 사람이 天地 사이에서 태어남에, 반드시 강하게 스스로 자기를 높이는 이치가 없고, 비록 귀함이 天子에 이른다 하더라도, 또한 <존중해야 할 대상으로의>天祖가 天子에게 임함이 있는 것을, 어찌 알겠는가? 正官이란 것은 마땅히 존중해야 할 것으로 분류되니, 나라에서는 군주가 있고 집에서는 부모가 있는 것과 같다. 刑·沖·破·害는 아래로써 위를 범하는 것이니, 어찌 옳겠는가?"[42]

위의 인용문에 잘 나타나 있듯이, 正官은 한 나라의 군주와 같고 한 가정의 아버지와 같은 존재로써 日干을 적절히 제압하여 사주의 균형을 이루게 하는 十神이므로 刑·沖·破·害나 剋으로 상처를 입어서는 안 되고 보호해야 한다는 것이다. 이제 正官格의 取運法에 대해서 고찰해 보자.

"正官格이 運을 취하는 경우는, 正官이 거느리는 格으로써 구분하여 그 運을 배합한다.

되지 않고 제 역할을 다하면 正官格이 성립된다고 하면서, 또한, 日干을 剋하는 官星은 기본적으로 月干(직접 剋)이나 年干(간접 剋)에 透出되어야 한다. 官星은 日干에 영향을 미치기 위해서는 日干의 윗자리에 위치해야 한다"라고 언표하고 있다.

42 『子平眞詮』, 「論正官」: "官以剋身, 雖與七煞有別, 終受彼制, 何以切忌刑沖破害, 尊之若是乎. 豈知人生天地間, 必無矯焉自尊之理, 雖貴極天子, 亦有天祖臨之. 正官者分所當尊, 如在國有君, 在家有親, 刑沖破害, 以下犯上, 烏乎可乎."

正官格에 財星과 印星을 쓰는 데, 身이 弱하면 身을 돕는 運을 취하고, 正官이 약하다면 正官을 돕는 運을 취한다. 만약 正官이 天干에 노출되었다면 合을 만나서도 안 되고, 七煞과 혼잡해서도 안 되고, 正官이 중첩되어도 안 되고, 地支에 刑·沖이 되었다면, 이루어진 것이 어떤 局인가를 막론하고 다 불리하다. …正官格에 財星을 쓰는 경우는, 印綬나 身旺하는 자리가 좋고, 食傷을 간절히 꺼린다. 만약 身旺하고 財星이 輕하고 官星이 弱하다면, 곧 <財·官>을 그대로 따라서 財·官運을 취하는 것이 좋다. …正官格에 印綬를 차는 경우는, 運은 財鄕을 좋아하고, 食傷運도 도리어 吉하다. 만약 官星이 重하고 身이 弱한데 印綬를 차면, 身旺은 마땅하게 되고 財運은 필요하지 않는다. …正官格에 食傷이 있고 印綬가 <食傷을> 制하는 경우는, 運은 官星과 印星이 旺해지는 鄕이 좋고, 財運은 간절히 꺼린다. 만약 印綬가 중첩해 있다면, 財運도 해롭지 않다. …正官格에 七煞을 지니는 경우는, 食傷運도 도리어 나쁘지 않다. 그 命[四柱] 중에서 劫財를 써서 七煞을 合하면 財運도 行할 수 있고, 食傷運도 行 할 수 있다. 身旺運과 印綬運도 行할 수 있으나, 다만 七煞이 다시 드러내서는 안 된다. 만약 命[四柱]에서 傷官을 써서 七煞을 合하면, 食傷運과 財運은 行할 수 있지만, 마땅히 印綬運을 만나지 않아야 한다."[43]

위의 인용문에서 보면, 正官이 煞과 혼잡하거나 正官이 중첩 되거나, 刑·沖이 되면 좋지 않다고 기술하고 있다. 正官格은 吉神格이므로 相生하는 財와 印星을 相神으로 두면 成格이 된다. 이때에는 日干이 身強해야 한다. 만약, 日干이 身弱하면 助身이 되어야 하고, 正官이 弱하면 助官이 되어야 한다. 그리고 正官格은 正官用神이 天干에

43　『子平眞詮』,「論正官取運」: "如正官取運, 即以正官所統之格分而配之. 正官而用財印, 身稍輕則取助身, 官稍輕則取助官. 若官露而不可逢合, 不可雜煞, 不可重官, 與地支刑沖, 不問所就何局, 皆不利也. …正官用財. 運喜印綬身旺之地, 切忌食傷. 若身旺而財輕官弱, 即仍取財官運可也. …正官佩印, 運喜財鄕, 傷食反吉. 若官重身輕而佩印, 則身旺爲宜, 不必財運也. …正官帶傷食而用印制, 運喜官旺印旺之鄕, 財運切忌. 若印綬疊出, 財運亦無害矣. …正官而帶煞, 傷食反爲不礙. 其命中用此合煞, 則財運可行. 傷食可行, 身旺印綬亦可行, 只可不復露七煞. 若命用傷官合煞, 則傷食與財俱可行, 而不宜逢印矣."

서 合을 하거나, 七煞을 만나 混雜되거나, 正官이 중첩되거나, 刑·沖이 되면 敗格이
된다는 것을 알 수 있다.

2) 財格

財는 日干이 剋하는 神이다. 月支가 財이거나 月支 地藏干 중 財가 天干에 透出하였다
면 財格이라고 한다.[44] 財의 상징은 재물, 처첩, 재능, 역마 등이다. 『子平眞詮』에서는
"財는 내가 剋하는 것이 되니 부리고 쓰는 물건이다. 官星을 生할 수 있으므로 아름다
운 것이 되는 까닭이며, 재물[財帛]되고 처첩이 되고 재능이 되고 역마가 되는 것이
모두 財의 부류이다"[45]라고 기술하고 있는데, 이는 財格을 吉神格으로 보고 日干이
財를 적절히 제압하고, 사주가 균형을 유지한다면 富한 사주가 될 수 있다는 것이다.
『子平眞詮評註』에서는 財格을 四吉神格 중에 하나로 보고 다음과 같이 기술하고 있다.

"財는 내가 剋하는 것이다. 모름지기 身强해야만 剋制할 수 있으며, 身弱하면 財를
감당하지 못하므로 財가 오히려 禍를 부른다. 財란 인간의 삶에 있어서 없어서는 안
된다. 그러나 반드시 감당할만한 세력이 있고 능히 지키고 운용할 수 있어야만 복을
누릴 수 있다. 그렇지 않으면, 어린애가 보물을 지니고 있다가 빼앗겨 눈물을 흘리는
것과 같다. 格局 중에서 단독으로 財를 쓰는 경우는 흔치 않다. 身强한데 正官이 드러나
있으면 財生官하고, 身强한데 七煞이 弱하면 財로써 七煞을 돕고, 身强한데 印綬가 旺하면,

---

44 『子平眞詮』, 「論印綬」: "財與印不分偏正, 同爲一格而論之."(財星과 印星은 偏과 正을 나누지 않고,
    똑같이 하나의 格으로 삼아서 논한다.) 원래 財와 印綬는 日干과의 生剋관계에서 陰陽으로 구분하
    면 偏과 正으로 구분하여야 하지만, 『子平眞詮』에서는 偏과 正으로 나누지 않고 통틀어 財格과
    印綬格으로 칭한다.

45 『子平眞詮』, 「論財」: "財爲我剋, 使用之物也. 以能生官, 所以爲美, 爲財帛, 爲妻妾, 爲才能, 爲驛馬,
    皆才類也."

財가 印綬를 損傷케 하고, 身强한데 食傷의 洩氣를 기뻐하면 食傷이 財를 生하고, 財旺한데 身弱하면 比劫으로 財를 나누어야 아름답다. 모두 財를 단독으로 쓰지 않는 예를 든 것이다."[46]

위의 인용문에서 보면, 財는 단독으로 쓰지 않고 다른 十神과 공조하여 쓰이는 경우가 많다는 것을 알 수 있다. 그러한 예를 보면, 財格에서 正官은 財를 剋하는 比劫을 막아준다. 일반적으로 日干이 身强할 경우, 財가 많고 正官이 있다면, 많은 財를 洩氣하는 正官은 財格의 相神이 된다. 또한 日干이 身弱할 경우, 다른 한편으로 正官이 많은 財를 洩氣시키면서 印綬를 生하여 日干을 돕는 경우에도, 財格의 相神이 되면서 日干에게 도움을 준다. 그리고 財格에서 食傷도 相神이 된다. 食傷은 財를 生助하는데, 比劫이 財를 剋할 때 通關의 역할을 하여 財를 도와준다. 이제 財格에서의 取運法에 대해서 고찰해 보자.

"財格이 運을 취할 때는, 財格으로 이루어진 局을 구분하여 그 運을 배합한다. 財가 旺하여 官星을 生하는 것은, 運은 身旺運과 印綬運이 좋고, 七煞運과 傷官運은 이롭지 않다. 만약 <財가> 官星을 生하는데 다시 印綬가 透出하면, 傷官運으로 가도 해롭지 않다. …<財가> 官星을 生하는데 食神이 있어서 局이 깨지는 경우는, 印綬運이 좋고 七煞運도 도리어 吉하다. …財格에 食神의 生助를 받는 경우에는, 財와 食傷이 重하고 身이 弱하면 身을 돕는 運이 오면 좋다. 財와 食傷이 弱하고 身이 强하면 그대로 財와 食傷運으로 行해야 한다. 七煞運은 꺼리지 않으나 正官運과 印綬運은 오히려 불리하다. …財格에 食神

46 『子平眞詮』,「論財」<註>: "財爲我剋. 必須身强, 万能剋制, 若身弱, 雖有財不能任, 則財反爲禍矣. 財爲人生不可少物. 然必須有才能勢力, 方能保守運用, 可以獲福. 否則, 小人懷璧, 徒獲罪戾耳. 格局之中, 單用財者甚少. 如身强露官, 用財生官, 身强煞弱, 用財滋煞, 身强印旺, 用財損印, 身强喜洩露食傷者, 用食傷生財, 財旺身弱, 用比劫分財爲美. 皆非單用財也."

과 印綬를 <함께> 쓰는 것은, 財가 弱하면 財運과 食神運을 좋아하고, 身이 弱하면 比劫運과 印綬運을 좋아하며, 官星運은 또한 장애가 되지만, 七煞運은 도리어 꺼리지 않는다."[47]

위의 인용문에서 보면, 財格은 吉神格이므로 相生하는 官星과 食神을 相神으로 두면 成格이 된다. 財가 旺하면서 正官을 生해주는 사주일 때는 日干이 身弱하기 쉽다. 그래서 日干을 돕는 比劫運과 印星運이 좋다. 七煞運은 官煞混雜이 되거나, 日干을 剋하게 되니 꺼리고, 傷官運에는 傷官見官하게 되니 敗格이 된다. 다만 財旺生官 사주일 때, 印星이 透出되어 있는 사주라면, 印星이 傷官을 제어할 수 있어 傷官運에도 크게 해로울 것이 없다. 또 財旺生官 사주일 때, 食神이 透出되어 있는 사주라면, 食神이 相神인 正官을 손상하므로 敗格인데, 이때 印星運이 오면 印星이 忌神인 食神을 제거하므로 좋아지고, 또 七煞運에는 忌神인 食神이 正官을 剋하지 않고 七煞을 제거하는 역할을 하니 去煞留官의 구조가 되어 역시 좋아진다.

그리고 食傷이 財를 生해주는 사주일 때는, 財와 食傷이 많아서 日干이 身弱한 사주라면, 日干이 身強해지록 도와주는 印星運과 比劫運이 좋다. 반대로 財用食生 사주일 때, 財와 食傷이 弱하고 日干이 身強한 사주라면, 강한 日干을 洩氣하여 財格에 힘을 실어 주어야 좋으니 財星運과 食傷運이 좋다. 그리고 財格에 食傷이 있는 사주는 七煞運에는 食傷이 七煞을 막아 좋겠지만, 正官運에는 食傷에 의해 正官이 손상되어 나쁘며, 印星運에는 印星이 食傷을 剋하여, 食傷이 財를 도우지 못하니 나쁘다.

또한 財格에 食神과 印星을 함께 사주일 때, 財가 弱하면 身強한 사주가 되니 왕성한 日干을 洩氣하는 食神運과 財運이 좋다. 반면에, 身弱한 사주라면, 食神이 日干을 洩氣

---

47 『子平眞詮』,「論財取運」: "財格取運, 即以財格所就之局, 分而配之. 其財旺生官者, 運喜身旺印綬, 不利七煞傷官. 若生官而復透印, 傷官之地, 不甚有害. 至於生官而帶食破局, 則運喜印綬, 而逢煞反吉矣. …財用食生, 財食重而身輕, 則喜助身. 財食輕而身重, 則仍行財食. 煞運不忌, 官印反晦矣. …財用食印, 財輕則喜財食, 身輕則喜比印, 官運亦礙, 煞反不忌也."

하기 때문에, 弱한 日干을 돕는 比劫運과 食神을 제어하는 印星運이 좋다. 그리고 正官運은 食神으로부터 剋制를 받아 불리하지만, 七煞運은 食神의 剋制로서 오히려 좋다.

이와 같이 財格으로 보는 사주는 여러 가지가 있으나, 대체로 財格은 財旺生官 사주일 때, 日干이 身弱할 경우 比劫과 印星을 만나면 成格이고, 七煞과 傷官을 만나면 敗格이다. 그리고 財格에 正官을 生하는데 食傷을 만나면 印星을 좋아한다. 왜냐하면 印星이 食傷을 剋하여 正官을 보호하기 때문이다. 그리고 財格에 食神의 生助를 받는 財用食生 사주 일 때와 같이, 財格에 食神과 印星을 함께 사주일 때도, 日干이 身弱할 경우에는 比劫과 印星을 만나면 成格이고, 日干이 身强할 경우에는 財와 食傷을 만나면 成格이 된다는 것을 알 수 있다.

3) 印綬格

印綬는 日干을 生하는 神이다. 月支가 印綬이거나 月支 地藏干 중 印綬가 天干에 透出하였다면 印綬格이라고 한다. 印綬의 상징은 母, 文書, 學問, 敎育, 宗敎, 哲學, 藝術 등이다. 印星은 日干이 身弱 할 때 도움을 주는 神이다. 印星은 官星의 生을 받고, 比劫을 生한다. 그러나 食傷을 剋하고 財로부터 剋을 받는 위치에 있다. 『子平眞詮』에서는 印綬格을 四吉神格 중에 하나로 보고 다음과 같이 기술하고 있다.

"印綬는 그 身을 生하는 것을 좋아하니 正印과 偏印이 똑같이 좋은 格이 된다. …印綬의 格局도 또한 한결같지 않다. 印綬格으로서 正官이 透出함이 있는 것은, 正官은 취하여서 그 印綬를 生할 뿐만 아니라 곧 쓰임이 될 수 있으니, 七煞을 쓰는 것과 같지 않다. 그러므로 身이 왕성하고 印綬가 강하면 너무 지나친 것을 근심하지 않고, 다만 官星이 맑고 순수하기만을 바란다. 예컨대, 丙寅年, 戊戌月, 辛酉日, 戊子時인 張參政의 命이 이것이다."[48]

위의 인용문에서 보면, 印綬格에 官星을 相神으로 사용하는 경우에, 日干이 身强하면 官星은 日干을 제어하는 역할을 한다. 그리고 日干이 身弱하면 官星은 印綬를 生하여 日干을 身强하게 하는 역할을 한다. 이러한 역할을 할 때 正官이 淸하다면 貴格을 이룬다. 張參政의 命[四柱]은 다음과 같은 命式으로 표시할 수 있다.

戊 辛 戊 丙 (張參政의 命)

子 酉 戌 寅

丙 乙 甲 癸 壬 辛 庚 己 (大運)

午 巳 辰 卯 寅 丑 子 亥

張參政의 命[四柱]은 日干 辛金이 戌月에 태어나 身强하다. 月地藏干 辛·丁·戊 중에서 正氣 戊土가 月干에 透干하여 印綬格이다. 그리고 月地藏干 辛·丁·戊 중에서 중기 丁火를 대신하여 丙火가 年干에 透干하였다. 그리하여 印綬格과 正官格이 兼格이 되어있다. 正官 丙火는 印星 戊土을 生하여 官印相生이다. 또한 印星 戊土를 生하는 丙火 正官은 混雜없이 淸하여서 貴格이 된다.

한편 沈孝瞻은 印綬格에서 正官과 七煞의 쓰임에서 차이를 논하고 있다. 즉 印綬格일 때 日干이 身强하면, 正官은 청순하기만 하면 되지만[身旺印强只要官星清純] 七煞은 다르다고[與用煞者不同]하고 있다. 이 말은 正官은 日干과 陰陽의 조화를 이룬 상태에서 日干을 조절하면서 劫財에게 七煞의 작용을 함으로써, 劫財의 奪財[財<正財>를 剋하는 것]를 막아주지만, 七煞은 劫財와 陰陽의 조화를 이룬 상태에서 劫財를 조절하면서, 日干을 심하게 剋制하니 오히려 劫財의 奪財를 도와주는 역할을 하게 된다는 것이다. 그리고

---

48 『子平眞詮』,「論印綬」: "印綬喜其生身, 正偏同爲美格. …印綬之格局亦不一. 有印而透官者, 正官不獨取其生印, 而卽可以爲用, 與用煞者不同. 故身旺印强, 不愁太過, 只要官星清純. 如丙寅, 戊戌, 辛酉, 戊子, 張參政之命是也."

사주에 印綬가 없이 日干이 身弱하면 七煞은 日干을 직접 剋하여 禍를 일으킬 것이고, 사주에 印綬가 없이 日干이 身强하면 劫財의 奪財를 도움으로서 禍를 일으킬 것이니, 日干이 身弱하든 身强하든 七煞은 日干에게 凶한 존재인 것이다.[49]

그리고 沈孝瞻은 "그러나, 또한 <印綬格이> 傷食을 지니면서도 귀하게 되는 것도 있다. 곧 예컨대, 朱尙書의 命인 丙戌年, 戊戌月, 辛未日, 壬辰時는 壬水가 戊土에게 制伏되어 正官을 해치지 않는다. 또 예컨대, 臨淮侯의 命인 乙亥年, 己卯月, 丁酉日, 壬寅時는 己土가 乙木에게 制伏되어 己土가 正官에 장애가 되지 않는다"[50]라고 기술하고 있다. 이 경우는 日干이 身强하면서 印綬格일 때 食傷이 있는 경우라도, 印綬가 食傷을 제어하여 正官을 보호하여 貴格을 이룬다. 朱尙書의 命[四柱]은 다음과 같은 命式으로 표시할 수 있다.

壬 辛 戊 丙 (朱尙書의 命)

辰 未 戌 戌

丙 乙 甲 癸 壬 辛 庚 己 (大運)

午 巳 辰 卯 寅 丑 子 亥

朱尙書의 命[四柱]은 日干 辛金이 戊月에 태어나 身强하다. 月地藏干 辛·丁·戊 중에서 正氣 戊土가 透干하여 印綬格이다. 그리고 月地藏干 辛·丁·戊 중에서 중기 丁火를 대신하여 丙火가 透干하였다. 그리하여 印綬格과 正官格이 兼格이 되어있다. 丙火 正官은 戊土 印星을 生하여 官印相生이다. 또한 印星 戊土를 生하는 正官 丙火는 混雜없이 淸하다. 張참정의 命과 비슷하나, 時干에 傷官 壬水가 있다. 그러나 壬水는 正印 戊土가

---

49 李康大·林正基·金哲完, 『알기 쉬운 자평진전 下』, 동창, 2016, 40-41쪽 참조.

50 『子平眞詮』, 「論印綬」: "然亦有帶傷食而貴者. 則如朱尙書命, 丙戌, 戊戌, 辛未, 壬辰, 壬爲戊制, 不傷官也. 又如臨淮侯命, 乙亥, 己卯, 丁酉, 壬寅, 己爲乙制, 己不礙官也."

있어서 正官 丙火를 훼하지 못하니 貴格이 되는 것이다. 그리고 臨淮侯의 命[四柱]은 다음과 같은 命式으로 표시할 수 있다.

壬 丁 己 乙 (臨淮侯의 命)
寅 酉 卯 亥
辛 壬 癸 甲 乙 丙 丁 戊 (大運)
未 申 酉 戌 亥 子 丑 寅

위의 臨淮侯의 命[四柱]은 日干 丁火가 卯月에 태어나 身强하다. 月支가 卯木이라 印綬格이다. 時干에 正官 壬水는 混雜없이 淸하고, 日干 丁火와 合을 이루고 있다. 그리하여 印綬格에 正官 壬水를 相神으로 하는 官印相生 구조이다. 月干에 食神 己土가 있으나 偏印 乙木 이 있어서 正官 壬水를 훼하지 못하니 貴格이 되는 것이다.

그리고 印綬格에 食傷을 쓰는 사주는 印星이 사주를 주도하면서 食傷을 다스려 활용하는 구조이다. 이러한 예로써『子平眞詮』에서는 "印綬格으로서 傷食을 쓰는 것은, 身이 강하고 印綬가 왕성하면, 그것이 너무 지나친 것을 두려워하니, 身을 洩氣함으로써 빼어난 氣가 된다. 예컨대, 戊戌年, 乙卯月, 丙午日, 己亥時인 李狀元의 命이 이것이다. 만약 印綬가 淺하고 身이 弱한데 중첩된 傷食을 쓴다면 貧寒한 局이다"[51]라고 기술하고 있다. 이때 日干이 身强한데 印星까지 旺하면 日干은 더욱 더 身强해지므로, 日干의 기운을 洩氣해 줄 食傷의 역할이 절실히 필요하니 食傷의 가치가 더욱 크게 된다. 李狀元의 命[四柱]은 다음과 같은 命式으로 표시할 수 있다.

---

51 『子平眞詮』,「論印綬」: "有印而用傷食者, 身强印旺, 恐其太過, 洩身以爲秀氣. 如戊戌, 乙卯, 丙午, 己亥, 李狀元命是也. 若印淺身輕, 而用層層傷食, 則寒貧之局矣."

己 丙 乙 戊 (李狀元의 命)

亥 午 卯 戌

癸 壬 辛 庚 己 戊 丁 丙 (大運)

亥 戌 酉 申 未 午 巳 辰

李狀元의 命[四柱]은 日干 丙火가 卯月에 태어나 身强하다. 月支가 卯木이라 印綬格이다. 年干에 食神 戊土와 時干에 傷官 己土가 있다. 그리고 印星 乙木이 地支에 通根하여 旺하다. 日干이 身强하고, 印星 역시 旺하니 食神 戊土와 傷官 己土를 相神으로 씀으로써 貴格이 되는 것이다.

그리고 『子平眞詮』에서는 印綬格에 偏官[七煞]을 씀으로써 貴格이되는 경우에는, "<印綬格에> 偏官을 쓰는 것은, 본래 아름다운 물건[十神]이 아니지만, 그 印綬를 生하는 것에 의뢰하여 어쩔 수 없이 그것을 쓰는 것이다. 그러므로 반드시 身이 重하고 印綬가 輕하거나, 혹은 身이 輕하고 印綬가 重하여 부족한 바가 있어야만 비로소 有情하게 된다. …만약 身과 印綬가 모두 重한데 七煞을 쓴다면, 고독하지 않으면 가난하다"[52]라고 기술하고 있다. 印綬格에서 日干이 身强하고 印星이 弱한 사주는, 身强한 日干이 弱한 印星을 洩氣하므로 불리하다.

이때 七煞은 弱한 印星을 生助하여 日干과 印星의 기세에 적절한 배분이 이루어지게 하는 것이다. 또 한편 印綬格에서 日干이 身弱하고 印星이 强한 사주는 七煞이 强한 印星에 쉽게 洩氣하게 되니, 弱한 日干으로서는 印星의 통기로 七煞의 剋을 받지 않는 상황이 된다. 이러한 두 경우는 印綬格에서 七煞이 相神이 되어 貴格이 되는 구조이다. 또한, 『子平眞詮』에서는 印綬格에 七煞과 食傷을 함께 쓰는 경우에는, "<印綬格에> 七煞을 쓰는데 傷食을 겸하고 있는 것은, 곧 七煞을 쓰지만 <食傷으로> 制伏함이 있고,

---

52 『子平眞詮』,「論印綬」: "有用偏官者, 偏官本非美物, 藉其生印, 不得已而用之. 故必身重印輕, 或身輕印重, 有所不足, 始爲有情. …若身印竝重而用七煞, 非孤則貧矣."

<印綬로> 身을 生하는데 <食傷으로> 洩氣하면, 身의 旺함이나 印綬의 重함을 논하지 않고, 모두 貴格이 된다"[53]라고 기술하고 있다. 印綬格에 七煞과 食傷을 함께 쓰는 사주는 七煞의 처리를 두고 印星 대신에, 食傷이 旺한 日干을 洩氣하고 制煞을 담당하는 相神이 되어 貴格이 되는 것이다.

그리고 『子平眞詮』에서는 印綬格에 印星이 많아서 財를 쓰는 경우에는, "印綬가 많은데 財를 쓰는 것은, 印綬가 重하고 身이 强한 경우에, 財가 透出하여 <印綬가> 너무 지나침을 억제하니, 방편으로 그것을 쓰는 것이고, 다만 <印綬의> 뿌리가 깊으면 財가 破해도 지장이 없다. …만약 印綬가 輕하고 財가 重한데 또 劫財로써 구제함이 없다면, 財를 탐하여 印綬를 파괴하는 것[貪財破印]이 되니 빈천한 局이다"[54]라고 기술하고 있다.

일반적으로 印綬格에 財星이 있다면 財星이 印星을 剋하여 印綬格이 敗格이 되는데, 이때 比劫이 있어 財星을 제거해 주면 印綬格이 成格된다. 그러나 사주 내에 印星이 너무 많으면 日干이 너무 身强하게 되고, 그 身强한 日干을 洩氣해 줄 食傷을 왕성한 印星이 損傷하는 나쁜 구조가 되는 것이다. 이때 오히려 財星이 많은 印星을 剋을 해줌으로서, 印星의 剋으로부터 食傷을 보호하고 너무 身强한 日干을 洩氣해 주는 것이 좋게 되는데, 이러한 경우 印綬格에서 財星이 相神이 되어 貴格이 되는 구조이다.

또한, 『子平眞詮』에서는 印綬格에 印星이 重하고 弱한 財星과 食傷이 함께 透出한 경우에는, "설령 印綬가 重하고 財가 輕하더라도, 傷食이 겸하여 드러나면, 財와 食傷이 상생하므로, <財星이 본래는> 輕하나 輕하지 않게 되어, 곧 富를 이룰 수는 있으나 또한 貴하지는 않다"[55]라고 기술하고 있다. 印綬格에 印星이 旺하고, 弱한 財星이 食傷

---

53 『子平眞詮』, 「論印綬」: "有用煞而兼帶傷食者, 則用煞而有制, 生身而有洩, 不論身旺印重, 皆爲貴格."

54 『子平眞詮』, 「論印綬」: "有印多而用財者, 印重身强, 透財以抑太過, 權而用之, 只要根深, 無妨財破.… 若印輕財重, 又無劫財以救, 則爲貪財破印, 貧賤之局也."

55 『子平眞詮』, 「論印綬」: "即或印重財輕而兼露傷食, 財與食相生, 輕而不輕, 即可就富, 亦不貴矣."

과 함께 있다면, 이때의 食傷은 財星을 生助하게 된다. 그러므로 이때의 財星은 弱하다고 볼 수는 없으니 富한 사주가 될 수 있다는 것이다. 그런데 富할 수는 있어도 貴하지는 못하다는 것은, 원래 印綬格에서는 官印相生해야 貴하지만, 食傷과 財星이 相生하는 구조가 되면, 비록 財星에 힘입어 부자가 될 수는 있어도, 官星이 없으면 貴하기는 어렵다는 것이다.

그리고 『子平眞詮』에서는 印綬格에 官煞이 混雜하여 透出한 경우에는, "또 印綬格으로서 官煞이 겸하여 透出하는 것은, 혹 七煞을 合하거나 혹 <官煞이> 制伏되면 모두 貴格이 된다"[56]라고 기술하고 있다. 印綬格 뿐만 아니라 어떤 格局에서든, 官煞混雜이 되면 敗格이 된다. 이때 正官이나 七煞 중 어느 하나만 남기면[57] 官煞混雜이 해소되어 좋은 사주가 되는 것이다. 그리고 『子平眞詮』에서는 印綬格이 변하여 比劫格으로 바뀌면, 印綬를 쓰지 않고 財官을 따른다고 하였고,[58] 印綬格에 七煞이 透出하고, 比劫과 財星도 함께 透出한 사주에서, 七煞과 印星이 남게 되면, 또한 貴한 사주가 된다[59]고 하였다. 이제 印綬格의 取運法에 대해서 고찰해 보자.

"印綬格이 運을 취할 때는, 印綬格에서 이루어진 여러 가지 局을 구분한 후에 運을 배합한다. 印綬格에 正官을 쓰는 경우에는, 正官이 노출되어 있으면서 印星이 重하다면 財運이 오히려 吉하고 食傷運으로 가는 것 또한 가장 이롭다. …만약 <印綬格에> 正官을 쓰면서 食傷도 있는 경우는, 正官이 旺해지는 運이나 印星運으로 가는 것이 좋고, 食傷運은 해롭고, 七煞運을 만나는 것은 꺼리지 않는다. …印綬格에 食傷을 쓰는 사주는 財運이

---

56 『子平眞詮』,「論印綬」: "又有印而兼透官煞者, 或合煞, 或有制, 皆爲貴格."

57 正官이나 七煞 중 어느 하나만 남기는 경우는 合煞留官, 制煞留官, 合官留煞, 制官留煞이라고 한다.

58 『子平眞詮』,「論印綬」: "至於化印爲劫, 棄以就財官."(印綬를 변화시켜 比劫이 되는 경우에는, 印綬를 버리고 財官을 따른다.)

59 『子平眞詮』,「論印綬」: "更有印透七煞, 而劫財以煞印, 亦有貴格."(또 印綬格에 七煞이 透出하는데, 財를 겁탈함으로써 煞印格을 보존하면, 또한 貴格이 된다.)

오히려 吉하고 食傷運 또한 이롭다. 만약 正官運으로 흐르면 오히려 재앙이 있고, 七煞運
은 오히려 福이 된다. …印綬格에 七煞을 쓰는 경우는, 食傷運과 日干이 旺해지는 運이
아름답다. 그러나 財運으로 가는 것은 즉시 凶함에 이른다. …만약 <印綬格에> 七煞을
쓰는데 食傷도 함께 있는 경우는, 日干이 旺해지는 運이나 印綬運으로 가는 것이 좋고,
食傷運이 또한 아름답다. 官星運과 財運은 다 불길하다. …印綬格에 財를 보는 경우는,
比劫運으로 가는 것이 좋고, 正官運과 印綬運 역시 형통하는데, 財運은 꺼린다. …印綬格에
官煞이 모두 透出한 경우는 食傷運과 印綬運을 좋아하고, 印綬와 日干이 旺해지는 運이
이롭다. 만약 官煞이 透出한 사주에 財星運으로 가면 재앙이 있다. …印綬格에 食傷을
쓰는 경우는, 印綬가 輕하다면 財를 보는 것은 오히려 이롭지 않다."[60]

위의 인용문에 잘 나타나 있듯이, 印綬格에 여러 가지 十神이 相神이 될 때 運을
보는 방법은 다양하나, 대체로 印綬格은 官印相生으로 官星을 相神으로 두면 成格이
된다. 印星을 剋하는 財星은 比劫의 剋制를 받으면 좋다. 그리고 印綬格에서 印星이나
比劫이 많아서 日干이 身强하면 食傷으로 洩氣해 주는 것이 좋다고 보고 있다.

4) 食神格

食神는 日干이 生하는 神이고 日干과 陰陽이 같은 五行이다. 月支가 食神이거나
月支 地藏干 중 食神이 天干에 透出하였다면 食神格이라고 한다. 食神의 상징은 자식,

---

60 『子平眞詮』, 「論印綬取運」: "印格取運, 即以印格所成之局, 分而配之. 其印綬用官者, 官露印重, 財運
反吉, 傷食之方, 亦爲最利. …若用官而帶傷食, 運喜官旺印綬之鄕, 傷食爲害, 逢煞不忌矣, …印綬而用
傷食, 財運反吉, 傷食亦利. 若行官運, 反見其災, 煞運則反能爲福矣. …印用七煞, 運喜傷食, 身旺之方,
亦爲美地. 一見財鄕, 其凶立至. …若用煞而兼帶傷食, 運喜身旺印綬之方, 傷食亦美. 逢官遇財, 皆不吉
也. …印綬遇財, 運喜劫地, 官印亦亨, 財鄕則忌. …印綬而官煞竝透, 運喜食神傷官, 印旺身旺, 行之亦
利. 若再透官煞, 行財運, 立見其災矣. …印用食傷, 印輕者亦不利見財也."

하는 일[事], 언어, 봉사, 예술, 食福 등이다. 食神은 日干이 身强할 때 유용하게 쓰이는 神이다. 食神은 財星을 生한다. 印星으로부터 剋을 받는다. 그리고 食神은 七煞을 剋하여 凶을 제거하는 역할을 한다. 『子平眞詮』에서는 食神格을 四吉神格 중에 하나로 보고 다음과 같이 기술하고 있다.

"食神은 본래 洩氣에 속하지만, 正財를 生할 수 있기 때문에 그것을 좋아하는 것이다. 그러므로 食神生財는 아름다운 格이다. 財는 뿌리가 있어야 하고, 偏財와 正財가 중첩하여 나올 필요는 없다. 예컨대, 身이 强하고 食神이 왕성한데 財가 透出하면 크게 貴한 格이다. …만약 財를 쓰지 않고 七煞과 印星을 따르면, 가장 威光[61]과 權力이 드러나 빛나게 된다. …만약 印星이 없고 偏官 하나만 드러나는 경우에는, 財가 없어야만 또한 貴格이 된다. …만약 金水食神格인데 七煞을 쓴다면, 귀하고 또한 빼어나다. …食神格이 印綬를 꺼리는 경우에, 여름의 火가 매우 뜨거워서 木이 타면, 印星이 透出해도 장애가 되지 않는다. …食神格이 官星을 꺼리지만 金水는 꺼리지 않으니, 곧 金水傷官格은 官星을 볼 수 있다는 말이다. …食神만을 하나 쓰고 食神有氣를 만드는 경우에는, 財運이 있으면 부유하고 財運이 없으면 가난하다. …또 印綬가 와서 食神을 빼앗는데, 財가 透出하여 해소시키면 또한 富貴함이 있으니, 반드시 그 전체 局의 형세에 따라서 그것을 판단해야 한다. 食神格인데 正官과 七煞이 다투어 나오는 경우는, 또한 局을 이룰 수 있으나, 다만 그다지 貴하지는 않을 뿐이다. …또한 食神이 七煞을 合去하고 財를 보존하면 가장 貴格이다. …食神格에 七煞이 透出한 경우는 본래 財를 보는 것을 꺼린다. 그러나 財가 앞에 있고 七煞이 뒤에 있는데, 食神이 그 사이를 막으면, 財가 七煞을 돕지 못하게 되니 또한 貴를 이룰 수 있다."[62]

---

61 威光이란 누구도 감히 범할 수 없는 탁월한 권위[명예, 명성]나 영광스런 위엄[위세]을 의미한다.

62 『子平眞詮』, 「論食神」: "食神本屬洩氣, 以其能生正財, 所以喜之. 故食神生財, 美格也. 財要有根, 不必偏正疊出. 如身强食旺而財透, 大貴之格. …若不用財而就煞印, 最爲威權顯赫. …若無印綬而單露偏官,

위의 인용문에 잘 나타나 있듯이, 食神格은 吉神格이니 順用함이 원칙이다. 따라서 食神格일 경우 財星을 만나 食神生財의 相生의 구조를 이루는 것이 좋다. 七煞을 만나도 食神制煞의 구조를 이루어 財星을 보호하면 成格이 되는 것이다. 하지만 食神格이 印星을 만나면 吉神格이 剋을 당하게 되니 敗格이 되는 것이다. 이제 食神格의 取運法에 대해서 고찰해 보자.

"食神格이 運을 취할 때는, 食神格에서 이루어진 여러 가지 局을 구분한 후에 運을 배합한다. 食神生財의 경우에 財가 重하고 食神이 輕하면, 財運과 食神運으로 가야하고, 財와 食神이 重하다면 日干을 도우는 運을 좋아 한다. 官煞運으로 가는 것은 아름답지 않다. …食神格에 七煞과 印綬를 쓰는 것은 印綬가 旺해지는 運이 좋고, 財運을 절대로 꺼린다. 日干이 旺하면 食傷運 역시 福이 되고 官煞運으로 가는 것은 또한 吉하다. …食傷에 七煞이 있으면, 印綬運으로 가는 것은 좋다. 日干이 旺하면 食傷運으로 가는 것도 좋다. <그러나> 財運은 가장 꺼린다. 만약 食神이 아주 重하고, 七煞이 輕하다면 印綬運이 가장 좋고, 財運도 오히려 吉하다. …食神이 太旺하고 印綬가 있는 경우는 財運이 가장 이롭고, 食傷運 또한 吉하다. 印綬運을 가장 꺼리고, 官煞運도 모두 不吉하다. …만약 食神格에 印綬를 지니고 있어 財가 透出하여 이를 해소하는 경우는, 財가 旺해지는 運이 좋고, 食傷運 또한 吉하며, 印綬運과 더불어 官煞運을 모두 꺼린다."[63]

只要無財, 亦爲貴格. …若金水食神而用煞, 貴而且秀. …至於食神忌印, 夏火太炎而木焦, 透印不礙. …食神忌官, 金水不忌, 卽金水傷官可見官之謂. …至若單用食神, 作食神有氣, 有財運則富, 無財運則貧. …更有印來奪食, 透財以解, 亦有富貴, 須其全局之勢而斷之. 至於食神而官煞競出, 亦可成局, 但不甚貴耳. …更有食神合煞存財, 最爲貴格. …至若食神透煞, 本忌見財. 而財先煞後, 食以間之, 而財不能黨煞, 亦可就貴."

63 『子平眞詮』, 「論食神取運」: "食神取運, 卽以食神所成之局, 分而配之. 食神生財, 財重食輕, 則行財食, 財食重則喜幫身. 官煞之方, 俱爲不美. …食用煞印, 運喜印旺, 切忌財鄉. 身旺, 食傷亦爲福運, 行官行煞, 亦爲吉也. …食傷帶煞, 喜行印綬. 身旺, 食傷亦爲美運. 財則最忌. 若食太重而煞輕, 印運最利, 逢財反吉矣. …食神太旺而帶印, 運最利財, 食傷亦吉. 印則最忌, 官煞皆不吉也. …若食神帶印, 透財以解, 運喜財旺, 食傷亦吉, 印與官煞皆忌也."

위의 인용문에서 보면, 食神格은 日干이 身强할 때와 身弱할 때에 따라 그 喜忌가 다르다. 日干이 身强하면서 食神이 있으면 좋지만 日干이 身弱한데 食神이 있으면 日干의 氣가 洩氣되므로 좋지 않다. 日干이 身强하고 食神도 旺한 상태에서 財를 生하는 食神生財의 경우는 貴格이 된다. 食神格으로 보는 사주는 여러 가지가 있으나, 대체로 食神格은 日干이 身强한 상태에서 食神生財와 食神制煞이면 成格이 된다. 印星運과 더불어 官煞運은 모두 꺼리는 것을 알 수 있다.

5) 偏官[七煞]格

偏官는 日干을 剋하는 神이고 日干과 陰陽이 같은 五行이다. 月支가 偏官이거나 月支 地藏干 중 偏官이 天干에 透出하였다면 偏官格이라고 한다. 偏官은 日干에게 가장 무서운 十神이다. 그래서 偏官을 막아내지 못하면 日干이 偏官의 剋을 받아서 敗格이 된다. 사주에서 偏官이 유용하게 쓰이는 경우는 日干이 身强하면서, 偏官이 制伏될 때이다.[64] 『子平眞詮』에서는 偏官[七煞]格을 四凶神格 중에 하나로 보고 다음과 같이 기술하고 있다.

"七煞은 日干을 공격하기 때문에 아름다운 것은 아니다. 그러나 大貴한 格은 七煞格에 많이 있으니, 대개 잘 통제만 하면, 七煞은 나의 用이 된다. 예컨대, 대영웅이나 대호걸은 통제하기 어려운 것 같으나, 그들을 다스리는 데 법도가 있으면, 경천동지할 만한 공로가 갑자기 이루어진다. 이것이 왕후장상이 七煞格에 많이 있는 까닭이다."[65]

---

64 『子平眞詮』,「論用神成敗救應」: "身强七煞逢制, 煞格成也."(日干이 身强하고 七煞이 制伏을 만나면, 煞格이 이루어진다.) 七煞의 制伏은 첫째로, 合煞(陽日干은 劫財가, 陰日干은 傷官이 七煞과 合煞한다.)하거나, 둘째로, 制煞(食神으로 制煞한다.)하거나, 마지막으로 化煞(印星으로 化煞한다.)하는 방식이 있다.(沈孝瞻[서상덕 옮김], 『子平眞詮精解』, 관음출판사, 2011, 462쪽 참조.)

65 『子平眞詮』,「論偏官」: "煞以攻身, 似非美物. 而大貴之格, 多存七煞, 蓋控制得宜, 煞爲我用. 如大英雄

위의 인용문에 잘 나타나 있듯이, 七煞은 나를 剋하는 十神이기 때문에, 七煞格은 日干이 身强하고 七煞이 制伏되면 좋은 사주가 된다. 七煞이 있더라도 이를 制化할 수 있는 相神이 있다면, 七煞을 오히려 좋게 활용할 수 있다. 이러한 命[四柱]은 대영웅이나 대호걸과 같은 명예와 富를 얻는 貴格 사주가 된다. 그리고 『子平眞詮』에서는 偏官格이 다른 十神과 만나서 貴格되는 경우를 다음과 같이 기술하고 있다.

"七煞의 格局도 또한 한결 같지 않다. 七煞格이 食神의 制伏을 쓰는 것이 상급이다. 七煞이 왕성하고 食神이 강하면서 日干이 강건한 것이 최고 貴格이 된다. …七煞格이 食神의 制伏을 쓰는 것은, 財가 드러나거나 印綬가 透出하는 것을 바라지 않는다. 財는 食神을 바꾸고 七煞을 生할 수 있고, 印綬는 食神을 제거하여 七煞을 보호할 수 있기 때문이다. 그러나 財가 앞에 있고 食神이 뒤에 있는 경우에 財가 七煞을 生하나 食神으로써 七煞을 制伏하고, 혹은 印綬가 앞에 있고 食神이 뒤에 있는 경우는, 食神이 심히 旺하더라도 印綬가 그것을 制伏하면, 格이 大貴를 이룬다. …만약 七煞이 强하고 食神이 淺한데 印綬가 드러나면 局을 파괴한다."[66]

"七煞格이 印綬를 쓰는 것은, 印綬가 七煞을 보호할 수 있으니 본래 좋은 것은 아니다. 그러나 七煞과 印綬가 有情하면 貴格이 된다. …또 七煞이 强하고 日干이 弱한 경우는, 食神을 쓰면 日干이 감당하지 못하니, 바꾸어서 印綬를 따르는 것만 못하다. <印綬를 따르면> 비록 月令에 通根하지 않더라도, 또한 無情하더라도 有情하게 된다. 格도 貴할 수는 있지만, 다만 크지 않을 뿐이다."[67]

大豪傑, 似難駕馭, 而處之有方, 則驚天動地之功, 忽焉而就. 此王侯將相所以多存七煞也."

[66] 『子平眞詮』, 「論偏官」: "七煞之格局亦不一. 煞用食制者, 上也. 煞旺食强而身健, 極爲貴格. …煞用食制, 不要露財透印. 以財能轉食生煞, 而印能去食護煞也. 然而財先食後, 財生煞而食以制之, 或印先食後, 食太旺而印制之, 格成大貴. …若煞强食淺而印露, 則破局矣."

[67] 『子平眞詮』, 「論偏官」: "有七煞用印者, 印能護煞, 本非所宜. 而煞印有情, 便爲貴格. …亦有煞重身輕,

"七煞格으로서 財를 쓰는 것은, 財는 七煞을 돕기 때문에, 본래 좋은 것은 아니다. 그러나 만약 食神이 印綬에게 制伏을 당해서 七煞을 制伏할 수 없다면, 財로써 印綬를 제거하고 食神을 보존하면 貴格이 된다."[68]

"또 日干이 重하고 七煞이 輕한데, 七煞이 또 印綬로 化하는 경우가 있다. <이때> 用神 [七煞]이 맑지 않지만, 財를 빌려서 格을 맑게 하면, 또한 貴格이 된다."[69]

"또 雜氣 七煞이 있는 것은, 干頭[天干]에 財가 透出하지 않아야 用神을 淸해져서, 또한 貴格이 된다."[70]

"七煞格으로서 正官과 혼잡이 있는 경우에는, 혹 正官을 제거하거나, 혹은 七煞을 제거 하여 淸을 취하면 貴하다. …대저 正官은 貴氣인데, 正官을 제거함이 어찌 七煞을 제거함 과 같겠는가? 月令이 偏官이고, 七煞이 用神이고 正官이 用神이 아니면, 각각 그 重한 것을 따른다는 것을 어찌 알겠는가? 만약 正官格에 七煞이 혼잡 하는 경우에 正官을 제거하고 七煞을 보존[去官留煞]하면, 이와 같이 淸할 수 없다."[71]

위의 인용문에서 보면, 心孝瞻은 偏官[七煞]은 凶神이여서 不善하니 逆用[制化]하여 善하게 사용하고자 하는 의도를 지니고 있다. 따라서 偏官[七煞]格일 경우 食神을 만나

用食則身不能當, 不若轉而就印. 雖不通根月令, 亦爲無情而有情. 格亦許貴, 但不大耳."

[68] 『子平眞詮』, 「論偏官」: "有煞而用財者, 財以黨煞, 本非所喜. 而或食被印制, 不能伏煞, 而財以去印存食, 便爲貴格."

[69] 『子平眞詮』, 「論偏官」: "又有身重煞輕, 煞又化印. 用神不淸, 而借財以淸格, 亦爲貴格."

[70] 『子平眞詮』, 「論偏官」: "更有雜氣七煞. 干頭不透財以淸用. 亦可取貴."

[71] 『子平眞詮』, 「論偏官」: "有煞而雜官者, 或去官, 或去煞, 取淸則貴. …夫官爲貴氣, 去官何如去煞. 豈知月令偏官, 煞爲用而官非用, 各從其重. 若官格雜煞而去官留煞, 不能如是之淸矣."

食神制煞의 구조를 이루든지, 印星을 만나 煞印相生의 구조를 이루면 成格이 된다. 하지만 偏官[七煞]格이 財星을 만나면 日干이 剋을 당하게 되니 敗格이 되는 것이다. 이제 偏官[七煞]格의 取運法에 대해서 고찰해 보자.

"偏官格이 運을 취할 때는, 偏官格에서 이루어진 여러 가지 局을 구분하고 그 運을 배합한다. 食神을 써서 制煞하는 경우는, 煞重食輕하면 食神을 돕고, 煞輕食重하면 七煞을 돕는다. 七煞과 食神이 균형을 이루고 있는데 日主의 뿌리가 弱하면, 日主를 돕는다. 正官의 混雜을 꺼리고, 印綬가 食神을 탈취하는 것은 두렵다. …七煞格에 印綬를 쓰는 경우는, 財運으로 가는 것은 이롭지 않고, 傷官運은 좋고 印綬運과 身旺運에도 福이 된다. …七煞格에 傷官을 쓰는 경우는, <七煞格에> 食神을 쓰는 사주와 같이 運을 본다. (食神과 傷官은 같은 종류이다) 七煞格에 財를 쓰면서, 印綬를 제거하여 食神을 보존하는 경우는 劫財運이 이롭지 않고, 食傷運이 吉하며, 財運은 吉하고 印綬運은 두렵다. 七煞이 天干에 透出해 있어도 역시 순조롭다. …<七煞格에> 財로써 七煞의 부족함을 돕는 경우는, 財가 이미 충분하다면 食神運, 印綬運과 더불어 日干을 돕는 運이 좋고, 財가 부족하다면 財運과 七煞運이 좋다. …七煞格에 正官이 있는 경우는 '去官留煞'이든 '去煞留官'이든 막론하고, 日干이 弱하면 日干을 돕는 運이 와야 좋고, 食神이 弱하면 食神을 돕는 運으로 가야 좋다. <사주를> 淸하게 하는 물건을 제거하지 말고, 制煞하는 神을 손상하지 않아야 한다. …七煞格에서 食神의 制煞이 없이 陽刃으로 七煞을 감당하는 경우는, 七煞이 輕하고 陽刃이 重하면 七煞을 돕는 運이 좋고, 陽刃이 輕하고 七煞이 重하면 마땅히 <七煞을> 制伏하는 運으로 가야 한다. <原局에> 빼앗을 만한 食神이 없으면, 印綬運이 어찌 나쁘겠는가? 七煞이 이미 순수하다면, 正官과 混雜은 이롭지 않다."[72]

---

72 『子平眞詮』,「論偏官取運」: "偏官取運, 即以偏官所成之局分而配之, 煞用食制, 煞重食輕, 則助食, 煞輕食重, 則助煞. 煞食均而日主根輕, 則助身. 忌正官之混雜, 畏印綬之奪食. …煞用印綬, 不利財鄉, 傷官爲美, 印綬身旺, 俱爲福地. …煞用傷官, 行運與食同.(食傷同類) 七煞用財, 其以財而去印存食者, 不

위의 인용문에서 보면, 偏官[七煞]格에 여러 가지 十神이 相神 역할을 할 수 있기 때문에 運을 보는 경우는 다양하다. 그렇지만 통상적으로 偏官[七煞]格은 食神制煞이거나 印星으로 化煞되어 煞印相生이면 成格이 된다. 그리고 財星을 만나 財生煞이 되어 日干을 剋하거나, 正官을 만나 官煞混雜이 되면 모두 敗格이 되는 것이다.

6) 傷官格

傷官은 日干이 生하는 神이고 日干과 陰陽이 다른 五行이다. 月支가 傷官이거나 月支 地藏干 중 傷官이 天干에 透出하였다면 傷官格이라고 한다. <食神과> 傷官은 日干이나 比劫의 生을 받고, 財星을 生하고, 官星을 剋하고, 印星으로부터 剋을 받는 十神이다. 傷官의 상징은 자식, 일, 언어, 예술[예능] 등이다. 『子平眞詮』에서는 傷官格을 四凶神格 중에 하나로 보고 다음과 같이 기술하고 있다.

"傷官은 비록 吉神이 아니지만 실제로 빼어난 氣가 된다. 그러므로 문인이나 학사는 傷官格이 많다. 여름의 木이 水를 보고, 겨울의 金이 火를 보면, 또한 빼어나고 더욱 빼어난 사주가 된다. 그 중의 格局은 다른 格에 비하여 많고, 변화는 더욱 많아서, 그 기후를 조사하고, 그 强弱을 헤아리고, 그 喜忌를 살피고, 그 純雜을 살펴봄에 있어서, 미묘하고도 미묘하니 <한 가지만> 고집해서는 안 된다."[73]

利劫財, 傷食皆吉, 喜財怕印. 透煞亦順. …其以財而助煞不及者, 財已足, 則喜食印與幫身, 財未足, 則喜財旺而露煞. …煞帶正官, 不論去官留煞, 去煞留官, 身輕則喜助身, 食輕則喜助食. 莫去取淸之物, 無傷制煞之神. …煞無食制而用刃當煞, 煞輕刃重, 則喜助煞, 刃輕煞重, 則宜制伏. 無食可奪, 印運何傷. 七煞旣純, 雜官不利."

[73] 『子平眞詮』, 「論傷官」: "傷官雖非吉神, 實爲秀氣. 故文人學士, 多於傷官格內得之. 而夏木見水, 冬金見火, 則又爲秀之尤秀者也. 其中格局比他格多, 變化尤多, 在査其氣候, 量其强弱, 審其喜忌, 觀其純雜, 微之又微, 不可執也."

위의 인용문에 잘 나타나 있듯이, 傷官을 用神으로 쓰는 사람은 뛰어난 사람이 많다고 보고 있다. 대체로 傷官格이 成格을 이루는 경우에는 印星의 제어가 있다. 여름의 木이 水를 보는 경우에는 傷官佩印[傷官格에 印星이 相神]이다. 이 경우에는 印星이 傷官을 제어하면서 成格을 이루게 되는데, 즉 나를 정신적, 육체적으로 生해주는 <印星을 상징하는> 학문, 교육, 종교, 철학, 예술 등을 닮아서 내가 洩氣하는 傷官의 직업[나의 氣運을 표현하는 말, 글, 기술, 예능 등과 관련된 직업]에서 두각을 나타내는 경우가 많다. 그리고 傷官生財[傷官格에 財星이 相神]의 경우에 傷官이 財를 生하는 것으로 成格이 되는데, 이 경우에는 나에게서 나오는 氣運을 <돈을 버는 것에> 사용하는 직업에서 성공하는 경우가 많다.[74]

그리고 겨울의 金이 火를 보는 경우에는 傷官帶煞[傷官格에 七煞이 相神]이다. 이 경우에는 비록 制煞의 정도가 食神보다는 못하지만 七煞을 제어하는 것으로 成格을 이루는데, 命主는 강직하고 고강한 성향의 사람으로 사회적으로 크게 성공하는 경우가 많다. 傷官格이 그 종류가 많고, 변화가 많다는 것은 傷官이 十神들 중에서 다양성이 가장 많다는 것을 의미한다. 『子平眞詮』에서는 傷官格이 다른 十神들과 만나서 貴格되는 다양한 경우를 다음과 같이 기술하고 있다.

"傷官格이 財를 쓰는 경우는, 대개 傷官은 正官에게 이롭지 않아서 凶이 되지만, 傷官이 財를 生하면, 傷官으로써 正官을 生하는 도구[財]를 生하게 되니, 凶을 바꾸어 吉이 되므로 가장 이롭게 된다. 다만 日干이 강하고 財가 뿌리가 있기만 하면 곧 貴格이 된다. …傷官을 변화시켜 財가 되는 경우는, 크게 빼어난 氣가 된다. 예컨대, 羅狀元의 命인 甲子年, 乙亥月, 辛未日, 戊子時는 年干의 甲木이 亥水에 通根하고, 또 未土와 會合하여 局을 이루어,[75]

74 李康大·林正基·金哲完,『알기 쉬운 자평진전 下』, 동창, 2016, 122쪽에 의하면, 나에게서 나오는 氣運을 <돈을 버는 것에> 사용하는 직업이란 나의 표현 즉 말이나 글, 또는 나의 기술 등이다.

75 월지 亥水와 일지 未土가 삼합을 한다고 되어 있는데 일반적으로 사주명리학에서는 旺支 卯木이

水가 변화하여 木이 되고, <傷官이> 변화하여 財가 되니, 더욱 有情하게 되었다. 傷官이 財를 生함에, 겨울의 金이 貴하지 않은 까닭은, 얼어붙은 물로 나무를 生할 수 없기 때문이다. 만약 겨울의 水가 合이 되어 木으로 변화하면, 生함을 기다릴 것도 없으니, 어찌 殿元[76]이 되지 않을 수 있겠는가? …財와 傷官이 有情한 경우와, 傷官을 변화시켜 財가 되는 경우는, 그 빼어난 氣가 우열을 가릴 수 없다."[77]

"傷官格이 印綬를 차고 있는 경우에는, 印綬가 傷官을 制伏할 수 있어서, 貴하게 되는 것이니, 오히려 傷官이 旺하고 日干이 조금 弱해야만 비로소 빼어난 氣가 된다. …그러나

없는 상태에서는 삼합을 인정하지 않고 있는데, 상기의 경우를 삼합으로 보는 이유를 徐樂吾는 다음과 같이 기술하고 있다. 『子平眞詮』, 「論傷官」<註>: "三合生旺墓會局. 以子午卯酉四正爲中心, 無四正者, 會不成局. 但寅戌會而透丁, 申辰會而透癸, 巳丑會而透辛, 亥未會而透乙, 亦可成局. 蓋丁卽午, 癸卽子, 辛卽酉, 乙卽卯也. 說見珞琭子三命消息賦釋曇瑩注. 羅狀元造, 亥未會局而透乙. 傷化爲財, 格局轉淸. 而木仍有子水生之, 蓋食傷爲財之根. 用財者固喜食傷生之. 用食傷者亦喜財以流動其氣勢也. 冬金不貴, 以其金寒水冷, 蕭索無生意, 喜其未中藏有丁火, 會亥化木, 雖在寒冬而生趣勃勃. 豈有不貴乎."(三合은 長生, 帝旺, 墓庫가 모여 局을 이루는 것이다. 四正[子午卯酉]이 三合의 중심이며, 四正이 없다면 局을 이루지 못한다. 그러나 寅戌이 모였는데 천간에 丁火가 透出하거나, 申辰이 모였는데 천간에 癸水가 透出하거나, 巳丑이 모였는데 천간에 辛金이 透出하거나, 亥未가 모였는데 천간에 乙木이 透出하거나 하면, 역시 局을 이룬다. 무릇 丁은 곧 午이고, 癸는 子이며, 辛은 酉이고, 乙은 卯인 까닭이다. 이런 학설은 『珞琭子三命消息賦』를 釋曇瑩이 주해한 책에도 나온다. 羅狀元의 명조는 亥未가 모이고 천간에 乙木이 透出했으니 木局이 이루어진 것이라고 볼 수 있다. <따라서> 傷官이 변하여 財가 되었다고 볼 수 있으니, 格局이 淸하게 변했다. 그런데 木을 子水가 生하고 있으니, 食傷은 財星의 뿌리가 된다. 財가 用神인 사주는 일반적으로 食傷이 財를 生하는 것을 기뻐한다. 食傷을 用神으로 쓰는 사주 역시 財가 있어서 食傷의 기세를 유통시키는 것을 기뻐한다. 金寒水冷으로서, 겨울의 金<日干 辛>이 귀하지 못한다고 하지만, 이 사주는 未中에 丁火가 있어 기쁘고, 亥未 會局하여 木으로 변했으니, 비록 추운 겨울에 생하였지만 생기발랄하게 되었다. 그러니 어찌 貴하지 못하겠는가?)

76 殿元: 궁궐에서 치르는 시험에서 장원급제 한 사람.
77 『子平眞詮』, 「論傷官」: "有傷官用財者, 蓋傷不利於官, 所以爲凶, 傷官生財, 則以傷官爲生生官之具, 轉凶爲吉, 故最利. 只要身强而財有根, 便爲貴格. …至於化傷爲財, 大爲秀氣. 如羅狀元命, 甲子, 乙亥, 辛未, 戊子, 干頭之甲, 通根於亥, 然又會未成局, 化水爲木, 化之生財, 尤爲有情. 所以傷官生財, 冬金不貴, 以凍水不能生木. 若乃連水化木, 不待於生, 安得不爲殿元乎. …至於財傷有情, 與化傷爲財者, 其秀氣不相上下."

印綬가 旺하고 뿌리가 깊으면 많이 나타날 필요가 없다. 偏印과 正印이 중첩하여 나오면 오히려 빼어나지 않게 된다. 고로 傷官이 輕하고 日干이 重한데 印綬가 많이 보이면 빈궁한 格이다."[78]

"傷官格이 財와 印綬를 兼用하는 경우에는, 財와 印綬가 서로 剋하므로 본래 함께 쓰지 않는다. 다만 天干에서 둘 다 淸하고 서로 장애가 되지 않기만 하면, 또 반드시, 財를 生하는 것[傷官生財]은 財가 太旺하면서 印綬를 지니는 경우와, 印綬를 차는 것[傷官佩印]은 印綬가 太重하면서 財를 지니는 경우는, 조정하여 中和를 이루면 貴格이 된다."[79]

"傷官格이 七煞과 印綬를 쓰는 경우는, 傷官이 많고 日干이 약하면, 七煞이 生한 印綬로써 日干을 돕고 傷官을 制伏한다. …七煞이 傷官으로 인하여 制伏되고 있고, 둘 다 마땅함을 얻는 경우에는, 단지 財星이 없기만 하면, 곧 貴格이 된다."[80]

"傷官格이 正官을 쓰는 경우는, 다른 格은 쓰지 않고 金水傷官格만이 오직 좋다. 그러나 財와 印綬가 보좌가 되어야 하며, 傷官과 正官이 함께 透出해서는 안 된다. …만약 외로운 正官에 보좌가 없거나, 혹은 正官과 傷官이 함께 透出한다면 發福은 크지 않다. …만약 겨울의 金이 正官을 쓰는데, 또 傷官이 변화하여 財가 되면, 한층 더 지극히 빼어나고 지극히 貴하게 된다. …그런데 또한 金水傷官格이 아니면서도 正官을 보는 경우는 어떠한가? 傷官이 변화하여 財가 되면, <변화된> 傷官은 그 <이전의> 傷官이 아니니, 財가

---

78 『子平眞詮』,「論傷官」: "有傷官佩印者, 印能制傷, 所以爲貴, 反要傷官旺, 身稍弱, 始爲秀氣. …然印旺根深, 不必多見. 偏正疊出, 反爲不秀. 故傷輕身重而印綬多見, 貧窮之格也."

79 『子平眞詮』,「論傷官」: "有傷官兼用財印者, 財印相剋, 本不竝用. 只要干頭兩淸而不相礙, 又必生財者財太旺而帶印, 佩印者印太重而帶財, 調停中和, 遂爲貴格."

80 『子平眞詮』,「論傷官」: "有傷官用煞印者, 傷多身弱, 賴煞生印以幇身而制傷. …煞因傷而有制, 兩得其宜, 只要無財, 便爲貴格."

旺하여 正官을 生하는 경우[財旺生官]로 여기고, 傷官이 正官을 보는 경우[傷官見官]로 여기지 않는다. …傷官格으로서 正官과 七煞이 함께 透出한 경우[官煞混雜]에는, 단지 天干에서 취하여 淸하기만 하면, 金水傷官格[81]이 그것을 얻어 또한 貴하고, 그렇지 않으면, 구조를 공허하게 할 뿐이다."[82]

위의 인용문에 잘 나타나 있듯이, 傷官格은 다른 十神들과의 관계에서 그 변화가 다양하게 이루어진다. 그리고 命主는 다양한 변화 속에서 傷官의 빼어난 氣를 잘 씀으로서 貴格 사주가 된다는 것을 알 수 있다. 傷官格은 食神格과 마찬가지로 日干을 洩氣하므로 日干이 身弱한 경우에는 印星의 剋制를 필요로 하는 반면에, 日干이 身强한 경우에는 日干을 洩氣하는 것이 오히려 좋아서 財星을 만나거나, 七煞을 만나면 貴格이 된다. 이제 傷官格의 取運法에 대해서 고찰해 보자.

"傷官格이 運을 취할 때는, 곧 傷官格에서 이루어진 여러 가지 局을 구분하여 그 運을 배합한다. 傷官用財의 경우에는, 財가 旺하고 日干이 弱하면 印綬運과 比劫運을 이롭게 여기고, 日干이 强하고 財가 弱하면 財運이 좋고, 傷官運도 또한 좋다. …傷官格이 印綬를 차는 것은, 正官運과 七煞運이 좋고, 印綬運도 또한 길하다. 食神運과 傷官運은 장애가 되지 않고, 財地[財運]는 凶하다. …傷官格으로서 財와 印綬를 兼用하는 경우는, 財가 많고 印綬를 지니는 것은 運이 印綬를 돕는 것을 좋아하고, 印綬가 많고 財를 지니는 것은

---

81 金水傷官格은 木火傷官格과 같이 調候를 우선시 하여 이루어지는 格의 구조를 말한다. 하지만 어떠한 格局의 구조를 이루더라도 官煞混雜, 重官, 重煞구조의 사주가 되면, 去官留煞, 去殺留官을 하던지, 合官留煞, 合煞留官을 하여 사주를 淸하게 만들지 못하면 貴할 수 없다.(李康大·林正基·金哲完, 『알기 쉬운 자평진전 下』, 동창, 2016, 122쪽 참조.)

82 『子平眞詮』, 「論傷官」: "有傷官用官者, 他格不用, 金水獨宜. 然要財印爲輔, 不可傷官竝透. …若孤官無輔. 或官傷竝透면則發福不大矣. …若冬金用官, 而又化傷爲財, 則尤爲極秀極貴. …然亦有非金水而見官, 何也. 化傷爲財, 傷非其傷, 作財旺生官而不作傷官見官. …至於傷官而官煞竝透, 只要干頭取淸, 金水得之亦貴, 不然, 則空結構而已."

運이 財를 돕는 것을 좋아 한다. …傷官格으로서 七煞과 印綬를 쓰는 경우는, 印綬運이 가장 이롭고, 食傷運도 또한 형통하며, 正官이 혼잡하면 吉이 아니고, 財를 만나면 곧 위태롭다. …傷官格이 七煞을 지니는 경우는, 印綬運을 좋아하고 財運을 꺼린다. 그러나 傷官이 重하고 七煞이 輕하면 運은 印綬를 좋아하고, 財運도 또한 吉하다. 다만 七煞의 뿌리가 重하면 食傷運을 좋아하고, 印綬運과 日干이 旺해지는 運도 또한 吉하지만, 財運을 만나면 凶이 된다. …傷官格으로서 正官을 쓰는 경우는, 財運과 印綬運을 좋아하고, 食傷運은 이롭지 않다. 만약 原局 가운데에 正官이 드러나고 財와 印綬가 둘 다 旺하면, 比劫運이나 傷官運은 좋지 않다."[83]

위의 인용문에서 보면, 傷官格에 여러가지 相神으로 運을 보는 경우는 다양하나, 대체로 傷官格에서 日干이 身强하면 財星을 만나 傷官生財가 되거나, 七煞을 制伏하여 傷官帶煞이 되는 경우에는 成格이 된다. 그리고 傷官格에서 日干이 身弱하면 印星이 日干을 도우고 傷官을 剋制하여 傷官佩印이 되는 경우에는 成格이 된다. 그러나 傷官格은 正官을 만나 傷官見官이 되는 경우에는 敗格이 된다.

7) 陽刃格

陽刃은 日干의 正財를 겁탈하는 神[劫財]이면서, 日干과 같은 五行이지만 陰陽이 다르다. 劫財[84]는 곧 正財의 七煞이다. 劫財라 하지 않고 陽刃이라고 하는 이유는 正財를

---

83 『子平眞詮』,「論傷官取運」: "傷官取運, 即以傷官所成之局, 分而配之. 傷官用財, 財旺身輕, 則利印比, 身强財淺, 則喜財運, 傷官亦宜. …傷官佩印, 運行官煞爲宜, 印運亦吉. 傷食不礙, 財地則凶. … 傷官而 兼用財印, 其財多而帶印者, 運喜助印, 印多而帶財者, 運喜助財. …傷官而用煞印, 印運最利, 傷食亦亨, 雜官非吉, 逢財卽危. …傷官帶煞, 喜印忌財. 然傷重煞輕, 運喜印而財亦吉. 惟七煞根重, 則運喜傷食, 印綬身旺亦吉, 而逢財爲凶矣. …傷官用官, 運喜財印, 不利食傷. 若局中官露而財印兩旺, 則比劫傷官, 未始非吉矣."

겁탈하는 작용이 극심하기 때문이다. 陽刃은 地支들 중에서 陽日干의 劫財만을 지칭한다. 즉, 天干이 甲木일때는 地支가 卯일 때, 日干이 丙火일때는 地支가 午일 때, 日干이 庚金일때는 地支가 酉일 때, 日干이 壬水일때는 地支가 子일 때 陽刃에 해당한다. 그리고 戊土 日干은 丙火 日干과 마찬가지로 午가 陽刃에 해당된다.

陽刃은 財星을 탈취하는 무기[刃-칼날]에 비유한다. 일반적으로 현대 명리학자들은 陽刃格에 用神이 잘 갖추어져서 成格이 되면 의료인, 법조인, 군경 등으로 입신양명한다고 말하고 있다.[85] 陽刃格은 凶神格에 해당되어 逆用함이 원칙이다. 따라서 官星[正官, 七煞]으로 制伏하면 成格이 된다.

그리고 官星으로 制伏한 상태에서 財星과 印星이 서로 따라준다면 더욱 貴格이 된다. 비록 陽刃이 凶神이지만, 官煞의 剋制나 食傷의 洩氣가 심한 사주에서는 陽刃이 오히려 身弱한 日干을 돕는다. 즉 陽刃은 日干을 대신하여 官煞의 剋制를 감당해 주거나, 食傷의 洩氣를 대신해 주는 역할을 한다. 『子平眞詮』에서는 陽刃格을 四凶神格 중에 하나로 보고 다음과 같이 기술하고 있다.

"陽刃은 나의 正財를 겁탈하는 神이니 곧 正財의 七煞이다. 祿 앞의 첫 번째 자리인데, 단지 다섯 陽干에게만 그것이 있기 때문에 陽刃이라고 한다. 劫財라고 하지 않고 陽刃이라고 하는 것은, 겁탈이 심하기 때문이다. 陽刃은 마땅히 制伏해야 하므로 正官과 七煞이 모두 좋으며, 財와 印綬가 <官煞을> 서로 따르면 더욱 貴하게 된다. 대저 正官에 財와 印綬가 서로 따르면 아름다우나, 七煞도 그것[財와 印綬]을 얻는다면 도리어 심하지 않겠는가? 다른 格에서는 七煞이 日干을 손상할 수 있어서 制伏을 좋아하고 財와 印綬를

---

84 사주에서 財星은 원래 日干의 財[소유물]를 의미하므로 劫財는 日干에게 손실을 주니 불리하다. 比劫은 日干의 소유물을 빼앗는 존재인데, 比劫 중에서도 특히 陽刃은 일반 比劫보다 강성한 성정을 지니어 劫財의 정도도 더 심하다.(沈孝瞻(서상덕 옮김), 『子平眞詮精解』, 관음출판사, 2011, 516쪽 참조.)

85 沈孝瞻(서상덕 옮김), 『子平眞詮精解』, 관음출판사, 2011, 518-520쪽 참조.

꺼리지만, 陽刃格이 그것[七煞]을 用神으로 쓰면 <七煞에> 의지해서 陽刃을 制伏하니, 日干이 손상될 것을 염려하지 않기 때문에 오히려 財와 印綬를 좋아하고 <七煞을> 制伏하는 것을 꺼리는 것이다."[86]

"陽刃格이 正官을 쓰는 경우에는, 陽刃이 透出해도 걱정하지 않지만, 陽刃格에 七煞이 드러난 경우에는, 陽刃이 透出하면 <格을> 이룰 수 없다. 대개 正官은 陽刃을 制伏할 수 있으므로 <陽刃이> 透出해도 해가 되지 않지만, 陽刃은 능히 七煞과 合을 하니 무슨 공을 이룰 수 있겠는가? …그러나 正官과 七煞이 陽刃을 制伏하는 경우에도, 格에는 또한 높고 낮음이 있다. 예컨대, 正官과 七煞이 드러나고 뿌리가 깊으면 그 貴함이 크다. 正官과 七煞이 암장되어 드러나지 않거나, 혹은 드러나도 뿌리가 얕으면 그 貴함이 작다. …그러나 또한 正官과 七煞이 陽刃을 制伏하는 경우는, 傷官과 食神을 지녀도 貴한 것이 있는데, 어떠한 것인가? 혹 印綬가 <官煞을> 보호하거나, 혹은 七煞이 太重한데 <食傷이> 그것[七煞]을 억제하여 줄이거나, 正官과 七煞이 다투는데 그것을 취하여 淸하게 하는 경우이다. …그 丙火가 午月에 生한 경우에, 암장된 己土가 水[官星]를 剋할 수 있으니, 財를 지니고 印綬를 차고 있어야 좋다. 만약 戊土가 午月에 生한 경우에, 天干에 丙丁火가 透出하거나 地支에 火局이 會合하면, 陽刃格이 변화하여 印綬格이 된다. 혹 正官이나 七煞이 透出하면, 陽刃을 제거하고 印星을 보존하여 그 格이 더욱 淸해진다. 만일 財와 七煞이 함께 透出한다면, 印綬가 제거되고 七煞을 보존하는 꺼림[불길함]을 범하면, 이는 煞을 生하고 煞을 制伏하는 例가 아니므로, 富와 貴가 둘 다 공허하다."[87]

---

86 『子平眞詮』, 「論陽刃」: "陽刃者劫我正財之神, 乃正財之七煞也. 祿前一位, 惟五陽有之, 故爲陽刃. 不日劫而日刃, 劫之甚也. 刃宜伏制, 官煞皆宜, 財印相隨, 尤爲貴顯. 夫正官而財印相隨美矣, 七煞得之, 夫乃甚乎. 豈知他格以煞能傷身, 故로喜制伏, 忌財印, 陽刃用之, 則賴以制刃, 不怕傷身, 故反喜財印, 忌制伏也."

87 『子平眞詮』, 「論陽刃」: "陽刃用官, 透刃不慮, 陽刃露煞, 透刃無成. 蓋官能制刃, 透而不爲害, 刃能合煞, 則有何功. …然同是官煞制刃, 而格亦有高低. 如官煞露而根深, 其貴也大. 官煞藏而不露, 或露而根

"또 陽刃格이 財를 쓰는 경우는, 좋은 格이 아니다. 그러나 財의 뿌리가 깊고 傷官과 食神을 쓸 수 있으면, 陽刃을 바꾸어[洩氣하여] 財를 生하는 경우에는, 비록 建祿格이나 月劫格에는 비길 수는 없어도 貴와 富를 취할 수 있다. 그렇지 않으면[傷官과 食神을 쓸 수 없으면] 陽刃과 財가 서로 싸워서 局을 이루지 못한다[敗格이다]."[88]

위의 인용문에 잘 나타나 있듯이, 陽刃은 日干이 身弱할 때 도움이 되어 주는 경우 외에는, 日干의 財星[소유물]을 빼앗는 존재이다. 그러므로 陽刃格에서는 正官이나 七煞을 用神으로 써서 陽刃을 剋制해야 좋다. 그러나 陽刃格에 正官이나 七煞이 없는 대신 財星이 있다면, 陽刃의 강한 기운을 洩氣해야 하는데, 이때는 반드시 食傷이 있어서 陽刃을 洩氣하고 財星을 生助해주어야 한다. 또 財星이 뿌리가 깊어서 陽刃이 쉽게 奪財할 수 없어야 좋다. 이 조건이 충족되면, 비록 旺한 陽刃이더라도 食傷으로 洩氣가 되고, 그 食傷이 다시 財星을 生助해주는 구조가 되어 成格이 된다. 만약 財星만 있고 食傷이 없다면 陽刃이 財星을 奪財하니 敗格이 되는 것이다.[89] 이제 陽刃格의 取運法에 대해서 고찰해 보자.

"陽刃格에 正官을 쓰는 경우에, 正官을 돕는 運이 좋다. 그러나 命 중의 官星이 뿌리가 깊으면, 印綬運과 比劫運으로 가는 것이 오히려 좋다. 다만 傷食運은 正官과 合을 하니 좋지 않다. …陽刃格에 七煞을 쓰는 경우에는, 七煞이 그다지 旺하지 않으면 七煞을 돕는

淺, 其貴也小. …然亦有官煞制刃帶傷食而貴者, 何也. 或是印護, 或是煞太重而裁損之, 官煞競而取清之. …其於丙生午月, 內藏己土. 可以剋水, 尤宜帶財佩印. 若戊生午月, 干透丙丁, 支會火局, 則化刃爲印. 或官或煞透, 則去刃存印, 其格愈清, 倘或財煞竝透露, 則犯去印存煞之忌, 不作生煞制煞之例, 富貴兩空矣."

88 『子平眞詮』, 「論陽刃」: "更若陽刃用財, 格所不喜. 然財根深而用傷食, 以轉刃生財, 雖不比建祿月劫, 可以取貴, 亦可就富. 不然則刃與財相搏, 不成局矣."

89 沈孝瞻(서상덕 옮김), 『子平眞詮精解』, 관음출판사, 2011, 529쪽 참조.

運이 좋다. 만약 七煞이 太重하면, 日干이 旺해지는 運과 印綬運이 좋고, 食傷運도 또한 꺼리지 않는다. …陽刃格에 正官과 七煞이 함께 透出한 경우에는, 正官을 제거하든 七煞을 제거하든지를 논하지 않고, <어느 하나를> 制伏하는 運이 좋고, 日干이 旺해지는 運도 또한 이롭다. 財運과 正官運으로 가는 것은 오히려 吉하지 않다."[90]

위의 인용문에서 보면, 陽刃格에서 여러 가지 十神과 用神으로 運을 보는 경우는 다양하나, 사주가 陽刃格일 경우에는 대체로 日干이 너무 身强한 경우가 많다. 너무 강한 日干의 기운을 洩氣해 줄 필요가 있는 것이다. 그래서 陽刃格은 正官이나 七煞이 꼭 있어서 강한 陽刃을 剋制해 주어야 하는데, 이때는 특히 正官보다는 七煞로써 陽刃을 制伏해야 좋다고 보고 있다.[91]

그리고 陽刃格에서 七煞이 그다지 旺하지 않으면 財星이 七煞을 도와주는 것이 좋고, 七煞이 太重하면 印星으로 七煞을 洩氣하고 日干을 도와주는 것이 좋다. 그리고 陽刃格에서 財星를 쓸 때는 食傷이 반드시 있어야 敗格이 되지 않는다.

8) 建祿月劫格

建祿과 月劫은 나의 財를 빼앗는 神[劫財]인데, 그 중에 建祿은 日干과 陰陽이 같은 五行이고 月劫은 日干과 陰陽이 다른 五行이다. 建祿[92]은 원래 좋은 神이나 地支에서

---

90 『子平眞詮』, 「論陽刃取運」: "陽刃用官, 則運喜助官. 然命中官星根深, 則印綬比劫之方, 反爲美運. 但 不喜傷食合官耳. …陽刃用煞, 煞不甚旺, 則運喜助煞. 煞若太重, 則運喜身旺印綬, 傷食亦不爲忌. …陽 刃而官煞竝出, 不論去官去煞, 運喜制伏, 身旺亦利. 財地官鄕, 反爲不吉也."

91 이는 正官은 陽刃과 음양이 동일하여 剋制하지만, 七煞은 陽刃과 음양이 달라 合去한다. 상대적으 로 剋制의 방식은 合去의 방식보다 유정하지 않다. 『子平眞詮』, 「論用神格局高低」: "如甲用酉官, 透丁逢癸, 癸剋不如壬合, 是有情而非情之至."(예컨대, 酉월 甲木이 正官을 쓰는데, 丁가 透出하고 癸水를 만나면, 癸水가 丁火를 剋함은 壬水가 丁火를 合하는 것보다 못하다. 이것은 有情이지만 情의 지극함은 아니다.)

항상 比肩이 되므로 『子平眞詮』에서는 祿을 劫[빼앗는 것]으로 보았다.[93] 月劫은 月支에 있는 劫財라는 말인데 陰日干일 경우에 月劫財라고 한다.[94] 그리고 建祿과 月劫은 똑같이 財를 劫[빼앗는 것]하는 것으로 보고 凶神으로 보아 逆用해야 한다. 그리고 建祿과 月劫을 줄여서 祿劫이라고 말하기도 한다.[95]

일반적으로 日干은 比劫을 싫어한다. 왜냐하면, 比劫은 日干의 財[소유물]를 쟁탈하기 때문이다. 그래서 일반적으로 명리학자들은 比劫을 損財나 부부불화, 형제나 친구와의 반목, 동업에서의 독립 등으로 통변하기도 한다. 그러나 日干이 身弱거나, 比劫이 七煞을 剋制하는 경우에는 比劫이 오히려 日干에게 도움이 된다. 『子平眞詮』에서 沈孝瞻은 建祿月劫格을 四凶神格 중에 하나로 보고 다음과 같이 기술하고 있다.

"建祿이란, 月建이 祿堂을 만나는 것이다. 祿은 곧 比劫이니, 혹 祿堂이 透出하여 바로 의지할 만해서 用神으로 삼는 것은 옳지 않다. 그러므로 建祿과 月劫은 格이 동일하고 따로 구분할 필요가 없다. <建祿과 月劫> 모두 天干에 透出하고 地支에 會合한 경우에는, 달리 財·官·煞·食을 취하여 用神으로 삼는다."[96]

"祿劫格에 正官을 쓰는 경우는, 天干에 <正官이> 透出하면 뛰어나게 되고, 또 財와 印綬가 서로 따라주어서 외로운 正官을 보좌해야 된다[孤官無輔는 不可하다]. …<祿劫格

---

92 十二運星의 星神 중의 하나로 日干이 地支에 建祿을 보는 경우 身强해지며, 貴氣가 최대라고 평가한다. 日干이 建祿을 가지면 혈기가 왕성하고, 사회의 중추적인 위치에서 권위를 떨치고, 성공과 부귀를 누리게 된다.(申六泉, 『四柱命理學大事典』, 甲乙堂, 2013, 116-117쪽 참조.)

93 『子平眞詮』, 「論建祿月劫」: "祿卽是劫."

94 陽日干일 경우는 月劫財라고 칭하지 않고 陽刃이라 한다.

95 建祿格과 月劫格은 格局定法에서는 서로 구분할 필요가 없기 때문에 그냥 祿劫格으로 통칭한다. (李康大·林正基·金哲完, 『알기 쉬운 자평진전 下』, 동창, 2016, 137쪽 참조.)

96 『子平眞詮』, 「論建祿月劫」: "建祿者, 月建逢祿堂也. 祿卽是劫, 或以祿堂透出卽可依以爲用者, 非也. 故建祿與月劫, 可同一格, 不必另分. 皆以透干會支, 別取財官煞食爲用."

에> 正官과 財와 印綬가 겸해서 있는 경우는, 이른바 日干이 身强하고 三奇를 가진 것으로, 더욱 貴한 氣가 된다. 三奇란 財, 官, 印이다. 다만 正官이 그것들<財와 印綬>을 격리시켜서, 財와 印綬로 하여금 둘이 서로 傷하지 않게 하기만 하면, 그 格은 더욱 크다. …또 祿劫格에서 正官과 七煞이 함께 透出한 경우는, 반드시 취하여[官煞混雜을 제거하여] 淸해야 비로소 貴格이 된다. …만일 두 正官이 함께 透出한 경우는, 또한 반드시 制伏해야 하는데, 소위 두 正官이 다툴 때는 傷官이 없어서는 不可하다는 것이다. …<祿劫格에> 正官을 쓰는데 외로운 正官에 보좌가 없는 경우는, 格局이 곧 작아서 貴를 취하기 어렵다. 만약 傷官, 食神이 透出하면 곧 破格이 된다. 그러나 또한 正官과 傷官이 함께 透出하는데도 貴한 것이 있으니, 어떠한 것인가? 예컨대, 己酉年, 乙亥月, 壬戌日, 庚子時는 庚金이 傷官 乙木을 合去하고 正官[己土]을 보존하였기 때문이다."[97]

"祿劫格에 財를 쓰는 경우는, 반드시 食傷을 지녀야 한다. 대개 月令이 比劫이 되는데, 財로써 用神을 삼으면, 둘[比劫과 財]이 相剋하므로, 반드시 傷官, 食神으로 그것들을 소통시켜야만 비로소 比劫을 <食傷으로> 바꾸어 財를 生할 수 있다. …比劫이 변하여 財星이 되는 경우와, 比劫이 <食傷으로> 변하여 生財가 되는 경우는, 더욱 빼어난 氣가 된다. 예컨대, 己未年, 己巳月, 丁未日, 辛丑時는 巳丑이 會局하여 劫財格인 火가 金局의 財格으로 변했다. 그러니 어찌 大貴하지 못하겠는가? 이것이 이른바 化劫爲財이다. 예컨대, 高尙書의 命인 庚子年, 甲申月, 庚子日, 甲申時는 劫財格인 <申>金이 財를 生하는 <食傷> 水로 변했다. 이른바 比劫을 변화시켜 生財가 되게 하는 것이다. …<祿劫格에> 財를 쓰는데 傷官, 食神이 透出하지 않은 경우에는, 곧 실마리[財]를 드러내기 어렵다. 그러나 天干에

---

97 『子平眞詮』, 「論建祿月劫」: "祿格用官, 干頭透出爲奇, 又要財印相隨, 不可孤官無輔. …有官而兼帶財印者, 所謂身强値三奇, 尤爲貴氣, 三奇者, 財官印也. 只要以官隔之, 使財印兩不相傷, 其格便大. …更有祿劫而官煞竟出, 必取淸, 方爲貴格. …倘或兩官竟出, 亦須制伏, 所謂爭正官不可無傷也. …若夫用官而孤官無輔, 格局便小, 難於取貴. 若透傷食, 便爲破格. 然亦有官傷竝透而貴者, 何也. 如己酉, 乙亥, 壬戌, 庚子, 庚合乙而去傷存官."

하나의 <食傷만이> 透出하여 혼잡하지 않으면서, 地支에 뿌리가 많다면, 또한 富를 취할 수 있으나, 다만 貴하지는 않다."[98]

"祿劫格에 七煞을 쓰는 경우에는, 반드시 制伏되어야 한다. …<祿劫格에서> 七煞과 또 財를 함께 쓰는 경우는, 본래 아름답지 않다. 그러나 七煞을 제거하고 財가 보존된다면 또한 貴格이 된다."[99]

"祿劫格에서 財星과 官星이 없어 傷官, 食神을 쓰는 경우는, 太過한 日干을 洩氣하여도 또한 빼어난 氣가 된다. 오직 봄의 木과 가을의 金은 <食傷으로> 洩氣하면 貴하게 된다. 대개 木이 火를 만나면 밝아지고, 金이 水를 生하면 신령스러워지기 때문이다."[100]

"<祿劫格에> 正官과 七煞이 중첩하고 制伏이 없는 경우는, 運에서 制伏이 되면 또한 財를 얻을 수 있다. 다만 正官과 七煞이 太重해서는 不可하다. 日干을 위태롭게 한다."[101]

위의 인용문에서 잘 나타나 있듯이, 日干과 月支 地藏干의 十天干에 해당하는 글자와의 관계에서 日干과 동일한 五行에 속하는 陽刃格과 祿劫格의 경우에는 日干과 같은

---

98 『子平眞詮』, 「論建祿月劫」: "祿劫用財, 須帶食傷. 蓋月令爲劫, 而以財作用, 二者相剋, 必以傷食化之, 始可轉劫生財. …至於化劫爲財, 與化劫爲生, 尤爲秀氣. 如己未, 己巳, 丁未, 辛丑, 丑與巳會, 即以劫財之火爲金局之財. 安得不爲大貴. 所謂化劫爲財也. 如高尚書命, 庚子, 甲申, 庚子, 甲申, 即以劫財之金, 化爲生財之水. 所謂化劫爲生也. …用財而不透傷食, 便難於發端. 然干頭透一位而不雜, 地支根多, 亦可取富, 但不貴耳."

99 『子平眞詮』, 「論建祿月劫」: "建祿用煞, 必須制伏. …至用煞而又帶財, 本爲不美. 然能去煞存財, 又成貴格."

100 『子平眞詮』, 「論建祿月劫」: "其祿劫之格, 無財官而用傷食, 洩其太過, 亦爲秀氣. 唯春木秋金, 用之則貴. 蓋木逢火則明, 金生水則靈."

101 『子平眞詮』, 「論建祿月劫」: "用官煞重而無制伏, 運行制伏, 亦可發財. 但不可官煞太重. 致令身危也."

五行을 用神으로 사용하면 相神이 生剋의 관계로서 서로 五行이 같은 日干과 用神을 어느 것을 조절해야 하는지 알 수 없는 상황이 발생한다. 따라서 陽刃格과 祿劫格의 경우에는 月支이외의 다른 곳에서 食傷, 財星, 正官이나 七煞 중에서 用神을 구하게 된다. 그리고 用神을 정한 다음에는 사주 내에 있거나, 運에서 오는 여러 가지 十神에 따라 貴格 여부를 판단한다. 이제 建祿月劫格의 取運法에 대해서 고찰해 보자.

"祿劫格이 運을 취할 때는, 곧 祿劫格에서 이루어진 여러 가지 局을 구분하여 그 運을 배합한다. 祿劫格에 官星을 쓸 때 印綬의 보호가 있는 경우, 財運을 좋아하고, 官星이 合을 만나는 것을 두려워하고, 七煞의 相乘[混雜]을 두려워하며, 傷食運은 해롭지 않고, 比劫運도 바로 凶이 되지 않는다. …<祿劫格에> 財星이 <官星을> 生하는 경우는, 印綬運은 좋으며, 官星의 뿌리가 되는 運도 좋다. 食傷運은 <官星을> 얕보니 두려워한다. 財運을 만나면 더욱 그 공로가 크다. 七煞이 혼잡 되면 어찌 장애가 없겠는가? …<祿劫格에> 財를 쓰는데 傷官과 食神이 있는 경우에는, 財와 食傷이 重하면 <日干의 洩氣가 심해 日干을 生助해 줄> 印綬運을 좋아하고, 比肩運도 꺼리지 않는다. 財와 食傷이 輕하면, 財를 돕는 運이 당연히 좋고, 印綬運과 比肩運은 좋지 않다. 七煞을 만나면 <食傷이 제어를 하니 日干에게> 損傷은 없으나, 正官을 만나면 <食傷이 제어를 하니 日干에게> 福이 아니다. …<祿劫格에> 七煞을 쓰는데 食傷으로 制伏하는 경우는, 食傷이 重하고 七煞이 弱하면 七煞을 돕는 運이 좋고, 食傷이 弱하고 七煞이 重하면 食傷을 돕는 運이 좋다. …만약 <祿劫格에> 七煞을 쓰는데 財가 있는 경우는, 命 중에서 七煞이 合去되고 財를 보존하면, 傷食運은 좋고, 財運도 꺼리지 않으며, 官星이 透出해도 염려할 것 없고, 日干이 旺한 運도 또한 형통하다. 만약 <祿劫格에> 命 중에서 財가 合去되고 七煞을 보존하면, 食傷으로 制伏해야 하므로, 七煞이 弱하면 七煞을 돕고, 食傷이 弱하면 食傷을 도울 뿐이다. …祿劫格에 傷官과 食神을 쓰는 경우는, 財運이 가장 좋고, 七煞運도 또한 꺼리지 않으며, 印綬運으로 행하는 것은 不吉하고, 官星이 透出한 運은 좋지 않다. 만약 命 중에서

傷官과 食神이 太重하면, 財運은 본래 이롭고, 印綬運도 또한 꺼리지 않는다. …祿劫格에 正官과 七煞이 혼잡한 경우는, 合煞留官이든, 存官制煞[制煞留官]이든 논하지 않고, 傷食運은 기쁘고, 比肩運도 또한 좋지만, 印綬運은 좋은 의도가 되지 않고, 財官運도 또한 福運이 아니다.”[102]

위의 인용문에서 보면, 建祿月劫格에서 여러 가지 十神과 用神으로 運을 보는 경우는 다양하나, 사주가 祿劫格일 경우에는 대체로 日干이 身强한 경우가 많다. 그래서 日干의 旺한 기운을 洩氣하는 食傷을 통해 財星을 취하면 富한 사주가 된다고 보고 있다. 그리고 祿劫格에 官煞混雜일 경우는 혼잡을 제거하면 貴한 사주가 된다고 보고 있다.

지금까지 『子平眞詮』에서 나오는 八格에 대해서 고찰하였다. 八格의 取運法에서 고찰해 보았듯이 月支를 중심으로 格局用神이 정해졌다고 하더라도, <格局用神의 善·不善 여부를 감안하여> 日干의 身强身弱에 따라 相神을 취해야 한다는 것을 알 수 있다. 이러한 사실로부터 우리는 『子平眞詮』의 관법이 月支와 格局用神을 중요시 하고 있지만, 『淵海子平』 이후 현대 명리학으로까지 계승되고 있는 子平命理의 日干을 중심으로 보는 看命法이 『子平眞詮』에서도 중요하게 여기고 있음을 알 수 있다.

그리고 『子平眞詮』에서의 相神은 格局의 成敗를 정하고, 나아가서는 命主의 吉凶에 큰 관여를 한다. 그렇기 때문에 相神은 格局에 맞게 정해져야 한다. 이제 필자는 『子平

---

102 『子平眞詮』, 「論建祿月劫」: “祿劫取運, 卽以祿劫所成之局, 分而配之. 祿劫用官, 印護者喜財, 怕官星之逢合, 畏七煞之相乘, 傷食不能爲害, 劫比未卽爲凶. …財生喜印, 宜官星之植根, 畏傷食之相侮, 逢財愈見其功. 雜煞豈能無礙. …祿劫用財而帶傷食, 財食重, 則喜印綬, 而不忌比肩. 財食輕, 則宜助財, 而不喜印比. 逢煞無傷, 遇官非福. …祿劫用煞以食制, 食重煞輕, 則運宜助煞, 食輕煞重, 則運喜助食. …若用煞而帶財, 命中合煞存財, 則傷食爲宜, 財運不忌, 透官無慮, 身旺亦亨. 若命中合財存煞, 而用食制, 煞輕則助煞, 食輕則助食而已. …祿劫而用傷食, 財運最宜, 煞亦不忌, 行印非吉, 透官不美. 若命中傷食太重, 則財運固利, 而印亦不忌矣. …祿劫而官煞並出, 不論合煞留官, 存官制煞, 運喜傷食, 比肩亦宜, 印綬未爲良圖, 財官亦非福運.”

眞詮』의 相神에 대해 고찰해 보고자 한다.

4. 『子平眞詮』의 相神

1) 相神의 개념

格局用神을 보필하는 相神은 格에 따라 다르게 나타나며, 成格이 되게 하는 존재이다. 가령 日干이 身强하면서 正官格에 財가 있어서 財가 相神이 되면 成格이 되는데, 이때 格局用神[正官]과 相神[財]의 관계는 긴요하다고 말한다. 『子平眞詮』에서는 相神에 대해서 다음과 같이 기술하고 있다.

"月令에서 이미 用神을 얻었으면, 다른 자리에 또한 반드시 相神이 있다. 이것은 임금에게 재상이 있는 것과 같이 나의 用神을 보필하는 것이 이것이다. 가령 正官이 財의 生함을 만나면, 正官은 用神이고 財는 相神이다. 財가 旺하여 正官을 生하면 財는 用神이고 正官은 相神이다. 七煞이 食神의 制伏을 만나면 七煞은 用神이고 食神은 相神이다. 그러나 이것은 곧 하나의 정해진 법칙이고, 통변의 오묘함은 아니다. 요약해서 말하면 무릇 전체의 局의 格이 이 한 글자에 의해 이루어지는 데, 이것을 相神이라고 한다."[103]

위의 인용문에서 보면, 相神에 대해서 임금을 보필하는 재상과 같은 존재로 비유하면서 긴요한 것이라고 보고 있다. 여기서 임금은 月令에서 구한 格局用神이고, 임금[格

---

103 『子平眞詮』, 「論相神緊要」: "月令旣得用神, 則別位亦必有相. 若君之有相, 輔我用神者是也. 如官逢財生, 則官爲用, 財爲相. 財旺生官, 則財爲用, 官爲相. 殺逢食制, 則殺爲用, 食爲相. 然此乃一定之法, 非通變之妙. 要而言之, 凡全局之格, 賴此一字而成者, 均謂之相也."

局用神]을 보필하는 재상은 相神이다. 『子平眞詮』에서는 사주의 핵심적인 기운은 月令에서 구한 格局用神이지만, 이를 돕거나 보호하여 사주의 格이 成格이 되게 하는 相神도 꼭 필요하고 중요한 존재로 보고 있다. 沈孝瞻은 相神 한 글자가 있고 없음에 따라 格局의 成敗가 좌우되기 때문에 相神이 손상되는 것은 用神이 손상되는 것보다 피해가 심하다는 입장을 취하면서 다음과 같이 기술하고 있다.

"用神을 손상하는 것이 日干을 손상하는 것보다 심하고, 相神을 손상함이 用神을 손상하는 것보다 심하다. 예컨대 甲木 日干이 酉金 正官을 格局用神으로 삼는데, 丁火가 透出하고 壬水를 만나면, 傷官[丁火]이 合이되고 正官이 보존 되어 正官格이 成格이 되는 것은, 전적으로 壬水 相神에 힘을 입은 것이다."[104]

沈孝瞻은 日干보다 格局用神이 損傷되는 것이 심하고, 임금인 格局用神이 손상되는 것보다 재상인 相神이 손상되는 것이 더욱 심하다고 하면서 사주에 있어서 相神의 중요성을 강조하고 있다. 위의 인용문에서 보면, 甲木 日干이 月支에 酉金이 있어서 正官格이 되려고 하는데, 丁火가 酉金[正官]을 손상하려 할 때, 壬水가 丁火를 合去하면 酉金[正官]이 보존 되므로 正官格이 成格이 되면서 格局用神이 보호되는 것이다. 그래서 이 경우에는 전적으로 의지되고 힘이 되어주는 壬水가 꼭 긴요한 존재인 相神이 되는 것이다.

春秋戰國시대 齊나라 景公[105]과 孔子와의 대화 내용에서 보면, "齊나라 景公이 孔子에게 정치에 관하여 묻자, 공자가 답하길, 임금은 임금답고, 신하는 신하답고, 아버지는

---

104 『子平眞詮』, 「論相神緊要」: "傷用神甚於傷身, 傷相甚於傷用. 如甲用酉官, 透丁逢壬, 則合傷存官以成格者, 全賴壬之相."

105 齊景公(미상~기원전 490)으로 성이 姜, 이름은 杵臼이다. 齊莊公의 이복동생이다. 대부 崔杼가 莊公을 살해하고 그를 세워 군주로 삼았다. 孔子는 기원전 517년 魯나라의 내란을 피해 齊나라로 갔을 때 景公와 이야기를 나눈 적이 있다.

아버지답고, 아들은 아들다운 것이라고 하였다. 이에 경공이 말하길, 좋은 말이다. 진실로 임금이 임금답지 않고, 신하가 신하답지 않고, 아버지가 아버지답지 않고, 아들이 아들답지 않다면, 비록 곡식이 있다고 한들, 내가 그것을 먹을 수 있겠는가?"[106]라고 하였는데, 이 구절은 한 국가의 구성원 각자가 자기의 명분에 해당하는 덕을 실현함으로써 바른 사회가 된다는 공자의 正名[107]사상과도 통한다. 즉, 임금도 혼자의 힘만으로는 국가를 운영 할 수 없으며, 임금을 보필하는 재상들이 필요한 것은 당연하다는 것을 알 수 있다. 그리고 "君君, 臣臣."(임금은 임금답고, 신하는 신하다워야 한다.)이라는 말은 국가를 운영할 때 임금을 보필하는 재상이 없으면 임금을 없는 것보다 더 큰 어려움이 있음을 말하고 있는 것이다.

2) 相神의 역할

『子平眞詮』에서는 相神이 用神과 관계를 맺으면서 格局의 成敗를 담당하는 역할을 한다.[108] 相神에 의하여 成格이 되거나 敗格이 되기 때문에, 相神을 格局用神보다 더 중요하다고 보는 것이 沈孝瞻의 입장이다. 즉, 格局用神이 吉神이라면 相神은 格局用神

---

106 『論語』, 「顔淵篇」: "齊景公問政於孔子, 孔子對曰, 君君, 臣臣, 父父, 子子. 公曰, 善哉. 信如君不君, 臣不臣, 父不父, 子不子, 雖有粟, 吾得而食諸."

107 正名은 2가지로 해석이 가능하다. 첫째, 名稱이나 命名을 바르게 한다는 의미로, 正名은 대체로 사물의 名과 본래의 면목이 올바로 맺어져서 名과 實이 相符하도록 하여 정의에 부합되도록 하는 것을 함의한다. 둘째, 명분을 바로 세운다는 의미로 각각의 이름이나 신분에 따라 마땅히 지켜야 할 도리를 말하며 군신, 부자, 부부 등 구별된 사이에 서로가 지켜야 할 도덕상의 일을 말한다. 사회구성원각자가 자기의명분에 해당하는 덕을 실현함으로써 바른 사회가 된다는 것이다. 각자 자리에서 자신의 역할에 충실할 때 사회가 잘된다는 것을 의미한다.

108 『子平眞詮』에서는 格局과 用神을 陽刃格과 祿劫格을 제외하고는 같이 보아서 일반적으로 '格用'이라고 표현하고 있으며, 이 '格用'과 '日干'의 사이에서 명조가 제대로 成格이 될 수 있도록 해 주는 글자를 相神이라는 개념으로 사용하고 있다.(李康大·林正基·金哲完, 『알기 쉬운 자평진전 上』, 동창, 2016, 115쪽 참조.)

을 順用하는 역할을 하고, 格局用神이 凶神이라면 相神은 格局用神을 逆用하는 역할을 한다. 그래서 相神이 順逆의 역할을 제대로 수행하면 成格이 되고, 格局用神을 順用 혹은 逆用을 제대로 하지 못하면 대체로 敗格이 된다. 『子平眞詮』에서는 順用과 逆用에 대해서 다음과 같이 기술하고 있다.

"그러므로 善하여 이것을 順用하는 것은, 곧 財는 食神으로써 相生하고, 官星을 生하여 財를 보호 하는 것을 좋아하고, 正官은 財가 透出하여 相生하고, 印星을 生하여 官星을 보호하는 것을 좋아하고, 印星은 官煞로써 相生하고, 劫財로써 印星을 보호하는 것을 좋아하고, 食神은 日主[身]가 旺하여 相生하고, 財를 生하여 食神을 보호하는 것을 좋아하는 것이다. 不善하여 이것을 逆用하는 것은, 곧 七煞은 食神으로 制伏하는 것을 좋아하고, 財와 印星으로써 돕는 것을 꺼리고, 傷官은 印星을 차고서 制伏하고, 財를 生하여 傷官을 변화시키는 것을 좋아하고, 陽刃은 官煞로써 制伏하는 것을 좋아하고, 官煞이 모두 없음을 꺼리고, 月劫은 官星이 透出하여 制伏하는 것을 좋아하고, 財를 用神으로 쓰는데 食神이 透出하여 劫財를 변화시키는 것을 이롭게 여긴다. 이것이 順用과 逆用의 대략이다."[109]

위의 인용문에 잘 나타나 있듯이, 相神은 日干을 위하여 格局用神을 보좌하고, 또한 사주가 제대로 成格이 되게 하여서 사주의 吉·凶·禍·福을 결정하는 쓰임새로써의 중요한 역할을 수행하고 있다. 이제 필자는 『子平眞詮』의 相神과 忌神에 의한 成格과 敗格에 대해서 고찰해 보고자 한다.

---

109 『子平眞詮』,「論用神」: "是以善而順用之, 則財喜食神以相生, 生官以護財官, 喜透財以相生, 生印以護官, 印喜官煞以相生, 劫財以護印, 食喜身旺以相生, 生財以護食. 不善而逆用之, 則七煞喜食神以制伏, 忌財印以資扶, 傷官喜佩印以制伏, 生財以化傷, 陽刃喜官煞以制伏, 忌官煞之俱無, 月劫喜透官以制伏, 利用財而透食以化劫. 此順逆之大路也."

3) 相神에 의한 成格

사주가 成格이 되었다는 것은 格局이 안정되었다는 의미로 해석할 수 있어서 命主에게 좋다는 의미를 지니고 있다. 『子平眞詮』에서는 相神의 역할에 의해서 사주가 成格이 되는 경우를 다음과 같이 기술하고 있다.

"用神은 오로지 月令에서 찾으니 사주로써 月令에 짝지우면 반드시 成格과 敗格이 있다. 무엇을 成格이라고 하는가? 예컨대, 正官格이 財와 印星을 만나고, 또한 刑·沖·破·害가 없으면 正官格이 이루어진다. 財格이 正官을 生하여 旺盛하거나, 혹은 財格이 食神의 生함을 만나는데 身强하고 比肩을 지니거나, 혹은 財格에 印星이 透出하는데 위치가 매우 적당하여 둘[財와 印星]이 서로 剋하지 않으면 財格이 이루어진다. 印綬格이 가벼운데 七煞을 만나거나, 혹은 官星과 印星이 둘 다 온전하거나, 혹은 身[日干]과 印星이 둘 다 왕성한데 食傷을 써서 洩氣하거나, 혹은 印綬格에 印星이 많은데 財를 만나서 財가 透出하고 뿌리가 가벼우면 印綬格이 이루어진다. 食神格이 財를 生하거나, 혹은 食神格이 七煞을 지니지만 財가 없거나, 食神을 버리고 七煞로 나아가는데[棄食就煞] 印星이 透出하면 食神格이 이루어진다. 身强한 七煞格이 制伏을 만나면 七煞格이 이루어진다. 傷官格이 財를 生하거나, 혹은 傷官格이 印綬를 차는데[傷官佩印] 傷官이 旺하고 印星에 뿌리가 있거나, 傷官格이 旺하고 身主가 弱한데 七煞과 印星이 透出하거나, 혹은 傷官格이 七煞을 지니지만 財가 없으면 傷官格이 이루어진다. 陽刃格에 官煞이 透出하는데 財와 印星이 드러나고 傷官을 보지 않으면 陽刃格이 이루어진다. 建祿月劫格인데 官星이 透出하고 財와 印星을 만나거나, 財가 透出하고 食傷을 만나거나, 七煞이 透出하면서 制伏을 만나면 建祿月劫格이 이루어진다."[110]

---

110 『子平眞詮』,「論用神成敗救應」: "用神專尋月令, 以四柱配之, 必有成敗. 何謂成. 如官逢財印, 又無刑衝破害, 官格成也. 財生官旺, 或財逢食生而身强帶比, 或財格透印而位置安貼, 兩不相剋, 財格成也. 印

위의 인용문의 내용을 도표로 정리하면 다음과 같다.

표 13. 相神에 의한 成格

格局用神		相神	비고
正官格		財, 印	官逢財印
財格		官, 食, 印	財生官, 財逢食, 財格透印
印綬格		煞, 官, 食, 傷, 財	印輕逢煞, 官印雙全, 印用食傷, 印多逢財
食神格		財, 印, 煞	食神生財, 食帶煞, 棄食就煞而透印
偏官[七煞]格		食, 傷, 印	食帶煞, 印輕逢煞, 傷官帶煞
傷官格		財, 印, 煞	傷官生財, 傷官佩印, 傷官帶煞
陽刃格	官이 用神	財, 印	透官煞而露財印
	煞이 用神	財, 印	
建祿 月劫格	官이 用神	財, 印	透官而逢財印
	財가 用神	食, 傷	透財而逢食傷
	煞이 用神	食, 傷	透煞而遇制伏

위의 인용문에 잘 나타나 있듯이, 사주는 반드시 成格과 敗格이 있게 되는데, 用神은

輕逢煞, 或官印雙全, 或身印兩旺而用食傷洩氣, 或印多逢財而財透根輕, 印格成也. 食神生財, 或食帶煞
而無財, 棄食就煞而透印, 食格成也. 身强七煞逢制, 煞格成也. 傷官生財, 或傷官佩印而傷官旺, 印有根,
或傷官旺身主弱而透煞印, 或傷官帶煞而無財, 傷官格成也. 陽刃透官煞而露財印, 不見傷官, 陽刃格成
也. 建祿月劫, 透官而逢財印, 透財而逢食傷, 透煞而遇制伏, 建祿月劫之格成也."

오직 月支에서만 찾는다. 正官格 사주에서는 財星이나 印星이 있으면서 刑·沖·破·害가 없으면 成格이 되는 것이다. 財格 사주에서는 財가 正官을 旺하게 生助하거나, 食神이 財星을 生하면서 日干이 身强하고 比肩이 있거나, 印星이 透出하여 印星과 財星이 서로 剋하지 않으면 成格이 되는 것이다. 印綬格 사주에서는 七煞이 있어서 약한 印星을 生하거나, 官印相生하거나, 日干과 印星이 둘 다 旺한데 食傷으로 洩氣를 할 수 있거나, 印星이 많은데 뿌리가 약한 財星이 透出하는 경우에는 成格이 되는 것이다. 食神格 사주에서는 食神生財하거나, 七煞만 있고 財星이 없거나, 七煞과 印星이 있어서 食神制 煞을 포기하고 印星이 化煞하는 경우에는 成格이 되는 것이다. 七煞格 사주에서는 日干이 身强하고 食神이 七煞을 制伏할 수 있으면 成格이 되는 것이다. 傷官格 사주에서는 傷官生財하거나, 傷官佩印일 경우에는 傷官이 旺하고 뿌리가 있는 印星이 있거나, 傷官은 旺한데 日干이 身弱하고 七煞과 印星이 透出해 있거나, 七煞만 있고 財가 없다면 成格이 되는 것이다. 陽刃格 사주에서는 正官이나 七煞 둘 중 어느 하나가 있으면서 財星이나 印星 둘 중 어느 하나와 함께 透出해 있는 경우에, 傷官이 없다면 成格이 된 것이다. 建祿月劫格 사주에서는 正官이 透出하고 財星이나 印星이 있거나, 財星이 透出하고 食傷이 있거나, 七煞이 透出하여 制伏이 된 경우에는 成格이 되는 것이다.

4) 忌神에 의한 敗格

사주가 敗格이 되었다는 것은 格局이 불안정하다는 의미로 해석할 수 있어 命主에게 는 좋지 않다. 『子平眞詮』에서 忌神에 의해서 사주가 敗格이 되는 경우를 다음과 같이 기술하고 있다.

"무엇을 敗格이라고 하는가? 正官格이 傷官을 만나 剋制가 있거나 刑·沖이 되면 正官格 이 무너진다. 財格이 弱하고 比劫이 重하거나, 財格에 七煞이 透出하면 財格이 무너진다.

印綬格이 弱한데 財를 만나거나, 혹은 身强하고 印綬格이 重한데 七煞이 透出하면 印綬格이 무너진다. 食神格이 梟神을 만나거나, 혹은 財를 生하고 七煞이 드러나면 食神格이 무너진다. 七煞格이 財를 만나고 制伏이 없으면 七煞格이 무너진다. 傷官格이 金水가 아니면서 正官을 보거나, 혹은 財를 生하면서 七煞을 지니거나, 혹은 印綬을 차면서 傷官이 弱하고 身旺하면 傷官格이 무너진다. 陽刃格에 官煞이 없으면 陽刃格이 무너진다. 建祿月劫格에 財官이 없거나, 七煞과 印星이 透出되면 建祿月劫格이 무너진다.”[111]

위의 인용문의 내용을 도표로 정리하면 다음과 같다.

표 14. 忌神에 의한 敗格

格局用神	忌神	비고
正官格	傷	官逢傷
財格	比, 煞	財輕比重, 財透七煞
印綬格	財, 煞	印輕逢財, 印重透煞
食神格	印, 煞	食神逢梟, 食神生財露煞
偏官[七煞]格	財	七煞逢財
傷官格	官, 煞, 印	傷官見官, 傷官生財生帶煞, 佩印而傷輕
陽刃格		陽刃無官煞
建祿月劫格		無財官, 透煞印

---

[111] 『子平眞詮』, 「論用神成敗救應」: “何謂敗. 官逢傷剋刑沖, 官格敗也. 財輕比重, 財透七煞, 財格敗也. 印輕逢財, 或身强印重而透煞, 印格敗也. 食神逢梟, 或生財露煞, 食神格敗也. 七煞逢財無制, 七煞格敗也. 傷官非金水而見官, 或生財生帶煞, 或佩印而傷輕身旺, 傷官格敗也. 陽刃無官煞, 刃格敗也. 建祿月劫, 無財官, 透煞印, 建祿月劫之格敗也.”

위의 인용문에 잘 나타나 있듯이, 命[四柱]에서 忌神 때문에 格局用神이 제 역할을 못하게 되는 경우 敗格이 된다. 正官格 사주에서는 傷官의 剋制가 있거나 刑·沖이 있으면 敗格이 된 것이다. 財格 사주에서는 財가 弱하고 比劫이 旺하거나, 七煞이 透出하면 敗格이 되는 것이다. 印綬格 사주에서는 印星이 弱하면서 財星을 만나거나, 印星이 重하고 日干이 身强한데 七煞이 透出해 있는 경우에는 敗格이 된 것이다. 食神格 사주에서는 梟神[偏印]이 있거나, 食神이 財星을 生하는데 七煞이 透出해 있는 경우에는 敗格이 되는 것이다. 七煞格 사주에서는 財星이 있는데 食傷이 七煞을 制伏하지 않을 경우에는 敗格이 되는 것이다. 傷官格 사주에서는 金水傷官格[金日干에 水가 格局이 되어 傷官格을 이룸]이 아니면서 正官이 있거나, 傷官生財를 하려는데 七煞이 있거나, 傷官이 弱하고 日干이 身强하면서 印星이 있는 경우에는 敗格이 되는 것이다. 陽刃格인 사주에서는 正官이나 七煞이 없으면 敗格이 된 것이다. 建祿月劫格 사주에서는 財星이나 正官이 없거나, 七煞과 印星이 透出한 경우에는 敗格이 되는 것이다.

한편, 위의 인용문의 내용 중에서 "傷官非金水而見官."(傷官格이 金水가 아니면서 正官을 본다.)이라고 한 것으로 보면, 沈孝瞻은 日干과 格局用神이 金水傷官格일 경우 正官을 火로써 相神으로 쓸 수 있다는 입장을 취하고 있다. 이는 格局用法을 운용함에 있어서도 日干 중심의 調候 논리를 감안하고 있음을 짐작 할 수 있다. 즉 庚金, 辛金 日干일 때 格局用神이 水[壬, 癸, 亥, 子]이면 調候를 감안하여 相神으로 火[丙, 丁, 巳, 午]를 쓸 수 있다는 것이다.

본 절에서 고찰 해 본바와 같이, 『子平眞詮』에서는 相神의 역할에 따라서, 사주가 成格이 되기도 하고 敗格이 되기도 하므로 相神은 중요한 의미를 가진다. 相神에 의해 四吉神格이 生助가 되거나, 四凶神格이 剋制 또는 合去되면 成格이 된다. 그리고 四吉神格이 剋制 또는 合去되거나, 四凶神格이 生助를 받게 되면 敗格이 된다. 앞에서 고찰해 보았듯이, 『子平眞詮』에서의 成格과 敗格의 변화는 五行의 生剋制化와 干支에서의 合·刑·沖, 그리고 救應과 忌神에 의해서 일어나고 있음을 알 수 있다.

제6장 日干 중심의 用神과 『子平眞詮』의 格局用神의 비교

1. 日干 중심의 用神과 『子平眞詮』의 格局用神의 비교

用神에 대해서는 이미 고찰해 본 것처럼 크게 두 가지 관점, 즉 '日干 중심의 用神'과 '『子平眞詮』의 格局用神'으로 나누어 볼 수 있다. 첫째, '日干 중심의 用神'은 『淵海子平』「繼善篇」 등 다수의 명리원전에서 말하는 '有用之神'이고, 둘째, '『子平眞詮』의 格局用神'은 月支를 기준으로 보는 '月之用神'이다.[1] 이 두 가지 用神에 대해 명확하게 개념을 정립하지 않고 혼용하고 있는 실정임을 이미 언급한 바 있다. 이제 필자는 日干 중심의 用神과 『子平眞詮』의 格局用神의 차이점을 비교하여 다음과 같이 밝힘으로써, 그 개념의 사용에 있어 혼동이 없도록 하고자 한다.

첫째, 日干 중심의 用神은 명리원전에서 有用之神이라는 의미로서 사용되고 있고, 『命理約言』과 『適天髓闡微』 등에서 '抑扶用神論'에 적용되고 있다.[2] 『子平眞詮』의 格

---

1 禹羲亮, 『格局用神論과 雙兒看命法』, 퍼플, 2014, 21-22쪽에 의하면, 命理古典에서 말하는 用神의 개념은 『淵海子平』, 『三命通會』, 『命理正宗』은 비결모음집의 형태로 有用之神의 의미와 月令用事之神의 의미가 혼재되어 있고, 『命理約言』과 『適天髓闡微』는 저자의 견해대로 有用之神의 의미로 抑扶用神論을 체계화했으며, 『子平眞詮』은 저자가 月令用事之神의 의미로 格局의 順逆論을 체계화한 것이다.

2 『命理約言』「看用神法」에서는 "命以用神爲緊要, 看用神之法, 不過扶抑而已."(命에는 用神이 아주

局用神은 명리원전에서 月之用神이라는 의미로서 사용되고 있고, 『淵海子平』 등의 子平命理의 맥을 이어오는 여러 명리서에서 '格局用神論'에 적용되고 있다. 日干 중심 의 用神이 命主 자신을 뜻하는 日干에게 필요한 有用之神을 중요하게 여기는 까닭은 개인의 삶에 중심을 두고 있기 때문이다. 이에 반해, 『子平眞詮』의 格局用神이 月之用 神을 중요하게 여기는 까닭은 日干의 사회적 관계에 중심을 두고 있기 때문이다.[3] 따라서 日干이 필요로 하는 用神을 정할 때 『子平眞詮』에서의 格局用神은 月支에서 취하지만, 日干 중심의 用神은 月支가 아닌 곳에서도 취할 수 있다.

둘째, 『滴天髓』「人道」에서 인간이 받은 五行이 순응하는지 거스르는지에 따라서 吉凶이 결정되고, 인간만이 모든 五行을 온전하게 갖추고 있다고 기술하고 있다. 모든 五行을 갖추고 있는 개인의 삶은 귀하다고 한 것은 看命의 중심이 사주의 중심인 日干에게 있다는 의미로도 볼 수 있다. 개인의 命이 五行의 氣가 순응하는지 거스르는 지에 따라서 吉凶이 결정된다고 한 내용은 五行의 過·不及에 따라 抑扶하여 日干 중심 의 用神을 찾는 이치와 같다. 사주의 중심인 日干과 더불어 日干에게 필요한 抑扶개념 의 用神이 命主의 吉凶을 주관하는 神的인 의미가 부여된다. 그리고 『子平眞詮』「論用 神」에서 오로지 月支에서 구한 格局用神이 사주에서 가장 중요한 역할을 하고, 이 格局用神의 역할에 따라서 貴格이 될 수 있다고 기술하고 있다. 『子平眞詮』에서는 月支에서 구한 格局用神과 더불어 格局用神에게 필요한 相神이 命主의 吉凶을 주관하 는 神的인 의미가 부여된다.

셋째, 日干 중심의 用神에서는 日干이 體가 되고 日干이 필요로 하는 十神[用神]이 用이되어 그 성정과 작용이 다르게 나타난다. 그러나 『子平眞詮』의 格局用神에서는

중요한데, 用神을 보는 법, 역시 抑扶의 법칙에서 벗어나지 않는다.)라고 기술하고 있고, 『滴天髓 闡微』「配合」에서는 "果能審日主之衰旺, 用神之喜忌, 當抑則抑, 當扶則扶."(정확하게 日主의 衰旺 을 분석하여, 用神의 喜忌에 따라, 抑할 것은 抑하고, 扶할 것은 扶한다.)라고 기술하고 있다.

3 鄭大鵬, 「명리학에서 월지중심의 간명법과 격국운용에 관한 연구」, 공주대 박사청구논문, 2013, 73-74쪽 참조.

日干이 體가 되고 格局[格局用神]이 用이 되어 그 성정과 작용이 다르게 나타난다. 그리고 格局[格局用神]이 體가 되고 相神이 用이 되는 이중구조를 가지고 있다. 格局[格局用神]은 用이 되기도 하고, 體도 된다.

넷째, 사주명리학에 적용된 中和 개념은 두 가지 의미로 구분해 볼 수 있다. ① 過·不及을 하지 않는 '中道의 실천'이라는 의미는 日干 중심의 用神에서는 强弱의 中和를 맞추는 抑扶用神, 寒暖燥濕을 조절하는 調候用神, 병을 제거하여 약을 찾는 病藥用神, 대립된 두 五行의 싸움을 해소하는 通關用神에 적용하고 있으며, 그리고 『子平眞詮』의 格局用神에서는 格局이 不善한 경우에는 相神으로 剋制해야 하는 원리로 적용하고 있다. ② 본성이 절도 있고 조화롭게 나타나서 전체적으로 균형을 이룬다는 것이 '和의 실현'이라는 의미는 日干 중심의 用神에서는 강한 세력을 따라서 用神으로 삼는 專旺用神에 주로 적용하고 있으며, 그리고 『子平眞詮』의 格局用神에서는 格局이 善한 경우에는 相神으로 相生하고, 格局이 不善한 경우에는 合化하는 원리로 적용하고 있다.

다섯째, 日干 중심의 用神에서는 日干이 필요한 用神[특히 抑扶用神]을 찾을 때 日干의 旺衰와 强弱이 사용되고, 그리고 『子平眞詮』의 格局用神에서는 格局의 相神을 찾을 때 日干의 旺衰와 强弱이 사용된다. 그리고 格局用神은 格局자체는 이미 月支의 기운을 얻는 것을 의미하므로 旺衰를 논하기 보다는 强弱을 따지는 것이 看命에 유용하다. 한편 日干이 偏官을 사용하는 경우에 任鐵樵는 日干이 身强하면 偏官을 制化를 하지 않아도 사용할 수 있다는 입장을 취하고 있고,[4] 陳素庵도 같은 입장이다.[5] 日干이

---

4 『滴天髓闡微』,「官殺」: "殺卽官也, 身旺者以殺爲官, 官卽殺也. 身弱者以官爲殺. 日主甚强, 雖無制不爲殺困."(殺은 곧 官이다. 신왕한자는 殺로써 官을 삼고, 官이 곧 殺이 된다. 신약한자는 官이 殺이 된다. 日主가 甚强하면, 비록 制를 하지 않아도 殺도 곤란하지 않다.)

5 『命理約言』,「論偏官」: "看殺之法, 先論日干强弱. 日干强, 則一點殺星, 亦可不制. 日干弱, 則不問殺之多寡, 必須制之."(殺을 보는 法은 우선 日干의 强弱을 논해야 한다. 日干이 强하면 一點殺星은 또한 制하지 않아도 可하다. 日干이 弱하면 殺의 多寡를 不問하고 반드시 制하여야 한다.)

身强하면 偏官이라도 사용할 수 있다는 논리는 사주의 주체인 日干을 중요시하는 관점으로 볼 수 있다. 반면에 沈孝瞻의 『子平眞詮』에서는 偏官[煞·殺]은 凶神에 해당하므로 日干의 身强여부와 관계없이 制化를 해야 한다는 입장이다. 이는 日干의 사회적 관계에 중심을 두고 있는 格局用神을 중요시하는 관점으로 볼 수 있다.

여섯째, 日干 중심의 用神에서는 日干이 身强하면 食傷, 財星, 官星 중에서 用神을 취용하고 日干이 身弱하면 印星, 比劫 중에서 日干이 필요로 하는 十神을 用神으로 취용하기 때문에 用神에 대해 어떠한 吉神과 凶神의 구분이 있을 수 없다. 이에 반해 『子平眞詮』에서는 格局用神을 吉神格과 凶神格으로 분류하여 명확하게 구분하고 있다.

일곱째, 日干 중심의 用神에서는 日干이 필요로 하는 用神을 生助하는 喜神과 用神을 破剋하는 忌神의 개념이 있으나, 『子平眞詮』의 格局用神에서는 日干에 대한 喜神과 忌神의 개념은 거의 찾아 볼 수 없지만,[6] 月支[格局]를 중심으로 정해지는 格局用神에 대한 相神, 忌神, 救應이라는 개념을 사용하고 있다.

여덟째, 日干 중심의 用神에서는 日干의 身强身弱에 따라 抑扶論 중심으로 用神을 취하면서 中和 개념을 중요시한다. 반면에 『子平眞詮』의 格局用神에서는 철저하게 月支를 중심으로 格局用神을 정하고 相神으로 成格 또는 敗格으로 결정함으로써 成敗 개념을 중요시한다.

위의 내용을 도표로 정리하면 다음과 같다.

---

6   『子平眞詮』의 원문에 나오는 '喜'과 '忌'라는 글자는 '기뻐한다'와 '꺼린다'는 의미로 해석한다. 日干 중심의 抑扶論의 시각으로 읽어서 用神을 도와주는 '喜神'이나 用神을 剋하는 忌神으로 해석하면 안 된다.(李康大·林正基·金哲完, 『알기 쉬운 자평진전 上』, 동창, 2016, 115쪽 참조.)

표 15. 日干 중심의 用神과 『子平眞詮』의 格局用神의 차이점

구분	日干 중심의 用神	『子平眞詮』의 格局用神
사주의 중심	日干	月支
用神의 의미	有用之神	月之用神
看命의 중심	개인의 삶에 중심	사회적 관계에 중심
用神의 이론	抑扶用神論	格局用神論
神의 의미	日干과 日干에게 필요한 用神이 神적인 의미부여	格局用神과 相神이 神적인 의미부여
體用 개념	日干이 體가 되고 日干이 필요로 하는 十神[用神]이 用이 되는 구조	日干이 體가 되고 格局用神이 用이 되면서, 格局用神이 體가 되고 相神이 用이 되는 이중구조
中道의 실천	强弱의 中和를 맞추는 抑扶 논리에 적용	格局이 不善한 경우에는 相神으로 剋制하는 원리로 적용
和의 실현	강한 세력을 따라서 用神으로 삼는 專旺用神에 주로 적용	格局이 善한 경우에는 相生하고, 格局이 不善한 경우에는 合化하는 원리로 적용
日干의 身强身弱	日干이 필요한 用神[특히 抑扶用神]을 찾을 때 적용	日干이 格局의 相神을 찾을 때 적용
偏官論	日干이 身强하면 制化를 하지 않아도 偏官을 사용할 수 있다는 입장	日干의 身强여부와 관계없이 制化를 해야 偏官을 사용할 수 있다는 입장
吉神·凶神	用神은 吉神개념이다.	吉神格, 凶神格이 있다.
喜神·忌神	喜神, 忌神이 있다.	相神, 忌神, 救應이 있다.
중점 개념	中和개념	成敗 개념

위의 내용에 잘 나타나 있듯이, '日干 중심의 用神'과 '『子平眞詮』의 格局用神'의 차이점에 의거하여 命[四柱]를 看命해 보면 이러한 결과물을 가질 수 있다. 따라서 日干 중심의 用神을 기준으로 보는 看命 방법과 『子平眞詮』의 格局用神을 기준으로 보는 看命 방법은 다를 수 있는 것이다.

2. 日干 중심의 用神의 喜神과 『子平眞詮』의 相神의 비교

『周易』에서는 '鬼神'에 관해 "鬼神이 인간과 만물을 포함한 자연현상 속에 드러나는 일반적 양상"[7]으로 보아 인간사의 吉凶에 어느 정도 영향을 미치는 존재로 보았음을 앞에서 이미 언급하였다. 이러한 사실은 "鬼神은 가득 찬 것을 해치고 겸손한 사람에게 福을 준다"[8]는 내용에 잘 나타나 있다. 이런 관점이 사주명리학에서 쓰고 있는 吉神, 凶神의 의미를 지닌 十神의 관념에 그대로 내포되어 있다. 따라서 사주명리학에서는 개인의 吉凶의 여부가 사주나, 運[大運·歲運]에서 오는 吉神과 凶神에 의해 좌우된다고 보는 것이 일반적인 견해이다.

사주명리학에서는 吉神, 凶神과 유사한 개념으로 사용하는 喜神, 忌神이라는 용어가 있다. 물론 이러한 喜神과 忌神이라는 용어는 日干 중심의 抑扶論에서도 언급되고 있다. 그런데, 간혹 喜神이라는 용어가 『子平眞詮』의 相神과 같다고 잘못 생각하는 경우가 있어 '日干 중심의 用神의 喜神'과 '『子平眞詮』의 相神'의 차이점에 대해서 기술하고자 한다.

陳素庵은, "日主나 喜神은 旺·相하기를 바라고 休·囚되는 것을 바라지 않으며, 凶殺

---

7   金聖基, 「『周易』의 神人관계에 대한 해석학적 접근」, 『東洋哲學』 제5집, 한국동양철학회, 1994, 164쪽.

8   『周易』, 「地山謙」: "鬼神害盈而福謙."

이나 忌神은 休·囚되기를 바라고 旺·相하기를 원하지 않는다"[9]라고 말하였다. 그리고 白靈觀은 "사주상의 用神 외에 喜神, 忌神이 있다. 喜神은 用神을 生助하는 六神이고, 忌神은 用神을 破剋하는 六神이다"[10]라고 기술하고 있다. 이를 참고해서 보면, 日干의 喜神은 旺强하기를 좋아하고, 忌神은 衰弱하기를 원한다는 것이다.

바꾸어 말해, 日干을 중심으로 사주를 看命하는 경우 用神을 生助하는 喜神을 吉神으로 볼 수 있고, 日干을 직접 破剋하거나 日干에게 필요로 하는 用神을 破剋하는 忌神을 凶神으로 볼 수 있는 것이다.

그러나 『子平眞詮』의 相神은 月支에서 정해지는 格局用神을 도우는[相] 十神으로서 喜神의 의미만 있다. 왜냐하면 『子平眞詮』에서는 月支에서 정해지는 格局用神이 일차적으로 四吉神格[財·官·印·食]인지, 四凶神格[煞·傷·劫·刃]인지의 여부에 따라 四吉神格이면 相神이 格局用神을 生助하여 成格이 되도록 함으로써 日干과 格局을 도우는 喜神의 의미가 되고, 四凶神格이면 相神이 格局用神을 制化하여 成格이 되도록 함으로써 결과적으로 日干과 格局을 도우는 喜神의 의미가 되기 때문이다. 沈孝瞻이 格局을 善과 不善으로 나누어서 順逆의 원리를 적용하여 사주를 中和에 이루고자 한 목적은 善에 있다고 볼 수 있다. 즉, 財·官·印·食은 善해서 본성을 살려서 그대로는 사용하는 것이 목적이 되어야 하고, 煞·傷·劫·刃은 不善하니 본래의 성질을 다스려서 善하게 만들어 쓰는 것이 목적이 되어야 함을 말한 것이다. 다시 말해, 四吉神格과 四凶神格 둘 다 善하게 만들어 쓰고자 하는 의도로 相神을 활용하고 있음을 알 수 있다.

그리고 『子平眞詮』에서는 敗格 가운데 成格이 있는 것[敗中有成]은 전적으로 救應을 의지하고 있으며, 成格 가운데 敗格이 있는 것[成中有敗]은 반드시 忌[忌神]를 지니고 있는데, '救應'은 喜神의 의미로 볼 수 있고, '忌'는 忌神의 의미로 볼 수 있다.

---

9   『命理約言』,「五行旺相休囚論」: "或日主, 或喜神欲旺相不欲休囚, 或凶殺, 或忌神, 欲休囚不欲旺相."

10   白靈觀,『四柱精說』, 明文堂, 2015, 155쪽.

한편, 『適天髓闡微』에서는 日干이 偏官을 사용하는 경우에 대해, 日干이 身强하면 制化를 하지 않아도 偏官을 사용할 수 있다는 주장을 하고 있다. 이렇듯 '日干 중심'의 입장에서는 偏官이 吉神 또는 喜神이 될 수 있다. 이에 반해, 『子平眞詮』에서는 偏官[煞]格은 凶神格에 해당하고 相神의 制化의 대상이 된다. 마찬가지로 傷官, 劫財, 陽刃도 『子平眞詮』에서는 凶神格에 해당하지만 '日干 중심'의 입장에서는 日干이 身强하면 制化를 하지 않고서도 用神으로 사용하며 吉神 또는 喜神이 될 수 있다고 본다. 넓은 의미에서 보면, 日干 중심의 用神의 喜神과 『子平眞詮』의 相神도 日干이 쓴다는 입장에서 이해해 볼 수 있다. 따라서 喜神과 相神도 日干이 필요로 하는 五行이나 十神 중의 하나로 볼 수 있기 때문에 日干이 사용하는 用神의 범주에 들어가야 타당하다.

마침말

　이 책은 사주명리학의 주요이론 가운데 '十神'과 '用神' 부분을 고찰하여 사주에서 十神과 用神을 어떠한 방식으로 이해하면서 사주를 看命해야 하는가에 대한 견해를 제시함으로써 사주명리학 발전에 도움이 되고자 함에 그 목적이 있다. 사주명리학에서 日干이 필요로 하는 五行과 十神이 用神의 역할을 하는데, 이 十神과 用神은 인간의 命과 運을 읽어 낼 때에 가장 중요한 판단기준이 될 뿐만 아니라 看命에 있어 중요한 이론적 도구이다.

　사주명리학은 사주를 통해서 命의 이치를 알아보고자 하는 학문이다. 한 개인이 命[四柱]에 대해서 避凶趨吉하기 위해 선택되어지는 用神이라는 개념은 사주명리학을 연구하는 사람에게는 반드시 넘어야 할 산이다. 왜냐하면 한 개인의 命運이 지니고 있는 吉凶의 해답을 얻기 위한 열쇠이기 때문이다. 한 개인이 자신에게 필요한 用神이 무엇인지 잘 알 수 있다면 자신의 운명을 더 나은 방향으로 개척해 나갈 수 있다.

　이 책에서는 十神 및 用神과 관련된 중국철학적인 개념들이 사주명리학에 어떻게 적용되어 있는지에 대해 주안점을 두면서 고찰을 하였다. 그 내용은 사주명리학에서의 神의 의미와 사상적 근거에 대해서 알아보기 위해 먼저 사주명리학에 적용된 神의 기원에 관해 살펴보았고, 중국철학의 體用의 개념과 中和의 개념이 사주명리학에 어떻게 적용되어 있는가에 대해 十神과 用神과의 연관성을 밝혀 보았다. 그리고 十神과

用神의 개념과 통변에서의 활용 등에 대해서도 명리원전과 논문, 전문서적을 비교하여 고찰하였다. 또한 日干 중심의 用神과 『子平眞詮』의 格局用神과 相神에 대해서 두 관점의 차이를 비교하였다.

사주명리학에 적용된 神의 의미를 알아 보기 위해 우선적으로 神에 대한 기원을 고찰하였다. 고대인들은 天에는 무한한 능력을 가진 神이 있다고 생각했었고, 초기에는 그 神을 帝[上帝]라 칭하였다. 帝[上帝]·天이 인간의 도덕가치의 근원이 되는 주재자로서의 最高神[至上神]이었다. 따라서 고대 중국인들은 天을 인간의 生·死·吉·凶과 모든 자연현상까지도 주재한다고 여겼다. 이러한 고대인들의 神에 대한 관념은 시대가 바뀜에 따라 帝[上帝]라는 最高神[至上神]에서 自然天으로 변화되어 왔다. 당시에는 죽은 조상을 神으로 숭배하는 제사를 지냄으로서 祖上神의 개념도 동시에 존재하고 있었다. 또한 고대인들이 하늘, 태양, 달, 비, 바람, 번개 등의 자연현상까지도 精靈이 깃든 神이 존재한다고 믿었기 때문에 자연스럽게 自然神에 대한 개념도 존재하고 있었다.

『周易』에서는 만물이 생장소멸 되는 과정이 陰陽의 신묘한 변화에 의해서 이루어지는 것으로 보고 있다. 따라서 『周易』에서는 삼라만상의 모든 변화는 陰陽에서 벗어날 수 없다고 보고 있으며, 한번 陰하고 한번 陽하는 변화 속에서 神이 나오는 것으로 보고 있다. 또한, 天地乾坤의 조화작용으로 생겨난 만물이 '動', '撓', '燥', '設', '潤', '終始'의 신묘한 '神의 작용'을 한다고 보고 있다. 『周易』에서의 神은 體用 개념으로 보면, 본체적 개념으로 陰陽合德된 완성체[體]로서의 의미가 있고, 神의 신묘한 작용[用]에 대한 의미가 있는 것이다. 또한 『周易』에서는 鬼神 관념이 인간사의 吉凶에 어느 정도 영향을 미치는 존재로 묘사되고 있는데, 이런 관점이 사주명리학에서 쓰고 있는 吉神, 凶神의 의미를 지닌 十神의 관념에 그대로 내포되어 있는 것이다.

『適天髓』에서는 天地人 三元이 神적인 의미가 부여되고, 五行은 신묘한 작용[神功]을 통해 吉凶을 결정함으로써 神적인 의미가 부여된다. 『子平眞詮』에서는 月支를 중심으로 만들어진 格局用神과 더불어 格局用神에게 필요한 相神이 命主의 吉凶을 주관하는 神적인 의미가 부여되고 있다. 또한 命主의 가족, 사회관계 변화를 예견하는데 핵심인 '十神'을 神이라고 그 의미를 부여할 수 있다. 따라서 사주명리학에 적용된 神은 만물의 신묘한 작용들이 모두 神의 범주에서 속한다고 볼 수 있다.

앞의 내용들을 종합해 보면, 사주의 중심인 日干 자체와, 그리고 인간[命]이 받은 五行이 過·不及일 경우 五行의 生剋制化의 이치로 命主를 도와주는 日干에게 필요한 十神과 用神이 命主의 吉凶을 주관하는 神적인 의미가 부여된다고 볼 수 있다.

體用論은 중국의 대표적인 사유체계라고 할 수 있으며, 중국철학사 속에서 지속적으로 발전해온 이론이다. 體用論은 불교, 유학, 도가 등 주요 중국철학에서 모두 사용되고 있으며, 사주명리학에도 적용되어 오고 있다. 모든 사물들의 '본체'[體]와 '작용·현상'[用]의 관계는 사주명리학에도 중요한 의미를 가지고 있다. 불교의 體用 개념은 본체와 현상을 설명하고 그것을 마음에 적용 시키는 과정에서 두 가지마음은 결국은 한가지라는 '體用一如'라는 관점을 지니고 있는데, 이러한 관점은 성리학에서도 영향을 미치게 된다. 程頤와 朱熹는 존재의 본체로서의 體와 그 드러난 모습으로서의 현상인 用이 한 몸으로 동시에 공존한다는 '體用一源'의 관점을 가지게 된다. 그리고 천지만물은 본체[太極 혹은 理]의 氣的 작용에 의해서 분화·생성되고, 천지 만물은 작용과 현상으로서 자신[성정]을 나타내고 있다. 이러한 體用 개념은 '體用一源' 개념뿐만 아니라, 體와 用을 통해서 일어나는 '변화'의 개념 또한 있는 것이다. 이러한 '변화'의 개념은 『周易』에서 확인할 수 있다.

대우주에는 많은 사물[體]이 생성되고, 이 사물[體]들은 用을 통해 새로운 體를 만드는 일[事]이 끝없이 계속되어지는 것 자체가 '변화'인 것이다. 『周易』에서는 兩儀에서 四象으로 분화되는 과정에서 陰爻와 陽爻의 관계에 의해서 즉 陰爻와 陽爻의 위치에 따라 四象이 나오며 그 성정과 작용력이 다르게 나타나는 것을 볼 수 있다. 그리고 四象에서 八卦로 분화되는 과정에서도 陰爻와 陽爻의 조화에 따라 八卦가 나오며,

八卦는 각각 그 덕성과 작용이 다르게 나타난다. 『周易』에서 陰陽二氣의 消息과정에 體用의 '변화' 개념이 함축되어 있는 것이다. 이러한 『周易』의 體用 논리는 陰陽五行論을 기반으로 하는 사주명리학에서도 응용된 것으로 추정되며, 體用의 논리를 적용함에 있어도 공통성을 지니고 있다고 볼 수 있다.

사주명리학에서는 天干과 地支 관계에서 陰陽五行의 相生相剋에 따른 조화에 따라 그 성정과 작용이 다르게 나타난다. 兩儀에서 四象[五行]으로 분화되는 과정에서 陰陽의 관계에 의해서 四象[五行]이 나오며 그 성정과 작용력이 다르게 나타나는 것을 볼 수 있다. 四象[五行]에서 10天干 12地支로 분화 되는 과정에서 五行이 天干과 地支에서 陰과 陽으로 나누어지고, 그 성정과 작용이 다르게 나타난다. 이는 다시 10天干과 12地支가 서로 合을 하는 과정에서 탄생한 60甲子는 天干과 地支관계에 의해서 그 성정과 작용이 다르게 나타난다. 특히 『子平眞詮』에서는 日干과 月支의 관계에 의해서 그 성정과 작용이 다르게 나타난다.

사주명리학에서는 天干과 地支 관계에서 陰陽五行의 相生相剋에 따른 조화과정에 體用의 논리가 함축되어 있는 것을 볼 수 있다. 또한 사주명리학에서의 體用 개념은 日干과 用神과의 관계에도 적용되고 있다. 日干 중심의 用神에서는 日干이 體가 되고 日干이 필요로 하는 十神[用神]이 用이 되어 그 성정과 작용이 다르게 나타난다. 그러나 『子平眞詮』의 格局用神에서는 日干이 體가 되고 格局[格局用神]이 用이 되어 그 성정과 작용이 다르게 나타나고, 格局[格局用神]이 體가 되고 相神이 用이 되는 이중구조를 가지고 있다. 格局[格局用神]은 用이 되기도 하고, 體도 된다.

사주명리학에 적용된 中和 개념은 두 가지 의미로 구분해 볼 수 있는데, 첫째, 儒家에서 말하고 있는 '過·不及'을 하지 않는 '中道의 실천'이라는 의미는 日干 중심의 用神에서는 강약의 中和를 맞추는 것을 用神으로 삼는 抑扶 개념의 用神에 적용하고 있으며, 그리고 『子平眞詮』의 格局用神에서는 格局이 不善한 경우에는 相神으로 剋制하는 이치로 적용하고 있다. 둘째, 본성이 절도 있고 조화롭게 나타나서 전체적으로 균형을 이룬다는 것이 '和의 실현'이라는 의미는 日干 중심의 用神에서는 강한 세력을 따라서 用神으로 삼는 專旺用神에 주로 적용하고 있으며, 그리고 『子平眞詮』의 格局用神에서는 格局이 善한 경우에는 相神으로 相生하고, 格局이 不善한 경우에는 合化하는 이치로 활용하고 있다.

사주명리학에서는 한 개인의 사주가 中和를 이루기 위해 필요한 用神을 取用함에 있어 반드시 日干 및 格局의 旺衰强弱의 판단이 있어야한다. 旺·相·休·囚·死는 주로 月支의 五行을 日干에 대비하여 日干의 身强身弱이나 用神, 忌神 등의 旺衰를 파악함으로써 日干의 吉凶을 아는데 도움이 되는 이론이다. 이를 통해 日干 이외의 다른 天干의 旺衰도 파악할 수 있어 日干 대비 다른 天干에 해당되는 十神의 吉凶까지 파악할 수 있다.

日干의 힘이 강한지, 약한지를 파악하는데 있어 가장 중요한 역할을 하는 것이 月支이기 때문에 月支를 기준으로 하여 통상 旺·相·休·囚·死를 판단한다. 만약 月支가 比劫이면 旺이 되고, 月支가 印星이면 相이 된다. 또, 月支가 食傷이면 休가 되고, 財星이면 囚가 되고, 月支가 官星이면 死가 된다. 旺·相·休·囚·死에서는 天干 五行의 陰陽을 고려하지 않고 地支로부터 받는 다섯 단계의 氣로써 日干[天干]의 旺衰를 보고 있으며, 十二運氣[十二運星]는 天干 五行의 陰陽을 고려하면서 地支로부터 받는 열두 단계의 氣로써 天干의 旺衰를 파악하고 있다.

한편, 十二運氣에서 陽生陰死의 논리는 陽干에 비해 陰干은 실제 日干이 필요로 하는 用神을 찾을 경우 陽生陰死의 논리를 적용하기가 타당하지 않는 경우가 있고, 이에 대한 다른 견해를 가진 경우가 있어, 天干의 旺衰强弱의 판단은 十二運氣의 陽生陰死의 논리는 적용하지 않고 五行과 十神이 生剋制化하는 氣運의 조절을 통해 정해야 하는 것이 필자의 입장이다.

日干의 身强과 身弱을 판단하는 조건으로 得令, 得勢, 得地가 있는데, 得令이란 日干을 月支에 대비할 때 印星과 比劫에 해당하는 경우를 말하고, 得勢란 日干이 사주의

干支 7글자 중 日干을 生助하는 印星과 比劫이 많은 경우를 말한다. 그리고 得地란 日干을 日支에 대비할 때 印星과 比劫에 해당하는 경우를 말하는 것이다. 日干의 身强과 身弱은 日干이 地支 通根상태와 通根한 자리, 得令, 得勢, 得地 및 合·刑·沖 등의 변화작용까지 고려하여 종합적으로 판단해야 하는 것이 마땅하다.

日干을 중심으로 하여 나머지 干支와의 관계를 설명할 때 필요한 것이 十神[비견, 겁재, 식신, 상관, 편재, 정재, 편관, 정관, 편인, 정인]이다. 十神은 사주 분석에 있어서 핵심이 된다. 이러한 十神은 命主의 가족관계[六親]와 사회관계를 의미한다. 十神 개념이 사주명리학에 어떻게 자리 잡고서 영향을 주고 있는지를 이해하여야 한다. 따라서 十神의 특성과 통변에서 어떠한 개념으로 적용해야 하는지를 아는 것이 매우 중요하다.

사주명리학에서의 用神의 일반적인 의미는 日干이 사용[用]하는 神을 뜻한다. 사주팔자를 하나의 인격체로 간주했을 때, 用神은 팔자의 주체인 日干이 제 역할을 다할 수 있도록 하는 五行과 十神을 말한다. 즉 用神은 한 개인의 사주팔자가 지니고 있는 '陰陽의 균형'과 '五行의 구비와 조화' 등을 파악한 후, 八字의 주체인 日干에게 필요한 五行과, 그리고 그 五行을 日干을 기준으로 해서 相生하거나, 相剋하는 관계를 나타내는 十神이 그 역할을 한다. 일반적으로 用神은 성격, 직업, 재물, 명예, 권력, 지위, 건강, 질병, 사고, 시험, 승진, 퇴직, 취업, 결혼, 자녀, 애정, 성공, 실패, 이동, 기타 인생사의 여러 가지 吉·凶·成·敗의 해석에서 판단의 기준과 근거로써의 중요한 역할을 하고 있다. 따라서 대부분의 명리학자들이 사주팔자 중에서 日干에게 가장 중요한 역할을 用神이 하고 있다는 평가를 내리는 것이다.

日干은 사주 命式에서 태어난 날의 天干을 말하는데, 이를 '日元, 日主, 命主, 我, 我神'이라 말하기도 한다. 日干은 개인 그 자체이다. 따라서 그 命[四柱]을 대표하고 상징하며 인격이 돌아가는 곳이다. 달리 말해, 사주명리학의 看法을 살핌에 있어서는 모든 星神의 중심이고 근본적인 중추인 것이다. 한 개인은 선천적으로 받은 運命的

요건에 대하여 避凶趨吉하려는 의지를 지니고 있으며, 이때 日干은 사주 命式에서 자기 자신에게 필요한 用神을 구하게 된다.

사주 看命에 用神을 적용함에 있어서는 두 가지 관점이 상존하고 있다. 그것들은 크게 日干 중심의 用神과 『子平眞詮』의 格局用神의 양자구도로 대별된다. 日干 중심의 用神은 사주 命式에서 陰陽五行의 旺衰强弱과 寒暖燥濕의 상태를 조화롭게 하기 위해 日干에게 필요한 五行이나 十神을 말하고, 주로 抑扶의 논리를 적용하여 用神을 정한다. 抑扶用神, 病藥用神, 調候用神, 通關用神 등이 이에 해당한다. 그리고 사주 내에 가장 많은 五行이나 十神이 있으면 그것을 따라서 用神을 정하는 專旺用神이 있다. 日干 중심의 用神에 대해서는 徐樂吾가 『子平眞詮』「論用神」<註>와 『子平粹言』「明體立用」에서 用神을 정하는 다섯 가지 원칙을 定立하여 놓았는데, 이 원칙은 오늘날 현대 명리학에서 많이 활용되고 있다.

格局에 대한 관법은 『淵海子平』 등의 子平命理의 맥을 이어오는 여러 명리서에서 중요한 요소로 자리매김하고 있다. 『子平眞詮』에서의 格局用神은 '月令用事之神'을 뜻한다. 따라서 沈孝瞻은 格局을 구성할 때 月支 本氣 위주로 정하는 것을 원칙으로 하면서 日干의 강약보다 格局의 順用과 逆用, 成格과 敗格을 더욱 중시하였다.

『子平眞詮』에서의 格局用神의 특징은 八字의 用神은 오직 月令에서 구한다는 것, 財·官·印·食의 四吉神格은 順用하고 煞·傷·劫·刃의 四凶神格은 逆用해야 한다는 것, 格局用神을 보좌하여 成格되도록 돕는 相神, 建祿月劫은 用神으로 삼는 것이 不可하다는 것, 相神의 역할에 따라 成格여부를 결정함으로써 成敗 개념을 중요시한다는 것, 合과 合而不合 등에 따른 변화가 있다는 것, 格局用神의 운용에 있어 忌[忌神]에 의한 成中有敗와 救應에 의한 敗中有成을 잘 살펴 格局의 成敗여부를 잘 판단해야 한다는 것 등이다.

일반적으로 사주명리학의 格局에는 여러 가지 분류가 있지만, 『子平眞詮』에서는 '正官格, 財格, 印綬格, 食神格, 偏官[七煞]格, 傷官格, 陽刃格, 建祿月劫格' 등의 八格으로

분류하고 있다. 八格의 取運法에서 고찰해 보았듯이 月支를 중심으로 格局用神이 정해 졌다고 하더라도, <格局用神의 善·不善 여부를 감안하여>日干의 身强身弱에 따라 相神을 취하는 것을 알 수 있다. 이는『子平眞詮』의 관법이 月支와 格局用神을 중요시 하고 있지만,『淵海子平』이후 현대 명리학으로까지 계승되고 있는 자평명리의 日干을 중심으로 보는 看命法을『子平眞詮』에서도 중요하게 여기고 있음을 보여주고 있는 것이다.

『子平眞詮』에서의 相神은 임금을 보필하는 재상에 비유하여 긴요한 존재로 보고 있다. 格局用神을 보필하는 相神은 格에 따라 다르게 나타나며, 格局用神과 日干 사이 에서 사주가 제대로 成格이 되게 하는 존재이다. 그리고 사주가 敗格이 되었다는 것은 命[四柱]에서 '꺼리는 것[忌·忌神]'이 있기 때문이다.『子平眞詮』에서의 成格과 敗格의 변화는 五行의 生剋制化와 干支에서의 合·刑·沖, 그리고 救應과 忌神에 의해서 일어나고 있음을 알 수 있다. 한편, 沈孝瞻은 日干과 格局用神이 金水傷官格일 경우 正官을 火로써 相神으로 쓸 수 있다는 입장을 취하고 있다. 이는 格局用法을 운용함에 있어서도 日干 중심의 調候 논리를 감안하고 있음을 짐작 할 수 있다.

日干 중심의 用神은 사주의 중심이 日干에 있고,『子平眞詮』의 格局用神에서는 사주 의 중심이 月支에 있기 때문에, 사주명리학의 핵심인 用神을 정하는 법에서 日干 중심 으로 用神을 정하는 경우와 月支를 중심으로 用神을 정하는 경우에 있어서 큰 차이를 보이고 있음을 알 수 있다. 사주명리학에서 用神의 중요성에 대해 강조를 하고 있는 것은 사실인 반면에, 이 두 관점에 대한 명확한 개념 정리가 되어 있지 않은 것 또한 현실이다. 그래서 이 책에서는 日干 중심의 用神과『子平眞詮』의 格局用神에 대한 개념을 재정리하고, 두 用神의 차이점을 비교 분석하였다. 그리고 더불어 日干 중심의 用神의 喜神과『子平眞詮』의 相神을 비교하였다. 이러한 내용들은 사주명리학을 학습 하는 사람들에게 조금이라도 도움을 줄 수 있을 것으로 생각한다.

徐樂吾는『孟子』「離婁·上」에서의 "不以規矩, 不能成方圓."(컴퍼스[規]와 곱자[矩]를

쓰지 않으면, 사각과 원[方圓]을 그릴 수 없다.)라는 구절과 『孟子』「盡心·下」에서의 "梓匠輪輿, 能與人規矩, 不能使人巧."(목수[梓匠]나 수레바퀴 만드는 사람[輪輿]이 남에게 컴퍼스[規]나 곱자[矩]를 넘겨줄 수는 있어도 그가 정교하게 할 수 있도록 할 수는 없다.)라는 구절을 비유로 하여 "이 두 권의 책의 내용의 정도는, 실제로 서로 맞물려 있으니, 『子平眞詮』을 먼저 읽고, 『適天髓』를 읽는 것이다. … 『子平眞詮』은 명리의 그림쇠라 하겠고, 『適天髓』는 그 응용의 기술을 다룬 책이다"[1]라고 언표 하였다. 『適天髓』는 日干을 중심으로 보는 抑扶論과 氣勢論의 관법을 많이 다루고 있다고 볼 수 있고, 『子平眞詮』은 月支를 중심으로 보는 格局論의 관법을 많이 다루고 있다고 볼 수 있다. 즉, 徐樂吾는 한 가지 이론만으로 看命을 하지 말고 두 이론을 서로 보완하여야 사주를 제대로 볼 수 있다고 말하고 있는 것이다. 마찬가지로 看命함에 있어서 日干 중심의 用神과 格局用神이 일치하는 경우에는 동일하게 通變을 할 수도 있지만, 반면에 일치하지 않는 경우에는 서로 다르게도 通變을 할 수 있기 때문에 한 가지 看法만 고집 할 수 없는 것이다.

이러한 사실을 고려해 보면, 日干 중심의 用神을 기준으로 看命하는 방법과 『子平眞詮』의 格局用神을 기준으로 看命하는 방법이 상호보완이 필요하다는 점을 인식할 수 있는 것이다.

이러한 문제점에 대한 해결방안의 한가지로 필자의 견해를 제시한다. 필자가 생각하는 사주를 看命하는 순서는 첫째, 사주 命式의 중심인 日干이 사주팔자 내에서 처하고 있는 상황을 먼저 아는 것이 중요하다. 둘째, 사주의 주체가 가지는 품격이나 성격[천성]을 의미하고 사주의 '짜임새와 격식'을 나타내는 格局을 파악하는 것이다. 셋째, 月支를 기준으로 調候 관계를 참고 한다. 넷째, 日干의 身强身弱을 감안하여 扶抑나 氣勢의 방법에 근거해서 用神을 찾아 사주를 看命하는 것이다. 다시 말하자면, 日干이

---

1   『子平眞詮評註』,「徐樂吾 跋」: "兩書程度, 實相啣接, 讀眞詮之後, 再讀適天髓. …眞詮者, 命理規矩也, 適天髓者, 示人以巧也."

처한 상황을 파악하고,『子平眞詮』의 格局의 틀에서, 調候를 참고하고, 日干의 身强身弱을 감안하여 사주의 中和를 추구하는 用神을 찾아서 '사주팔자', '사주팔자와 大運', '사주팔자와 大運·歲運' 등을 看命하는 과정을 의미한다.

필자는 사주명리학에서의 '用神'과 '十神'은, 한 개인이 선천적으로 받은 운명적 요건에 대하여 命主의 避凶趨吉을 위해 작용하는 것이고, 또한 日干을 위해 善한 방향으로 작용하는 사주명리학의 중요한 도구의 의미를 내포하고 있다고 본다.

참고문헌

1. 원전

『詩經』, 『書經』, 『周易』, 『禮記』, 『論語』, 『中庸』, 『孟子』, 『淮南子』, 『春秋繁露』, 『史記』, 『京氏易
　　傳』, 『白虎通義』.
『肇論』, 『大乘起信論』, 『五行大義』, 『六祖壇經』, 『二程集』, 『朱子語類』, 『退溪先生言行錄』.

2. 명리원전

『李虛中命書』, 『淵海子平』, 『適天髓』, 『命理正宗』.
『三命通會』, 『子平眞詮』, 『窮通寶鑑』, 『命理約言』.

3. 단행본

강진석, 『체용철학』, 문사철, 2012.

강신표, 『한국문화연구』, 현암사, 1985.

강헌, 『命理(심화편)』, 돌베개, 2016.

고해정, 『명리학교실』, 한빛출판미디어, 2009.

공주대 정신과학연구소 편저, 『四柱命理學 總論』, 명문당, 2011.

금장태, 『귀신과 제사』, 제이앤씨, 2009.

金甲植, 『命理要決』, 무학동양운명철학연구원, 2014.

김기승, 『사주 심리치료학』, 창해, 2011.

金碩鎭, 『대산주역강의』, 한길사, 1999.

金永寅, 『中國哲學思想史』, 全南大學校出版部, 1981.

김용연·노응근, 『이것이 神이 내려주는 점술이다』, 안암문화사, 1978.

김학목, 『명리명강』, 판미동, 2016.

朴在玩, 『命理要綱』, 역문관서우회, 1999.

박주현, 『사주심리학』, 삼명, 2007.

白靈觀, 『四柱精說』, 明文堂, 2015.

徐升, 『淵海子平評註』, 武陵出版社, 2011.

송정화,『중국의 여신연구』, 민음사, 2007.

申六泉,『四柱命理學大事典』, 甲乙堂, 1986.

徐樂吾(김학목 외 옮김),『子平粹言』, 어은, 2016.

沈孝瞻(서락오 평주),『子平眞詮評註』, 武陵出版社, 2015.

沈孝瞻(서상덕 옮김),『子平眞詮精解』, 관음출판사, 2011.

沈載烈 편저,『命理正宗精解』, 明文堂, 2016.

梁啓超·馮友蘭(김홍경 옮김),『음양오행설의 연구』, 신지서원, 1993.

梁元碩,『白民의 四柱命理學 개론』, 백민역학연구원, 2002.

禹羲亮,『格局用神論과 雙兒看命法』, 퍼플, 2014.

劉篠紅(송인창·안유경 옮김),『오행, 그 신비를 벗긴다』, 국학자료원, 2011.

李錫暎,『四柱捷徑』, 韓國易學教育學院, 1996.

李康大,『주자철학 성리학의 이해』, 대구한의대학교 출판부, 2013.

李康大·林正基·金哲完,『알기 쉬운 자평진전』, 동창, 2016.

李康大·林正基·崔逢根,『자평진전 본의』, 동창, 2017.

이기동,『대학·중용 강설』, 성균관대학교 출판부, 2015.

任鐵樵(원수산 찬집),『適天髓闡微』, 進源文化, 2011.

張立文(김교빈 외 옮김),『기의 철학』, 예문서원, 2012.

張學智(김승일 외 옮김),『명대 철학사』, 경지출판사, 2016.

陳素庵(위천리 편저, 이용준 옮김),『精選命理約言』, 청학, 2007.

馮友蘭(박성규 옮김),『중국철학사』, 까치글방, 1999.

何建忠,『八字心理推命學』, 希代書版, 1981.

4. 학위청구논문

高永宅,「중국 三大 命理書에 나타난 '命'과 '인간존재'에 대한 철학적 照明」, 대전대 박사청구논문, 2010.

高在民,「四柱命理의 宮星과 格局用神論 研究」, 대구한의대 박사청구논문, 2016.

金南錫,「『子平眞詮』의 格局·用神 變化에 關한 研究」, 대구한의대 박사청구논문, 2018.

金大壽,「熊十力의 體用論 연구」, 영남대 박사청구논문, 2011.

김미정,「『子平眞詮』의 格局研究」, 대구한의대 박사청구논문, 2018.

金祐正,「『三命通會』의 外格 研究」, 원광대 박사청구논문, 2016.

김준호,「日干중심의 用神과『子平眞詮』의 格局用神에 관한 研究」, 대구한의대 박사청구논문, 2018.

김원갑,「孔子의 道에 대한 研究」, 원광대 박사청구논문, 2015.

閔晃基, 「先秦儒學에 있어서의 「中」 思想에 관한 硏究」, 충남대 박사청구논문, 1993.

박병수, 『『子平眞詮』 명리이론 연구」, 경기대 석사청구논문, 2014.

朴相彦, 「命理學에 적용된 「中」사상에 관한 硏究」, 대구한의대 박사청구논문, 2014.

박서연, 「四柱命理에 나타난 天性의 可變性 연구」, 경기대 석사청구논문, 2011.

朴淑姬, 「四柱 用神과 삶의 질의 관계에 관한 연구」, 동의대 박사청구논문, 2015.

朴憲九, 『『滴天髓闡微』의 中和思想 硏究」, 원광대 박사청구논문, 2013.

宋志成, 『『命理正宗』硏究」, 공주대 박사청구논문, 2014.

辛基周, 「命理學의 中和的 해석에 관한 硏究」, 동의대 박사청구논문, 2015.

沈揆喆, 「命理學의 淵源과 理論體系에 관한 硏究」, 한국정신문화연구원 한국학대학원 박사청구
논문, 2002.

유경진, 「命理學 用神導出의 方法論에 관한 硏究」, 동방대학원대 박사청구논문, 2009.

尹海印, 『『滴天髓』와 『子平眞詮』의 通辯 比較 硏究」, 공주대 석사청구논문, 2018.

李起善, 「京房易의 구성체계와 응용에 관한 연구」, 원광대 박사청구논문, 2015.

李永煥, 『『子平眞詮』의 格局硏究」, 동방대학원대 석사청구논문, 2007.

李永煥, 「任鐵樵의 命理思想과 從格論 硏究」, 동방대학원대 박사청구논문, 2009.

李玉先, 「劉伯溫의 명리학에 관한 硏究」, 공주대 석사청구논문, 2008.

이호선, 「命理學에 적용된 神의 意味에 관한 硏究」, 경기대 석사청구논문, 2016.

張鍾元, 「蕭吉의 『五行大義』에 나타난 五行說 硏究」, 원광대 박사청구논문, 2014.

田政勳, 『『子平眞詮』 相神에 관한 硏究」, 공주대 석사청구논문, 2014.

정광채, 「명리학의 십신개념에 의한 출가수행자의 성정과 적성 분석」, 대구한의대 박사청구논
문, 2022.

鄭大鵬, 「명리학에서 월지중심의 간명법과 격국운용에 관한 연구」, 공주대 박사청구논문, 2013.

정하용, 「卦氣易學과 命理學의 원류에 관한 연구」, 동방대 박사청구논문, 2013.

조규문, 「천강 원수성의 명리사상에 관한 연구」, 대전대 박사청구논문, 2009.

崔漢珠, 「十神 개념의 淵源과 性格」, 원광대 박사청구논문, 2015.

洪鐘旭, 「명리학에 있어서의 人元 연구」, 대구한의대 박사청구논문, 2017.

5. 학술지논문

김상범, 「天文知識의 독점과 규제」, 『아시아문화연구』 제8집, 경원대 아시아문화연구소, 2004.

金聖基, 『『周易』의 神人관계에 대한 해석학적 접근」, 『東洋哲學』 제5집, 한국동양철학회, 1994.

김영주, 「공자와 노자의 天·鬼神·道 개념과 그 사회 사상적 의미」, 『사회사상과 문화』 제24집,
동양사회사상학회, 2011.

김제란, 「중국철학에서의 ‘體用’ 개념의 변천과정」, 『시대와 철학』 제17집, 한국철학사상연구

회, 2006.

김종인, 「體用과 元曉의 和諍」, 『東洋哲學硏究』 제24집, 동양철학연구회, 2001.

김종인, 「현대 과학에 대한 新儒學者의 대응」, 『東洋哲學硏究』 제35집, 동양철학연구회, 2003.

김준호·이강대, 「地藏干의 四柱看命的 活用에 관하여」, 『디지털문화콘텐츠』 제27집, 대구한의
　　대 디지털문화콘텐츠개발연구소, 2017.

남상호, 「동중서의 天人感應의 방법」, 『凡韓哲學』 제22집, 범한철학회, 2000.

박동인, 「鄒衍의 五行相勝說과 相生說의 구조와 함의」, 『철학연구』 제84집, 철학연구회, 2009.

박상환, 「라이프니츠의 공간개념과 '天'의 해석」, 『東洋哲學硏究』 제26집, 동양철학연구회,
　　2001.

박영창, 「呂氏 命理學의 用神論 고찰」, 『東方論集』 제3집, 동방대학원대학교, 2010.

박용조, 「중국 사상에서의 귀신에 대한 이해」, 『신앙과 삶』 제8집, 부산카톨릭대학출판부, 2003.

辛基周, 「命理學的 運命論의 儒家的 特性 考察」, 『동양문화연구』 제11집, 영산대 동양문화연구원,
　　2012.

염정상, 「占卜과 祭祀에 관한 문자 연구」, 『서강인문논총』 제6집, 서강대 인문과학연구소, 2009.

윤내현, 「갑골문에 나타난 고대 중국인의 신앙」, 『僧伽』 제10집, 중앙승가대학교, 1993.

이현중, 「占의 易哲學的 意義」, 『인문학연구』 제31집, 충남대 인문과학연구소, 2004.

林正基, 「王充의 自然的 世界觀」, 『철학논총』 제5집, 새한철학회, 1989.

최문형, 「공자의 천명관과 귀신론」, 『동양철학연구』 제18집, 동양철학연구회, 1998.

최일범, 「선불교와 노장사상의 사유방법에 관한 연구」, 『백련불교논집』 제9집, 백련불교문화재
　　단, 1999.

황인선, 「『周易』에서의 神의 意義」, 『철학논총』 제52집, 새한철학회, 2008.

저자약력 │ **김준호(金俊昊)[아호 현강(賢彊)]**

1960년생, 대구출생

대구달성고등학교 졸업

영남대학교 졸업[상학사]

세종대학교 경영대학원 졸업[경영학석사]

대구한의대학교 동양사상학과(명리학전공) 졸업[철학박사]

한화그룹 한화손해보험회사 정년퇴임(29년 11개월 근무)

현재 현강 命 연구원 운영(상담·후학지도)

대구한의대학교 객원교수

논문

「日干중심의 用神과『子平眞詮』의 格局用神에 관한 연구」, 대구한의대 박사청구논문, 2018.

「『子平眞詮』에서의 格局用神의 특징에 관한 소고」,『디지털 문화콘텐츠』제33집, 대구한의대 디지털문화콘텐츠 개발연구소, 2020.

「『사주명리학에 적용된 中和개념에 관한 소고」,『디지털 문화콘텐츠』제30집, 대구한의대 디지털문화콘텐츠 개발연구소, 2018.

「명리학에 있어서 神의 意味」,『디지털 문화콘텐츠』제28집, 대구한의대 디지털문화콘텐츠 개발연구소, 2017.

「명리학의 用神에 관한 소고(1)」,『디지털 문화콘텐츠』제27집, 대구한의대 디지털문화콘텐츠 개발연구소, 2017.

「地藏干의 四柱看命的 活用에 관하여」,『디지털 문화콘텐츠』제27집, 대구한의대 디지털문화콘텐츠 개발연구소, 2017.

블로그: https://blog.naver.com/kkchun33

E-mail: kkchun33@naver.com

사주명리학에서의 **십신과 용신**

초판 1쇄 인쇄 2023년 8월 21일
초판 1쇄 발행 2023년 8월 31일

지은이 김준호

펴낸이 이대현

편집 이태곤 권분옥 임애정 강윤경

디자인 안혜진 최선주 이경진 | **마케팅** 박태훈

펴낸곳 도서출판 역락 | **등록** 1999년 4월 19일 제303-2002-000014호

주소 서울시 서초구 동광로46길 6-6 문창빌딩 2층(우06589)

전화 02-3409-2060(편집부), 2058(영업부) | **팩스** 02-3409-2059

전자우편 youkrack@hanmail.net | **홈페이지** www.youkrackbooks.com

ISBN 979-11-6742-586-7 93150